高等职业学校餐饮管理与服务专业教材

餐饮成本控制理论与实务

Food and Beverage Cost Control

张金印　著
曹成章　主审

U0952088

中国轻工业出版社

图书在版编目（CIP）数据

餐饮成本控制理论与实务 / 张金印著. —北京：中国轻工业出版社，2024.11

高等职业学校餐饮管理与服务专业教材

ISBN 978-7-5184-1297-6

Ⅰ. ① 餐… Ⅱ. ① 张… Ⅲ. ① 饮食业—成本管理—高等职业教育—教材 Ⅳ.① F719.3

中国版本图书馆CIP数据核字（2017）第003469号

本书中文简体版由五南图书出版股份有限公司授权中国轻工业出版社在中国内地出版发行。

策划编辑：史祖福　　责任终审：张乃柬　　整体设计：锋尚设计
责任编辑：史祖福　　责任校对：吴大朋　　责任监印：张　可

出版发行：中国轻工业出版社（北京鲁谷东街5号，邮编：100040）
印　　刷：河北鑫兆源印刷有限公司
经　　销：各地新华书店
版　　次：2024年11月第1版第5次印刷
开　　本：787×1092　1/16　印张：17
字　　数：391千字
书　　号：ISBN 978-7-5184-1297-6　定价：50.00元
邮购电话：010-85119873
发行电话：010-85119832　010-85119912
网　　址：http：//www.chlip.com.cn
Email：club@chlip.com.cn
版权所有　侵权必究

如发现图书残缺请与我社邮购联系调换
242190J2C105ZBQ

自序

时光荏苒，生命中有许多精彩篇章，每一次转折就是一次意外与惊喜。当初我去国际大饭店西厨房做学徒，开启了我的饭店职业生涯，这一路走来颇为曲折，但是柳暗花明，自有一番际遇。虽无乘风破浪之姿，然有入宝山未空手而回之喜，春华虽美，但期于秋实，丰收必在辛苦耕耘之后。

三十年前我刚从部队退伍，于台湾希尔顿大饭店开始了厨房学艺生活。饭店如一座为我开启的宝库，我从一个英文水平一般的小学徒，经过不断地吸收与学习，七年之后被提升为点心房副主厨。在此阶段幸得几位外籍主厨与副主厨的鼓励与提携，任我深入每一个厨房历练，也让我有机会参加竞赛锻炼自己，并有幸得到西点竞赛金牌。工作之余我不忘补习英文与进修，这期间完成了大专会计学学历教育与美国旅馆和汽车旅馆协会的餐旅课程。饭店里许许多多的上级与同僚都是我的贵人，使我得以不辜负他们的点点期许。

1995年我迎来了职业生涯中的一大转折，由于我工作表现较好，财务长委以重任，将成本控制室交付予我，由此我进入了另一个完全不同的领域。这是一段奇幻旅程的序幕，在此之前我对它并不熟悉，更需要用成绩来证明自己的价值。800多个日子似长非短，当时匆忙交接有很多事情一知半解，这迫使我更努力地求得答案，通过书籍研究、不耻下问、对照与印证，在工作中学习摸索，将不懂弄懂、不知变知，这让我更清楚了成本控制的内涵与精髓。在这期间我也争取到机会，被派往国外连锁饭店的成本控制部门进行海外实习，进一步了解了饭店的成本控制系统。

成本控制室是会计部门的一个组成部分，它的设置目的不只在于计算餐饮部门的食品与饮料成本，更是一个会计稽核制度与系统，餐饮部的所有活动都要通过成本控制系统，利用设计好的各式表单，一一记录、计算、稽核、分析。成本控制部门全程参与每一个环节，积极扮演监督稽核与后勤支援的角色，更要不时提出成本分析报表，此外，还要参与餐饮部年度预算的编制。由于我来自厨房，清楚厨房内部的运作与文化，负责成本控制室后我以更积极的态度工作，充分配合餐饮部门并主动出击，做了一些调整与改变，赢得了财务长与餐饮部协理的赞赏。其后财务长推荐我到一个大型餐饮驻外企业担任营运经理一职，这成为我多年之后升任一个多餐饮企业的餐饮部协理的契机。可以说，成本控制的历练与观念，帮助我在以后的餐饮管理工作中，建立起了正确且清楚的模式与制度。

这一路走来有良师益友的指导与扶持，也有个人对理想与目标的努力追求。现在走进校园，正是希望将多年的积累，传递给未来的餐旅尖兵。成本控制就像一面镜子，反射出目前现况；它也像一亩田，你奋力开垦必将得到丰硕的果实。此书以实务为导向，以虚拟为蓝图，期盼能为餐饮成本控制写下完整的一页。

张金印

2014年1月

PREFACE　前言

饭店的经营管理自有其企业愿景与专业分工，虽然餐饮成本控制着眼于标准与实际成本的对比、合理成本率的追求、预算目标的达成，且斤斤计较于营收与成本数字，但是并不违背提供优质餐饮服务的企业理念。

成本控制是一种原则化、制度化、观念化与标准化的系统，它所架构的理念与做法，是以国际连锁饭店的格局为基础的。成本控制系统主要是以表单控制为主，本书的编撰乃以实务为依归，书中所提供的表单，都经过修改设计，目前台湾各大饭店所使用的成本控制表单，有不少是从这个版本出发，依饭店自身规模及需求加以修改而成的。因此，建议使用者在设计成本控制表单时，也要从饭店的规模与会计制度着手，做适当的修改。虽然现代电脑软件系统与电子化的普遍使用，有许多地方已经可以用电子表单来满足成本控制的基本需求，但是为了更充分地阐述成本控制的原理原则，作者仍不厌其烦地以传统表单来做说明，敬请见谅！读者在设计使用上可以因地制宜，并利用电子文档替代，将更有效率。时代在不断进步，这仍是一个在演进中的制度，我们可以随时更新补充。

承蒙五南图书出版公司的青睐，邀约撰写此书，笔者不揣固陋尽力书写，力求正确，但是难免有疏漏甚至谬误之处，希望广大读者和同行不吝指正！

本书撰写期间承蒙老爷大饭店宋金良协理、希尔顿饭店前财务长李嘉三、采购经理康耀銈、会计主任李鸿仁等人的指正与协助，在此一并致谢！

作者谨识

2014年1月

CONTENTS 目录

第一章　绪论……1
第一节　餐饮部门的重要伙伴……2
第二节　成本控制循环与成本分析……8
第三节　小结……12

第二章　成本控制的组织架构与工作职责……15
第一节　餐饮成本控制主管……16
第二节　食品成本会计员……19
第三节　饮料成本会计员……20
第四节　仓库管理员……21
第五节　成本控制会计制度……23

第三章　采购与成本控制……27
第一节　餐饮采购作业流程……28
第二节　比价与议价……36
第三节　采购叫货与验收……37
第四节　产出率测试……41
第五节　供应商管理……43

第四章　验收与成本控制……49
第一节　验收作业流程……50
第二节　验收的角色……57
第三节　验收与采购、仓库的关系……58

第五章　仓库管理与成本控制……61
第一节　仓库管理……62
第二节　仓库管理作业流程……64
第三节　仓库的伙伴关系……70
第四节　仓库管理的重要性……71
第五节　仓库的盘点……74

第六章　菜单设计与标准成本分析……79
第一节　餐饮菜单设计——生产作业的前置规划……80
第二节　标准配方表与成本分析……83
第三节　“标准菜肴成本单”与成本分析……85
第四节　建立标准成本——餐饮成本的目标……89
第五节　更换菜单与试菜……91
第六节　菜单定价策略与餐饮市场调查……94

第七章　销售服务与成本控制……97
第一节　销售服务与收入……98
第二节　POS 系统与营收管理……101
第三节　营收日报表……103
第四节　标准服务流程 SOP……107
第五节　预防员工偷窃……109

第八章　生产与成本控制……115
第一节　厨房作业流程……116
第二节　生产管理的漏洞……123
第三节　厨房成本记录表……125
第四节　餐饮活动……127
第五节　烹调测试……128

第九章　饮料管理作业……133
第一节　饮务管理……134
第二节　饮务部组织结构与前置作业……136
第三节　酒吧饮务管理作业流程……143

第十章　迷你酒吧管理作业……149
第一节　迷你酒吧流程……150
第二节　迷你酒吧的操作与管理方式……153
第三节　迷你酒吧营收分析……157
第四节　迷你酒吧商品的设置……160

第十一章　餐饮预算的编制……163
第一节　餐饮年度营收预算……164
第二节　餐饮成本与成本率……172
第三节　宴会厅年度预算的编制……173
第四节　预算编制的限制……175
第五节　餐厅营收预测……176
第六节　餐饮部驻外单位……180

第十二章　信息系统与成本分析……187
第一节　信息系统的演进……188
第二节　成本控制系统的改变……191
第三节　未来趋势……192

第十三章　盘点作业……195
第一节　盘点的意义……196
第二节　仓库盘点……197
第三节　各餐饮点的盘点……202

第十四章　市场营销活动计划预算 …… 205
第一节　餐饮活动设计 …… 206
第二节　各餐厅主管的创意 …… 207
第三节　营销预算编制的原则 …… 210
第四节　饮务部营销计划 …… 211

第十五章　餐饮成本分析报告 …… 215
第一节　周报表的编制 …… 216
第二节　结账作业流程 …… 222
第三节　餐饮成本分析报告书的编制 …… 224
第四节　有价值的会计报表 …… 236

第十六章　成本异常的检讨与趋势分析 …… 241
第一节　成本异常的原因 …… 242
第二节　检讨与改进 …… 246
第三节　趋势分析报表 …… 249

名词解释汇编 …… 253
参考文献 …… 262

第一章

绪论

第一节 | 餐饮部门的重要伙伴

一、餐饮成本控制的意义与功能

餐饮成本控制部门（单位）的设置，在于定义、处理、支援与分析餐饮部门各营业点（Outlet）的成本及其营收，并从整体的餐饮部门活动中，依照成本控制管理流程，密切参与并协助餐饮活动的进行，记录与分析并完成各种相关报表。本书所有论述仅针对餐饮部门，并将“成本”聚焦在“食品成本”与“饮料成本”上，其余各项费用包含人事成本，皆以“费用”统称，以示区别。

一般而言，国际大饭店的组织编制区分为两大营运部门，一为餐饮部门，一为客房部门。除此之外当然还有许多支援性部门，例如人力资源部门、财务会计部门、工程部门、宣传、业务营销、采购、安保、公关、美工、总机等。支援性部门的人力编制较少，从两人到数十人不等，而餐饮与客房这两大营运部门的人力编制从百人到数百人不等。

国际大饭店的营收，一般也分两大块，一为客房收入，一为餐饮收入。全世界大饭店的营收，多数为客房收入大于餐饮收入，而在台湾的饭店业中，却有许多是餐饮收入大于客房收入。大型饭店的餐饮部门，会设有各式各样的餐厅与酒吧，例如中餐厅、咖啡厅、日式料理、法式餐厅或异国料理餐厅等。另外，饭店大都设有宴会部门，其大型宴会厅可容纳三四百人到一千人以上不等，其中宴会厅的营收可占整体餐饮部门营收的40%～80%，甚至更多（许顺旺，2005）。其主要原因在于国人无论公私活动，多借由宴会厅以餐会方式举行，因此造就宴会厅大量的营收。除此之外，由于餐饮服务属于劳动密集型的行业，各餐厅、酒吧与营业点内外场及餐务部门都有许多人力编制，因此，餐饮部是饭店内员工人数最多的部门。

“餐饮成本控制”岗位虽属于会计部门的编制，但是完全为餐饮部门工作，就如同餐厅出纳一样，由于成本控制与出纳这两个岗位的人力薪资是归属在餐饮部门，因此，他们可以算是餐饮部门的重要伙伴，其工作内容从采购、验收、仓储、生产到销售服务全程参与，每一个环节都有成本控制室的身影。在国际大饭店的会计部门组织结构设计上，其名称多半使用“成本控制室”，也有少数使用“成本分析室”，但是不管名称有何不同，其功能都是一样的。

二、成本控制的重要性

一家餐厅亏损是许多原因造成的，餐饮成本控制的好坏不只关系着餐饮部门的利润，更影响到整体餐饮服务的品质，甚至是营运的成败。成本控制的重要性在于营运的净损益，经验值显示，要赚到1万元的利润，需要做到7万~8万元的营收，而在成本控制方面，只要省下1万元，就是增加1万元的利润。

餐饮成本控制的环节多，从餐饮采购、验收、直接进货到仓库领发货、生产、销售服务等，都是可能出现人为疏忽甚至管理漏洞的地方。那么，如何设计一个理想的成本控制制度呢？选用具有优良品格的员工，依照制度管理的方式，实际运作之后，相信将有很好的结果。

或许有人会问：谁应该对餐饮成本负责？是采购部门？是餐厅经理？是餐饮部协理？还是成本控制室主管？应该是所有参与餐饮活动的员工吧！但是，各厨房的主厨应该对食物成本负大部分的责任，饮务部主管也要对饮料成本负最大的责任，因为他们都是第一责任者。原因在于从菜单的规划设计，到标准配方表的建立，成本控制室协助计算出每一道商品的成本，之后售价的制定，开始营业后的进货、领货、加工烹调与出餐等，都在主厨的指挥调度下完成，所以他必须承担最大的责任。饮务部主管也责无旁贷。

餐饮部门所创造的庞大的营收，如何切割分配与定义？成本如何计算？而餐饮成本是占所有开销中最大的一块，一般占比为总收入的30%~35%。这些都牵涉到部门单位的绩效与利润，以及未来年终奖金与红利的分配，且目前会计制度多以部门/单位利润中心制度为依归，而管理单位、后勤支援单位在庞大的餐饮组织活动中，也扮演着关键的角色。因此，健全的成本分析自有其重要性。

整体而言，成本控制是由事前规划控制、执行过程控制与事后稽核报告组成的成本管理系统，也是一个精密的管理制度。通过此制度来降低成本，提升品质，从而提高竞争力与获利能力，乃是成本控制的意义与精髓。

现列出成本控制的重要性如下。

（1）成本控制是涵盖事前规划、执行过程与事后稽核报告的全程制度。

（2）成本控制定义每一个餐饮活动环节与其功能。

（3）成本控制利用规格表单作为管理工具。

（4）成本控制是积极参与餐饮活动的协助者。

（5）成本控制是系统化、制度化与标准化的稽核者。

（6）成本控制是及时发现问题并适时修正者。

（7）成本控制提供有价值的成本分析报表。

三、组织编制

由餐饮部组织结构图（图1-1）可以看出，餐饮部门内设有许多单位，每单位内又有许多小单位，人员编制众多，餐饮活动频繁，部门间来往密切。餐饮部办公室内可能有餐饮部协理、副协理、餐厅长、秘书、助理等，一般而言，餐饮部副协理是辅佐餐饮部协理，协调管理餐饮部门的营运与人员。许多饭店可能会有两名餐饮部副协理，其中一名负责餐厅外场管理、扮演餐厅长的角色，另一名则是将重点放在厨房内场、餐务部、饮务部、客房餐饮服务部及员工餐厅等。当然，员工餐厅一般由人力资源部门管理，但人员及整体运作，又与餐饮部门息息相关，例如点心房早餐剩余的面包糕点、中西厨大型餐会的多余餐食，可以送给员工餐厅使用，或者给员工餐厅人力上的调派支援等，所以餐饮部有时也需参与协助管理。

若要了解餐饮部门的活动，需从餐饮部门的组织编制着手，现以“JJ国际大饭店”为蓝图，虚拟了一个拥有七个餐厅、三个酒吧及一个大型宴会厅的餐饮部组织结构图说明如下。

其余如饮务部组织结构图（图1-2）、餐务部组织结构图（图1-3）、外场服务部门组织结构图（图1-4）、内场厨房组织结构图（图1-5）及宴会部门组织结构图（图1-6）等，每个单位因业务上的需求不同，各有许多人员编制，这些单位组织与功能将在后面的章节中予以详述。

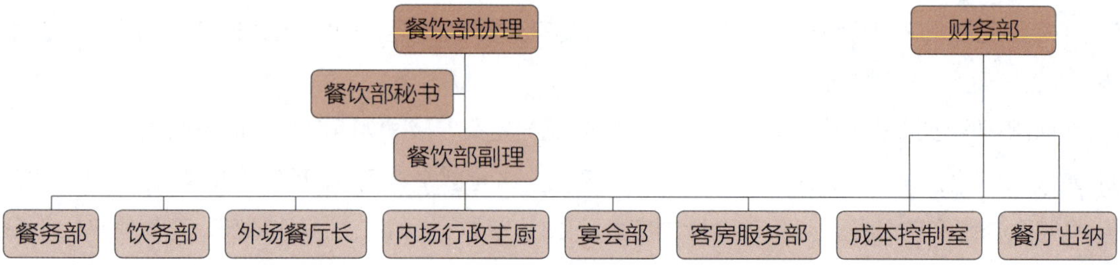

图1-1　台北JJ国际大饭店餐饮部组织结构图

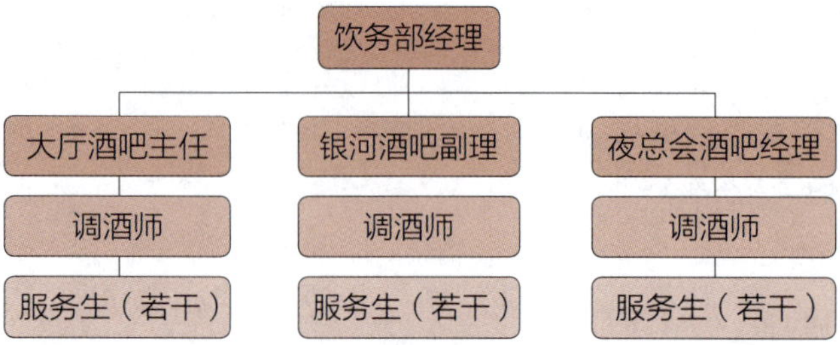

图1-2　饮务部组织结构图

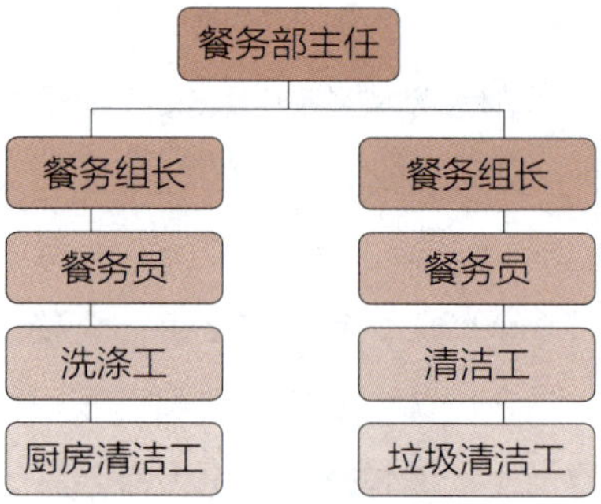

图1-3　餐务部组织结构图

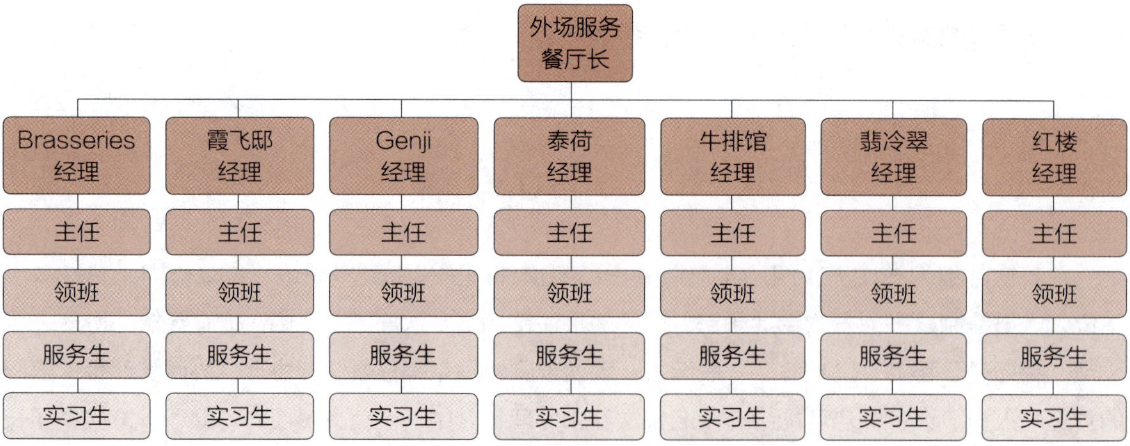

图1-4　外场服务部门组织结构图

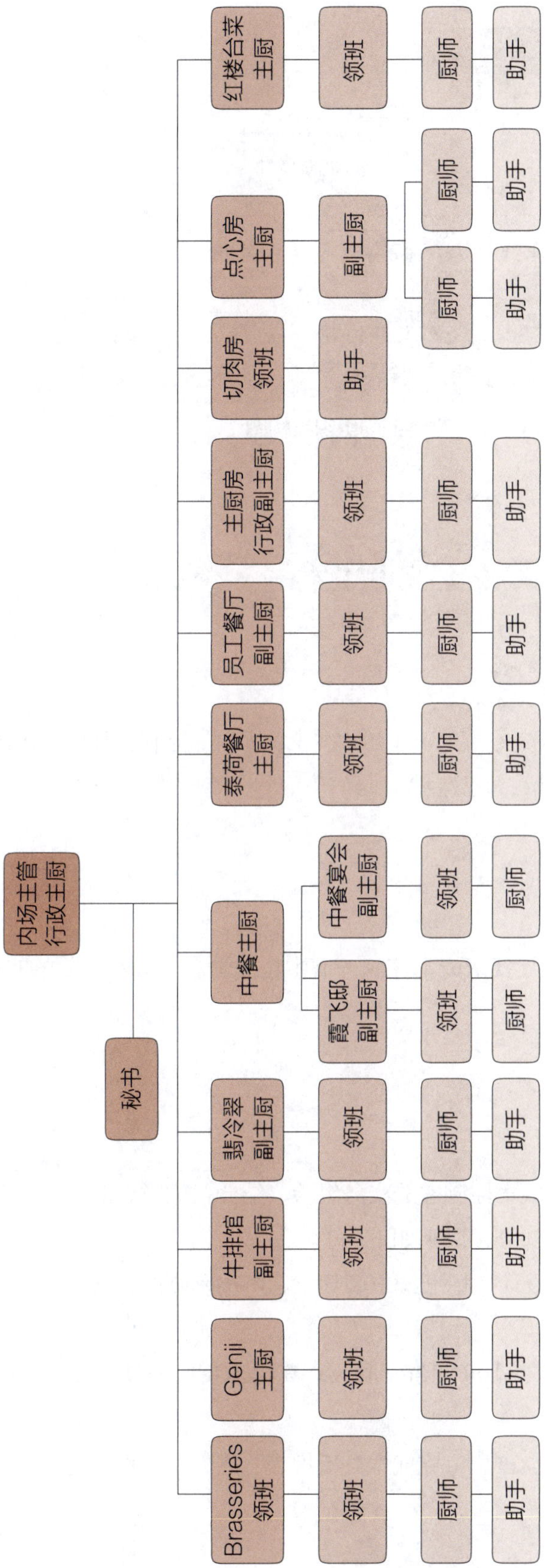

图 1-5 内场厨房组织结构图

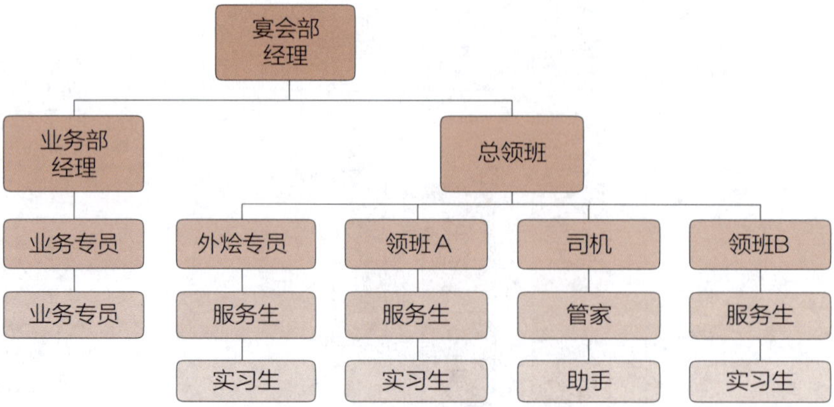

图 1-6　宴会部门组织结构图

四、成本控制过程与步骤

1. 成本控制过程

成本控制室属于会计部的内部稽核单位，负责餐饮成本的内部控制，其成本控制过程曾有学者以“餐旅成本控制流程”做了注解，其说法为：

（1）事前控制；

（2）过程控制；

（3）事后控制。

另一名学者万光玲（2003）在其餐饮成本控制一书中也提到了“成本控制的三个阶段”，其说法为：

（1）前馈控制；

（2）过程控制；

（3）反馈控制。

根据笔者多年在国际连锁饭店成本控制室的实务经验，结合各位学者的论述，可以将餐饮成本的控制过程与工作内容，分成三部分，说明如下。

（1）前置规划控制　包括菜单设计、标准配方表建立、产出率测试、成本计算、定价策略、服务标准制定与预算编制等。

（2）执行过程控制　包括采购、市场调查、验收、直接进货、仓储、发货、生产、销售服务、审核等。

（3）报表分析控制　包括期末盘点、每周成本分析报表、迷你酒吧报表与月底结账后餐饮成本报告书的制作等。

现以图1-7表示成本控制各阶段。

前置规划控制	执行过程控制	报表分析控制
1. 菜单设计	1. 采购	1. 期末盘点
2. 标准配方表建立	2. 市场调查	2. 每周成本分析报表
3. 产出率测试	3. 验收	3. 迷你酒吧报表
4. 成本计算	4. 直接进货	4. 餐饮成本分析报告书
5. 定价策略	5. 仓储	
6. 服务标准制定	6. 发货	
7. 预算编制	7. 生产	
	8. 销售服务	
	9. 审核等	

图 1-7 餐饮成本控制阶段

2. 成本控制步骤

餐饮成本控制的步骤可以用企业管理的PDCA来概括说明，即计划（Plan）、执行（Doing）、评估（Critical）、修正行动（Action）。

（1）在计划步骤要做到标准的建立（包括标准成本、标准配方、服务标准）、营收预算的建立、菜单的规划与设计、菜单价格的制定等。

（2）在执行步骤要做到依照餐饮管理原则，确保采购、验收、仓储、发货、生产与销售服务等环节，确实依循各种规定执行，并记录所有发生的成本与收入。

（3）在评估步骤要做到落实盘点制度，将实际成本与收入和预算目标进行比较，检视经营管理的绩效，并做菜单分析与整体成本分析报告书。

（4）在修正行动步骤要从成本分析报告书中找出缺失之处与改进的目标，并制订改进计划，修正错误，以提升整体绩效。

第二节 成本控制循环与成本分析

一、餐饮成本控制循环

餐饮成本控制管理单位，在国际大饭店习惯上称之为“餐饮成本控制”部门，使用饭店制定好的成本管理系统，利用许多表格（单），来一一记录成本的流向，最后将成本资料整理成各种不同的报告，提供给主管单位作为管理上的参考（表1-1）。而实际上这就是一种成本分析的作业流程，在整个餐饮活动中，以一个月为一个期间，从期初开始，记录每天的进货、领货、生产制备、供餐服务等，到期末做完实际盘存，便可计算出当月的实际成本。

Jack.D. Ninemeier1986年在《餐饮运营的计划与控制》（*Planning and Control for Food and Beverage Operations*）一书中提到了一个说法“餐饮成本控制循环”（“The Operating Control Cycle”）：

（1）采购（Purchasing）；

（2）验收（Receiving）

（3）仓储（Storing）；

（4）发货（Issuing）；

（5）生产（制备、烹调、供应）[Production（Preparing, Cooking, Provision）]；

（6）服务（Serving）。

台湾许多有关成本控制的书籍，都曾引用这个“餐饮成本控制循环”的说法，可是却不曾注意到，在验收之后，有一半以上的生鲜货品直接进入厨房和生产单位，并不曾进入“仓库”。如果是小型餐饮企业，更是没有建立仓库，也就直接省略了仓库这一环节。例如，台北维多利亚酒店（2007开幕）的餐饮管理设计，并未建置仓库，即省略仓库环节。

1990年台北凯悦大饭店（后更名为君悦大饭店）成立时，采取中央厨房仓储的做法，中央厨房仓储还包括前处理区、切肉房等。所有餐饮进货项目，全部都需进入中央厨房仓储，有些项目材料需要事先经过加工处理，有些则不需要。使用单位再根据需求，开立领货单向中央厨房仓库领货。当然这种做法事前必须重新计算所有材料的成本，届时做成本分析时，才能有正确的数值。如此一来，就完全符合上述说法了。

然而以笔者个人见解，台湾采取这种做法的饭店，并不多见。且笔者曾经于国际大饭店工作期间，被派往海外多家连锁饭店实习，见过的饭店都不曾有这种中央厨房仓储式的做法，因此，“餐饮成本控制循环”的说法，或许适宜做如下的改动：

（1）采购；

（2）验收；

（3）直接进货；

（4）仓库（进货）；

（5）领发货；

（6）生产（制备、烹调、供应）；

（7）服务。

因此，笔者根据实际情况进行修改，现整理出餐饮成本控制循环图如图1-8所示。

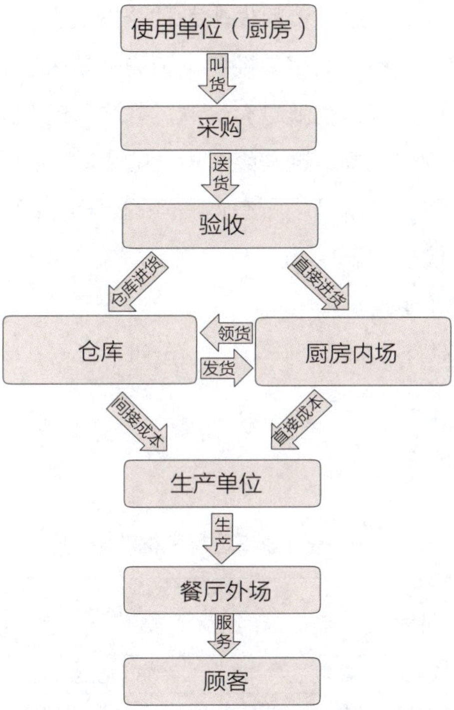

图 1-8　餐饮成本控制循环图

二、成本分析与账务调整

餐饮成本是一连串餐饮活动的结果，其计算公式为：期初存货+本期进货-期末存货=本期成本。除此之外，还包括餐饮成本的加减项，部门间成本费用的转移，这些都需要在结账时，一并做调账，才能正确计算出实际成本（详见第15章餐饮成本分析报告）。

有了正确的成本分析，还需要每个餐厅的正确营收，才能计算出每一个餐厅/部门/厨房的成本率。餐饮部门相当庞大，营业点多，餐饮成本的归属需要被定义，可能是以生产单位（成本）为中心，也可能是以各营业点（收入）为中心，最简单的方式是以整个餐饮部为中心，这样只需要计算整体成本即可。一个设计严谨并且落实执行的成本控制系统，可以有效合理地分析出各据点的餐饮成本，此为餐饮管理中成本控制的终极使命。我们将在后面的章节做实务案例的详细说明。

不管是使用"成本控制"还是"成本分析"，其目的都是一样的，成本分析是成本控制的内在精髓，成本控制则是成本分析的具体体现！

三、成本控制表格设计

餐饮成本控制是一个循环不断的餐饮活动，即使用一系列经过设计的表单，利用这些各式各样的表格来记录发生的一切，并根据这些资料做出各种分析报表，提供给部门主管做经营决策的参考，所以可以说成本控制就是一系列的表单控制。历史就是久远或并不久远的过去，过去是可以被记录的，记录得越完整，历史资料也就越有价值。餐饮部门营运上的点点滴滴，都需要被记录下来，而且是有系统、有目的地记录，这些经过设计的表单，便是为此而存在而被使用的。依据前述的三个成本控制阶段，我们将本书中所有运用到的表格详细汇整成一览表，并依三个阶段以不同序号区分，以方便读者检视（表1-1）。

（1）前置规划阶段——成01～12号；

（2）执行控制过程——采03～07、验01～04号、成21～36号；

（3）报表分析阶段——成41～52号；

（4）特殊设计——成61～63号。

表1-1　成本控制表格清单

成本控制阶段	编码	中文	英文	备注
前置计划	成-01	餐饮部门预算表	F&B Department Revenue Budget	F&B
	成-02	标准配方表	Standard Recipe	F&B
	成-03	标准菜肴成本表	Standard Menu Cost	F&B
	成-04	餐饮营销活动计划	F&B Monthly Marketing Plan	F&B
	成-05	市场营销活动计划预算表	F&B Monthly Marketing Budget	F&B
	成-06	鸡尾酒价格与成本分析清单	Cocktail Price & Cost Analysis List	B
	成-07	烈酒类价格与成本分析清单	Liquor Price & Cost Analysis List	B
	成-08	葡萄酒价格与成本分析清单	Wine Price & Cost Analysis List	B
	成-09	迷你酒吧价格与成本分析清单	Mini Bar Price & Cost Analysis List	B
	成-10	迷你酒吧通知单	Mini Bar Notification Sign	B
	成-11	迷你酒吧标签	Mini Bar Tag	B
	成-12	迷你酒吧房客账单	Mini Bar Guest Check	B
执行控制过程	采-03	采购规格清单	Goods Specification List	F&B
	采-04	供应商报价单	Supplier Quotation	F&B
	采-05	市场价格确认清单	Market Price List	F&B
	采-06	特殊请购单	Special Order	F&B

续表

成本控制阶段	编码	中文	英文	备注
执行控制过程	验-01	验收单	Receiving Record	F&B
	验-02	每日验收报表	Daily Receiving Report	F&B
	验-03	退货单	Return Form	F&B
	验-04	折让单	Allowance Form	F&B
	成-21	市场叫货清单	Market List	F
	成-22	宴会订席单	Function Order Form	F&B
	成-23	餐饮收入三个月预测表	F&B Revenue Forecast for Three Month Report	F&B
	成-24	仓库领货单	Storeroom Requisition- Food/ Beverage/	F&B
	成-25	部门转账单	Inter Department Transfer	F&B
	成-26	产出率测试表	Yield Test Form	F
	成-27	厨房烹调测试表	Cooking Test Form	F
	成-28	肉品切割与烹调测试表	Butchering and Cooking Test Form	F&B
	成-29	食品盘存控制记录表	Food Inventory Control Record	F
	成-30	仓库盘点表	Storeroom Inventory Form	F
	成-31	厨房成本记录表	Kitchen Cost Record	F
	成-32	食品与饮料报废表	F&B Scrapping Report	F&B
	成-33	员工餐成本记录表	Employees Cafeteria Cost Record	EM
	成-34	饮料盘存控制记录表	Beverage Inventory Control Record	B
	成-35	迷你酒吧楼层控制表	Mini Bar Floor Control Record	B
	成-36	酒吧小仓库周盘点表	Bar Store Weekly Inventory Report	B
				A
报表分析	成-41	餐饮收入周报表	F&B Weekly Cost Report	F&B
	成-42	餐饮收入分析表	F&B Revenue Report	F&B
	成-43	仓库盘点差异计算表	Storeroom Inventory Variation Computation Report	F&B
	成-44	仓库盘点差异报表	Storeroom Inventory Variation Report	F&B
	成-45	容器押金报表	Report of Deposit Containers	F&B
	成-46	存货周转率报表	Inventory Turnover Report	F&B
	成-47	食品成本调节表	Food Cost Reconciliation Report	F
	成-48	饮料成本调节表	Beverage Cost Reconciliation Report	B
	成-49	迷你酒吧营收分析报表	Mini Bar Revenue Analysis Report	B
	成-50	实际与标准饮料销售/成本摘要	Beverage Sales And Potential Analysis	B
	成-51	餐饮部餐厅损益分析试算表	F&B Outlet Profit and Loss Report	F&B
	成-52	餐饮营运趋势分析	F&B Trend Report	F&B
特殊设计	成-61	外店专用餐点订单	Outside Operation Order Form	F&B
	成-62	外店专用餐点签收单暨退回	Outside Operation Returned Form	F&B
	成-63	寄卖商品盘点表	Consignment Inventory Form	F&B

第三节 小结

成本控制的做法因人而异，因地而不同，规模、文化、组织的差异，甚至国家法令都会有不同的影响，最主要的是了解企业的需求是什么。成本控制系统可以根据饭店的特性，量身打造，设计符合饭店需求的控制系统。未来是电子化的时代，纸本的表单都将改成电子表单，并且可以连接到电脑系统，许多工作也将更加简化，甚至省略。由于电脑的普遍应用与观念的改变，从人工作业方式延续下来的做法，已经被不断地修正与调整。成本控制是会计制度的一部分，总之，只要掌握住原则，就可以根据饭店自身的需求，而做适度的修改。

名词解释

1．成本（Cost）：本书所称的成本，单指餐饮成本，“餐”指食品、食材，“饮”指饮料，包括含酒精类与非酒精类饮料。

2．人事费用（Personnel Expense）：即人力资源相关费用，称为人事费用而不称人事成本，以避免与成本混淆。包含薪资、劳保、红利、年终奖金、员工福利、教育培训、加班费、旅游费用等。

3．内场（Infield）：指未直接与顾客接触的餐饮部员工，包括厨师、餐务人员。

4．外场（Out-field）：指直接服务顾客的餐饮部员工，包括餐厅经理与服务人员。

5．成本率（Cost Ratio）：指成本除以收入，用百分比表示，例如，成本为新台币3,350,000，收入为新台币10,000,000，成本率=33.5%。

6．采购（Purchasing）：指饭店采购部门专门负责餐饮食材与饮料的采购人员。

7．验收（Receiving）：指负责餐饮食材与饮料品项的验收人员，是品质与数量的把关者。

8．仓库（Store）：指食品仓库与饮料仓库，各有专职仓库管理员。

9．直接成本（Direct Cost）：指餐饮食材经过验收后，不进仓库，直接进到使用单位（厨房或餐厅），这部分食材的成本为直接成本。

10．间接成本（Indirect Cost）：指餐饮食材经过验收后，进入仓库，使用单位（厨房或餐厅）再根据需求开立领货单，经主管签核后再到仓库领取货品，这部分食材的成本为间接成本。

11．发货（Issuing）：指仓库管理员接到领货单之后，检视领货单是否有权限主管签名，将单上的食材依需求数量预备好，等使用单位人员来领货时，再一一与之核对，并请其签领。

12．中央仓储（Central Store）：中央仓储包括前处理区、切肉房等。所有餐饮进货品项全部进入中央仓储，有些品项材料需要事先经过加工处理，有些则不需要。使用单位再根据需求，开立领货单向中央仓库领货。

13. 生产（Production）：指厨房或吧台人员接获订单（点菜单）后，将预备好的食材经过加工切割、制备烹调以供餐的程序。

14. 订单（点菜单）：在餐厅一般英文称为Captain Order ，若为宴会厅使用的订单，则称为Function Order Sheet。其中餐厅的Captain Order已可以用电子订单取代，即所谓移动手持式装置，如PDA，搭配POS点餐系统使用。

15. POS系统：指销售点管理系统（Point of Sales），又称为“点餐系统”，是餐厅生产销售服务与出纳作业的电脑化系统。

16. 销售（Sales）：指餐厅服务人员将商品（餐点饮料）主动推荐给顾客，或接受顾客的点餐，并做后续服务。

小故事

职业生涯意外的转折

其实Alex自己也和众人一样意外！

怀抱着对饭店业的憧憬，他进入JJ国际大饭店开始了全新的职业生涯，至今已经七年多了。从西厨的学徒开始了他的饭店旅程，在学徒这段时间，他有幸参加史考特主厨为学徒助手举办的内部训练课程，为期一年，此课程让他有机会到每一个厨房实习，在许多不同岗位工作锻炼。其后一路经历过许多位外国主厨，由于他的努力好学，颇得他们的赏识，职位不断晋升，目前担任点心房的副主厨，前一年还被派往日本的JJ大饭店进行海外实习。

去年底，行政主厨克劳斯（德国籍）问他，是否有兴趣转战新的领域，他感到惊奇但是一直犹豫不决，后来行政副主厨梁师傅告诉他最好不要去，希望他留在西厨副主厨的位置。梁师傅认为这个职位工作内容敏感，复杂不好做，容易得罪人，倒不如留在厨房继续发展。后来有一天财务长周先生找他谈话，经过一番分析后，他决定转换跑道，挑战这个全新的工作。因此，二月下旬Alex接下了成本控制室主任的工作，这个职务还兼仓库主任，于是，他从西厨房转到了一个完全不同的领域。

农历年过完，他就正式成为成本控制室主任兼仓库主任。然而，交接的过程是非常匆忙的，因为原先的成本控制主任Michael一周后离职，他将去南部一家新的饭店接任副财务长。在这短暂的时间内，他一个未曾碰触饭店财务会计的人，要完全掌握这个部门，颇有压力。但也因为他没有任何预设立场，本身有商学背景，会计观念正确，又是厨师出身，相当熟悉整个厨房的运作，其实衔接得还算顺畅。很快地进入月底关账，并且在月初结账时，又通过电话向Michael请教了一些问题，再加上现在部门同事的协助，终于顺利完成了当月的成本分析报告书。

当Alex拿着报告书分送给各相关单位时，一种新手上路的感觉才开始在心里荡漾，不知不觉间，他已经进入餐饮成本的控制循环中了，未来之路，正等着他一步步更深入地探索。

学习测评

1. 餐饮成本控制的意义与功能为何?
2. 请问谁应该对餐饮成本负责，为什么?
3. 请说明成本控制的过程有哪些? 各有哪些工作内容?
4. 试画出能够处理100桌以上容量的宴会厅组织图。
5. 请说明Jack. D. Ninemeier的餐饮成本控制循环为何。
6. 请说明本书定义的“餐饮成本控制循环”与上题学者所定义的有何差异。

第二章

成本控制的组织架构与工作职责

第一节 餐饮成本控制主管

一、创造性的工作

餐饮成本控制室主管负责食品和饮料的成本控制系统，并使其功能可以正确与完整地实施。在国际大饭店的组织编制中，成本控制室隶属于会计部门，如图2-1所示。根据饭店规模的大小，他所领导的办公室至少两个人以上，可以到五人。以本书虚拟案例而言，JJ国际大饭店属大中型饭店（680多个房间），因为成本控制室主任还兼任餐饮仓库主任，所以整个部门的人力编制达到六人（图2-2）。

成本控制主管是一个创造性的工作，并不只限于报告和数值统计。他直接向餐饮部协理报告和解释，并利用系统所产生的信息，协助餐饮部协理、主厨和饮务部主管，重新检视他们的菜单结构和销售价格。也就是说检查标准配方表所计算出的每份成本，是否符合他们所建立的目标（成本率/毛利率）。这其中包括“菜单分析工程”，根据潜在的销售和成本数据，及目前的市场价格，定期对实际销售和成本进行检视与核算。他在整个餐饮成本控制系统中扮演积极的角色，负责验收的记录检视，发票与价格的核对，仓库的进货与发货，领货单的成本计算，市场调查、期末盘点以及成本分析报告书的编制等。

他必须就餐饮成本控制系统所产生的相关信息做出每月或定期的总结报告（餐饮成本分析报告书）；他是餐饮部协理的左右手，将采购、验收、仓管、生产制备等范围所产生的信息，做成有用的分析报表，提供给财务长与餐饮部协理作为经营决策的参考。

设置餐饮成本控制系统的主要目的如下。

（1）控制管理食品与饮料仓库的储存与发货。

（2）记录与比较各项餐饮收入。

（3）制作实际成本报表，每周1～2次。

（4）记录与报告员工餐的费用。

（5）计算与记录餐饮部门的潜在成本。

（6）标准配方表的成本计算与资料建档。

（7）迷你吧的存货管理与营收分析。

（8）标准菜肴成本的计算分析，分量、盘饰的确定，以及服务的控制。

（9）汇总并摘要每月的营运状况，制作分析报告。

在后续的章节中，将详细说明成本控制室主管如何与餐饮部门协调合作，让餐饮活动能顺利进行。

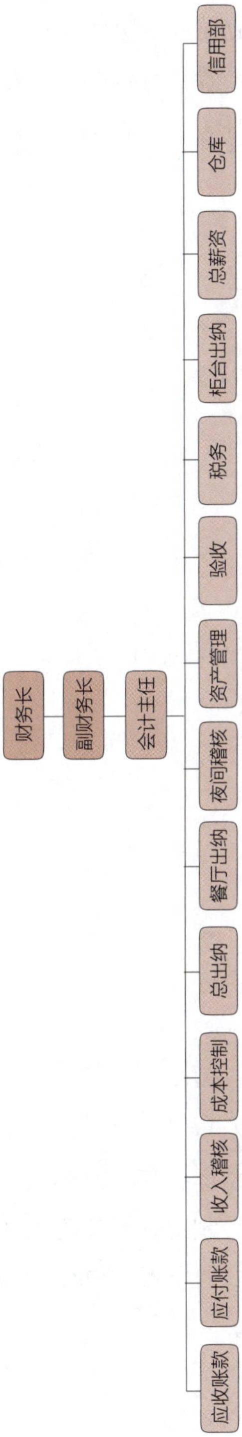

图 2-1　会计部门组织结构图

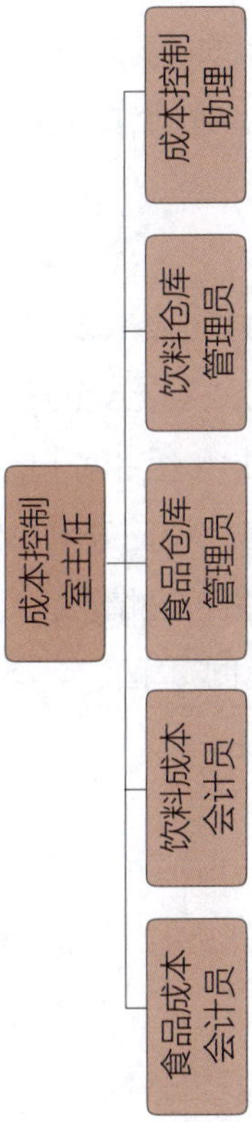

图 2-2　成本控制部门组织结构图

二、成本控制主管的工作职责

成本控制室主管相当于积极参与各项事务的幕僚，以及后勤支援的协调者，此外他也扮演一个稽核者的角色。他在整个餐饮活动中不可或缺，并且衔接每一个循环控制点，为整体的餐饮营运提供协助，并将营运的结果忠实地呈现在其完整的分析报告中。一位称职的餐饮成本控制主管，具有以下工作职责。

（1）帮助食品和饮料仓库每月执行库存盘点。

（2）制作每周的餐饮成本预估报告。

（3）分析饭店特色菜肴的每份成本。

（4）协助建立标准菜单的份量和盘饰以及服务。

（5）定期分析餐厅和宴会菜单的销售和潜在成本。

（6）计算与记录食品潜在成本。

（7）记录的检核实际的饮料销售。

（8）不定期进行干货与冷冻食品的产出率测试（Yield Test）。

（9）不定期举行重要食品的烹调测试（Cooking Test）。

（10）不定期协助切肉房进行肉品使用率测试（Butcher Utilization Rate Test）。

（11）分析饮料食谱的销售价格，建立和记录潜在的销售值。

（12）不定期抽查统筹酒吧/库房存货管理情况。

（13）编写实际和潜在的饮料销售和成本报告。

（14）每月底编制餐饮分析报告书。

（15）制作迷你酒吧营收分析报告。

（16）制作宴会厅使用率及收益分析报告。

（17）制作餐厅的营收损益报告。

（18）执行菜单分析工程。

（19）协助编制下年度餐饮部门营收预算。

（20）参与餐饮部门每周例会与每月会议，并提出问题与建议。

餐饮成本控制循环牵涉到许多部门，成本控制系统就是一个贯穿各部门的系统，面对采购部门、验收单位、仓管单位、生产单位与服务点等餐饮部门，成本控制主管不只是被动地做一些会计的工作，他是相关部门间最重要的工作伙伴、监督者、供应者、协调者与顾问，他应该扮演更积极的角色，给予餐饮同仁最大的助力。

第二节 食品成本会计员

一、账务稽核的工作

食品成本会计员（又称控制员）主要负责食品类的成本分析，他协助成本控制主管处理有关食品成本的账务稽核与计算工作，以及各餐厅收入的重新调整与确认。

成本的部分，有直接成本与间接成本两部分：直接成本是指生产单位直接进货的成本，当供应商送货到饭店的验收单位，验收单位依据验收单来验收货品，并填入正确的数量，再将货品直接送到生产单位。间接成本是指生产单位开立领货单，向仓库提领所需货品的成本。

餐饮收入是饭店各个营业据点，如餐厅、客房餐饮服务、酒吧、迷你酒吧与宴会厅等所有营收的总和。因为各点的收入有内部转账与分账的问题，因此需要做账务上的调整。食品成本会计员需要处理领货单的成本核对与计算，发票金额与税额的检核，资料的电脑输入，厨房间的内部转账处理，每周1～2次的食物成本报表的制作，月底的盘点与月初的结账等。他向成本控制主管负责。

二、食品成本会计员的工作职责

（1）制作每周的餐饮成本报告（成控-41）。

（2）验收单据与（食品仓库）领货单的成本核对计算。

（3）发票金额与税额的检核。

（4）将食品成本资料输入电脑系统。

（5）帮助食品仓库每月执行库存盘点。

（6）食品潜在成本的计算与记录。

（7）协助切肉房进行肉品使用率测试（Butcher Utilization Rate Test）。

（8）协助进行重要食品的烹调测试（Cooking Test）。

（9）协助进行干货与冷冻食品的产出率测试（Yield Test）。

（10）协助编制每月底餐饮分析报告书。

（11）制作宴会厅使用率及收益分析报告。

（12）协助制作餐厅的营收损益报告。

第三节 饮料成本会计员

一、账务稽核的工作

饮料成本会计员与食品成本会计员分工合作，他主要负责饮料的成本计算。他协助成本控制主管处理有关饮料成本的账务稽核与计算工作，以及各营业据点收入的重新调整与确认。

饮料成本有别于食品成本，除非有特殊采购，都是间接成本。饮料的间接成本是指生产单位（吧台）开立领货单，向饮料仓库提领所需货品的成本。

饭店各个营业据点，如餐厅、客房餐饮服务、酒吧、迷你酒吧与宴会厅等都有饮料收入，各点的收入有内部转账与分账的问题，因此需要做账务上的调整。饮料成本会计员需要处理领货单的成本核对计算，发票金额与税额的检核，资料的电脑输入，各酒吧间的内部转账处理，每周1～2次的食物成本报表的制作，月底的盘点与月初的结账等。饮料成本会计员向成本控制主管负责。

二、饮料成本会计员的工作职责

（1）验收单据与（酒库）领货单的成本核对计算。

（2）发票金额与税额的检核。

（3）将饮料成本资料输入电脑系统。

（4）帮助酒库每月执行库存盘点。

（5）实际饮料销售的记录。

（6）分析饮料食谱的销售价格以及建立和记录潜在的销售值。

（7）协助执行酒吧/库房存货管理的不定期抽查。

（8）协助主任举行葡萄酒盲饮测试。

（9）编写实际和潜在的饮料销售及成本报告。

（10）制作迷你酒吧报告。

（11）协助制作酒吧的营收损益报告。

（12）每天都要制作一份饮料管制报告，详列当天的营业量和营业额。

（13）协助编制每月底餐饮分析报告书。

第四节 仓库管理员

一、仓库管理员概述

国际大饭店的仓库可分为三种，食品仓库、饮料仓库和一般仓库。食品与饮料仓库是提供给餐饮部门使用，一般仓库则是提供给全饭店使用。一般仓库为非餐饮品项的仓库，存放内容相当丰富，有客房与餐饮部门的各种消耗性物品，营业器具、文具用品、布巾品项等以及美工物品、工程部门物品或是淘汰的设备等，无所不包，它需要一个相当大的空间。JJ国际大饭店在外县市有一间很大的“外仓”，就是用来容纳这些物品的一般仓库。一般仓库的管理员与外仓管理员，隶属财务部门的资财单位，资财单位除了主管一般仓库外，还负责全饭店的资产管理。

食品与饮料仓库管理员负责仓库的维护管理，并提供数量充足与新鲜安全的货品供餐饮部门领用，因此，货品质与量的管理，便极其重要。新鲜货品须每日盘点，以便掌握准确数量，如此才能依照安全库存量，补进正确足够的货品数量。

各使用单位的订货人员，确认需求与数量并叫货后，采购部门即下单给供应商，并请供应商将货品依照要求时间，送至验收单位，经过实际验收，接下来就是餐饮材料的存货管理。一名优良的仓库管理员，可确保原物料使用的安全、方便，并可减少许多无谓的损耗。因此，制定储存与仓管原则，先进先出，控制核对库存物料的领发，统计库报告存量，清点整理物料，创造最佳的物料时间效用，以及负责仓库的期末盘存等，都是仓库管理人员的职责。

二、食品仓库管理员的工作职责

（1）收集并核对所有交货单、发票、退货单以及收货报告。

（2）管制周期性的存货。

（3）定期清查装货的空箱或容器，并列账以便回收。

（4）定期清点库存的食品及厨房中的食物，并与存货清单互作比对。

（5）制作盘存（清点存货）报告及盘存差异报告。

（6）保持永续性的食品存货账。

（7）保持食品容器押金账。

（8）制作可退费的食品容器清单。

（9）制作期间性的存货清单，以供定期与永续性的存货账相互比较，并供成控之用。

（10）制作存货盘点报告，内容包括货品的种类及价值、库存周转率等。
（11）制作食品类的滞留存货清单（Slow Moving Items）。

三、饮料仓库管理员的工作职责

（1）收集并核对所有交货单、发票、退货单以及收货报告。
（2）管制周期性的存货。
（3）定期清查饮料空箱或容器，并列账管理。
（4）定期清点库存的饮料品项，并与存货清单互作比对。
（5）制作盘存（清点存货）报告及盘存差异报告。
（6）保持永续性的饮料存货账。
（7）保持饮料容器押金账。
（8）制作可退费的容器清单。
（9）制作期间性的存货清单，以供定期和永续性的饮料存货账相互比较，并供成控之用。
（10）制作饮料存货清点报告，内容包括货品的种类及价值、库存周转率等。
（11）制作饮料类的滞留存货清单。

第五节 成本控制会计制度

本书所采用的会计科目与表单的设计，参考了美国饭店及住宿协会（American Hotel & Lodging Association）所出的国际通用住宿业会计制度（Uniform System of Accounts for the Lodging Industry）及国际连锁饭店的会计制度。再依饭店业的实际情况略作调整，其会计科目明细与有些饭店可能有差异，但须以各饭店自行定义为主。毕竟，每个国家有其会计与税务准则，每家饭店情况不同，房间数与餐饮服务设施有极大差异，另外这也牵涉饭店所使用的信息管理系统，各饭店要以营业内容及自身的需求去思考与重新设计。

名词解释

1. 潜在成本（Potential Cost）：指所售出的餐饮产品所应有的成本。

2. 内部转账（Internal Transfer）：指各部门从其他部门转借食材或餐点饮料，开立转账单，用于成本的内部调转。

3. 永续性的饮料存货账（Beverage Perpetual Inventory）：即饮料仓库的永续盘存表，记录着每种饮料品项每次的进出账及现有盘存数量。

4. 可退费的容器清单（Refund Container List）：指所有含有押金的货品容器，食品仓库与饮料仓库皆有，例如牛奶瓶（箱）、啤酒瓶（箱）、可乐瓶（箱）、绍兴酒瓶、米酒瓶等。

5. 菜单分析工程（Menu Engineering）：餐厅经营一段时间后，可以为该餐厅的产品销售做一番总结，包括每项产品的销售记录，包括成本、售价与销售数量，如此可知每项产品的受欢迎程度与毛利率，此分析工程可作为更换菜单的依据。

6. 市场调查（Market Survey）：市场调查可以配合采购部门一起进行，也可以独自进行，主要目的是针对目前进货品项的价格做市场调查，比较饭店购买价格与市场价格的差异。

7. 肉品使用率测试（Butcher Utilization Rate Test）：是指针对切肉房所购进的大块肉品，如猪肉、牛肉、羊肉，进行部位切割分解的测试与记录，以便了解每一份肉品部位的实际单价成本。例如买进一大块牛肉肋排，经过分割可以得到大肋排（Prime Rib）、肋眼牛排（Ribeye Roll）（带骨或不带骨）、牛小排（Short Ribs）（带骨或不带骨）、边肉排（Blade Meat）与一些碎肉和油脂。然而除非饭店内设有牛排馆（Steak House）与切肉房（Butcher Room），专门处理牛肉，大部分餐厅厨房并不需要做肉品使用率测试。仅需做产出率测试即可。

8. 营业器具（Operating Equipment）：是指餐饮服务所需的各项器具，例如银器、瓷器、玻璃器皿等。

9. 滞留存货清单（Slow Moving Items）：是指仓库内的某些货品，有很长一段时间都无使用单位提领，除了造成资金积压之外，也让该货品不新鲜，须设法用掉，因此列出一份清单。

10. 会计科目（Accounting Title）：会计科目是进行会计记录和提供各项会计信息的基础。它是对会计要素的内容，按照会计原则进行分类核算和监督的项目，也是编制会计凭证、设置账簿、汇编财务报表的依据。会计要素有五大类，分别是：资产、负债、所有者权益、收益及费用和损失（成本与费用）。

小故事

一瓶葡萄酒引起的仓库管理问题

Alex第一个月都在忙着熟悉业务与报表，常常忙到很晚才回去。有一天晚上8点多，牛排馆的经理打电话来说，有一位客人点了一瓶玛歌-1992（Chateau Margaux-1992），牛排馆手中的库存刚好前两天卖完，尚未领货，需要开仓库紧急领货。于是Alex带着钥匙以及盘点表到酒库，服务员Tommy已经在门口等候了，他打开酒库的门，两人一起进入，开始寻找那瓶Chateau Margaux。

根据盘点表，这款酒目前应该还有3瓶的库存，可是，当他们开始找的时候发现货架上的货品并没有依照编号排列，竟然是跳着放的，而且有些葡萄酒直接放在栈板上，有些架上的葡萄酒却没有编号。这样就增加了寻找的难度，颇费了一些时间，才终于在一个货架角落找到了这款Chateau Margaux。这款法国红酒进价NT$8850，是波尔多五大酒庄之一的名酒，牛排馆餐厅的售价为NT$18800元。

Tommy赶快签好领货单后，将酒带去餐厅，留下Alex一个人在酒库内沉思。

这实在是一件不可思议的事情，仓库管理的原则竟然未在这里被落实，以简单的常识判断，香槟酒、白酒、红酒及粉红酒都需分区分类，不同国家地区的酒，也要分开才是。他到任后没多久就碰上月底盘点，但因为他要先熟悉食品仓库的盘点作业，酒库就由成本控制饮料专员Judy与仓库管理员小陈负责，所以他尚未熟悉饮料仓库的情形。

葡萄酒是一个相当专业的领域，在转任成控主管之前，他对葡萄酒缺乏认识，之前上课时有过简单的介绍，但是极为浅显。面对着眼前许多的葡萄酒，多半不认识，是哪一个国家、产区的，葡萄品种、红酒、白酒、香槟等，又是以哪一国品质最佳呢？酒的名称该怎么读呢？价格为何会有这么大的差异呢？这些是他应该加强的学习领域。

第二天上班时，他就找Judy与小陈讨论酒库管理的问题，并询问小陈为何货品没照编号排列？小陈解释说因为葡萄酒的消耗量不高，所以较常用的酒排在最外面，已经习惯了，所以他们都很熟悉酒的位置……听着他们的解释，Alex指出了昨天的临时状况，不熟悉的人进入仓库，有可能会找不到酒，而且不管如何，仓库管理不可因为个人习惯或图方便而放弃规则，这样其他人代班时，会产生极大困扰。

因此，他要求他们重新整理酒库，所有葡萄酒都需上架，并且贴上品名及编号，分类依序排列。他也与他们一起动手整理，借此熟悉这些新的工作伙伴，也顺便增加葡萄酒的知识。这件事让Alex再次认识到仓库管理的做法与功能，而个人也有可能因为方便性而破坏规矩。

学习测评

1．请说明成本控制室主管所扮演的角色。

2．为何成本控制室主管的工作是创造性的工作？

3．请说明成本控制主管的工作职责。

4．请说明食品成本会计员的工作职责。

5．请说明饮料成本会计员的工作职责。

6．请说明食品仓库管理员的工作职责。

7．请说明饮料仓库管理员的工作职责。

第三章

采购与成本控制

第一节 餐饮采购作业流程

一、采购哲学

有一名老师在上采购学课程时问学生一个问题：

“采购的最高指导原则，是不是用最便宜的价格，买到最好的东西？”

全班同学都举手表示认同，这时老师就说了：“你们都太不动脑子了！”

“请问你们会将最好的东西以最便宜的价格卖出吗？”这时全班一致说：“不……会！”

“那么你们怎么可能用最便宜的价格，买到最好的东西呢？”

……“那么采购的最高指导原则是什么呢？”老师再问。经过一番讨论后，学生的答案仍然得不到老师的认同，最后老师提出一个观点：“采购的最高指导原则就是，用最便宜的价格，买到品质适合的东西”。因为每个单位的需求不同，有高级餐厅也有平价餐厅，他们对品质的需求不同，因此须定义其需求规格。同样都卖沙朗牛排，高级餐厅可能要用极佳（Prime）等级，平价餐厅可能只要用特选（Choice）等级即可。所以采购要针对需求与规格来定义。

二、执行过程控制的起点

餐饮采购是成本控制阶段“执行过程控制”中非常重要的一环。当使用单位（包含厨房与吧台的生产单位）准备营业时，需要根据菜单备货，所以每一个使用单位，要列出所需采购的品项清单，并且要注明每一品项的规格。采购清单需要予以分类，例如，食品大项可以分为：罐头类、蔬菜类、水果类、牛肉类、猪肉类、羊肉类、海鲜类、家禽类（鸡鸭鹅）、奶蛋类、南北杂货类、进口食品类、烘焙材料类等，饮料大项可分：烈酒类、葡萄酒类、乳品类、果汁类、碳酸饮料类、啤酒类、咖啡茶类、甜酒类等。

采购部门将所需的品项分门别类，予以编号，加上使用单位所要求的规格，制作出采购规格清单。然后，再寻找各类供应商，每一类最少找到三家，再请供应商根据采购清单的需求规格提供报价单，然后就是进行比价、议价的程序，成控主管需不定期参与这个比价流程。

现以JJ国际大饭店的采购清单规格说明如下。

表3-1采购规格清单中，采购人员已将所有品项逐一分类编号，品名定义清楚，规格说明完整，提供给优良供应商作为提供报价之用。JJ国际大饭店的采购规定，生鲜类包括：蔬菜类、水果类、牛肉类、猪肉类、羊肉类、海鲜类、家禽类（鸡鸭鹅）、奶蛋类、杂项等，每半个月为一

期报价（1～15号，16号至月底）。因此，每月13号、28号为报价与议价之日，供应商需于两天之前将报价单送到采购部，以便进行比价作业（见表3-2）。

三、采购规格清单

范例

采-03

表3-1 采购规格清单

编码	品 名	规 格	单位	价格
	海鲜类			
1010001	明虾Fresh King Prawn	10ea/kg（修清）	kg	
1010002	冷冻七星斑Frozen Garoupa	1ea/kg	kg	
1010003	活七星斑Live Garoupa	1ea/kg活鱼	kg	
1010004	九孔Small Abalone	40ea±/kg，活体	kg	
1010005	海参Sea Slug	发好	kg	
1010006	墨鱼（大）Cuttle ~ L	2kg±/1只	kg	
	蔬菜类			
1020001	芥菜头Heart of Peeled Mustard	半颗去叶	kg	
1020002	金针菇Golden Mushroom	150g/小包	kg	
1020003	山东白菜Chinese Cabbage	新鲜无黄叶、虫咬	kg	
1020004	芦笋Asparagus	新鲜翠绿（去头修清）	kg	
1020005	大豆苗Sugar Pea Shoot	新鲜翠绿	kg	
1020006	青葱Chinese Onion	新鲜1kg/捆，带头去尾	kg	
1020007	草菇Chinese Mushroom	新鲜1kg/捆	kg	
1020008	洋菇French Mushroom	新鲜无黑斑1kg/捆	kg	
	水果类			
1030001	西瓜Watermelon	10～12kg/1ea	kg	
1030002	甜瓜Muskmelon	2kg±/1ea	kg	
1030003	哈密瓜Honey Dew Melon	2kg±/1ea	kg	
1030004	菠萝Pineapple	2kg±/1ea	kg	
1030005	柳橙（进口）U.S.Orange	5ea±/1kg	kg	
	猪肉品			
1040001	小排Rib Pork	新鲜无异味、带骨切段	kg	
1040002	梅头肉Neck Pork	新鲜无异味	kg	
1040003	肉馅Pork Minced Meat	新鲜无异味、粗绞	kg	
1040004	带皮五花肉Pork Belly with Skin	新鲜无异味	kg	
1040005	肉丝Shredded Pork	新鲜无异味，瘦肉约0.3cm×6cm±	kg	
1040006	大排Pork Chop with Bone	新鲜无异味，带骨每片约200g	kg	

四、供应商报价单（表 3–2）

范例

采–04

表3–2 供应商报价单

供应商：S01旭川海产行　　日期：XXXXX

联系人：王大空　　电话：XXXXXXXXXX

编码	品 名	规 格	单位	价格
	海鲜类			
1010001	明虾Fresh, King Prawn	10ea/kg（修清）	kg	1100
1010002	冷冻七星斑Frozen Garoupa	1ea/kg	kg	600
1010003	活七星斑Live Garoupa	活鱼	kg	850
1010004	九孔Small Abalone	40ea/kg	kg	1240
1010005	海参Sea Slug	发好	kg	550
1010006	墨鱼（大）Cuttle ~ L	2kg/1只	kg	200
1010007	鲑鱼Salmon Fish	进口冷藏– 7～8kg/1ea	kg	400
	……			

供应商：S02小川海产行　　日期：XXXXX

联系人：赵三尚　　电话：XXXXXXXXXX

编码	品 名	规 格	单位	价格
	海鲜类			
1010001	明虾Fresh, King Prawn	10ea/kg（修清）	kg	1200
1010002	冷冻七星斑Frozen Garoupa	1ea/kg	kg	680
1010003	活七星斑Live Garoupa	活鱼	kg	780
1010004	九孔Small Abalone	40ea/kg	kg	1200
1010005	海参Sea Slug	发好	kg	500
1010006	墨鱼（大）Cuttle ~ L	2kg/1只	kg	185
1010007	鲑鱼Salmon Fish	进口冷藏– 7～8kg/1ea	kg	500
	……			

范例

采-04

供应商：S03大山海产行　　　　日期：XXXXX
联系人：钟大山　　　　电话：XXXXXXXXXX

编码	品　名	规　格	单位	价格
	海鲜类			
1010001	明虾Fresh, King Prawn	10ea/kg（修清）	kg	1240
1010002	冷冻七星斑Frozen Garoupa	1ea/kg	kg	680
1010003	活七星斑Live Garoupa	活鱼	kg	800
1010004	九孔Small Abalone	40ea/kg	kg	1300
1010005	海参Sea Slug	发好	kg	450
1010006	墨鱼（大）Cuttle ~ L	2kg/1只	kg	170
1010007	鲑鱼Salmon Fish	进口冷藏-7～8kg/1ea	kg	450
	……			

供应商：V01三星行　　　　日期：XXXXX
联系人：李大德　　　　电话：XXXXXXXXXX

编码	品　名	规　格	单位	价格
	蔬菜类			
1020001	芥菜头Heart of Peeled Mustard	去皮	kg	40
1020002	金针菇Golden Mushroom	小包	kg	80
1020003	山东白菜Chinese Cabbage	新鲜无黄叶、虫咬	kg	35
1020004	芦笋Asparagus	新鲜翠绿（修清）	kg	130
1020005	大豆苗Sugar Pea Shoot	新鲜翠绿	kg	170
1020006	青葱Chinese Onion	新鲜无黄叶	kg	65
1020007	草菇Chinese Mushroom	新鲜	kg	120
1020008	洋菇French Mushroom	新鲜无黑斑	kg	200
	……			

范例

采-04

供应商：V02五星行　　日期：XXXXX

联系人：吴启铭　　电话：XXXXXXXXXX

编码	品　名	规　格	单位	价格
	蔬菜类			
1020001	芥菜头Heart of Peeled Mustard	去皮	kg	42
1020002	金针菇Golden Mushroom	小包	kg	85
1020003	山东白菜Chinese Cabbage	新鲜无黄叶、虫咬	kg	38
1020004	芦笋Asparagus	新鲜翠绿（修清）	kg	110
1020005	大豆苗Sugar Pea Shoot	新鲜翠绿	kg	180
1020006	青葱Chinese Onion	新鲜无黄叶	kg	68
1020007	草菇Chinese Mushroom	新鲜	kg	115
1020008	洋菇French Mushroom	新鲜无黑斑	kg	210
	……			

供应商：V03蔬原行　　日期：XXXXX

联系人：周　原　　电话：XXXXXXXXXX

编码	品　名	规　格	单位	价格
	蔬菜类			
1020001	芥菜头Heart of Peeled Mustard	去皮	kg	37
1020002	金针菇Golden Mushroom	小包	kg	88
1020003	山东白菜Chinese Cabbage	新鲜无黄叶、虫咬	kg	40
1020004	芦笋Asparagus	新鲜翠绿（修清）	kg	120
1020005	大豆苗Sugar Pea Shoot	新鲜翠绿	kg	190
1020006	青葱Chinese Onion	新鲜无黄叶	kg	60
1020007	草菇Chinese Mushroom	新鲜	kg	110
1020008	洋菇French Mushroom	新鲜无黑斑	kg	215
	……			

范例

采-04

供应商：F01百果行　　　　日期：XXXXX
联系人：张小明　　　　电话：XXXXXXXXXX

编码	品　名	规　格	单位	价格
	水果类			
1030001	西瓜Watermelon	10～12kg/1ea	kg	14
1030002	甜瓜Muskmelon	2kg/1ea	kg	40
1030003	哈密瓜Honey Dew Melon	2kg/1ea	kg	35
1030004	菠萝Pineapple	2kg/1ea	kg	45
1030005	柳橙（进口）U.S. Orange	5ea/1kg	kg	35
1030006	柳橙Local Orange	4～5ea/1kg	kg	18
1030007	猕猴桃Kiwi	28ea/1c/s	c/s	2000
1030008	香蕉Banana	4-5ea/1kg	kg	28
	……			

供应商：P01大有肉铺　　　　日期：XXXXX
联系人：陈大有　　　　电话：XXXXXXXXXX

编码	品　名	规　格	单位	价格
	猪肉品			
1040001	小排Rib Pork	新鲜，切4cm小块	kg	140
1040002	梅头肉Neck Pork	新鲜无异味	kg	100
1040003	肉馅Pork Minced Meat	新鲜无异味	kg	80
1040004	带皮五花肉Pork Belly with Skin	新鲜无异味	kg	120
1040005	肉丝Shredded Pork	新鲜无异味，瘦肉约0.3cmx6cm±	kg	90
1040006	大排Pork Chop with Bone	新鲜无异味，带骨每片约200g	kg	115
	……			
	……			

当完成下一期的比价/议价程序，确定好所有品项的供应商之后，便需编制“市场价格确认清单”（见表3-3），并于下一期开始前发给各使用单位，以方便叫货。

除了上述生鲜类别之外的采购项目，包括所有饮料类与南北杂货类、进口食品类、烘焙材料类及罐头类等，其报价期间为三个月一期，采购流程相同。

五、市场价格确认清单

范例

采-05

表3-3 市场价格确认清单

报价有效期间：2013/7/1～2013/7/15

编码	品 名	规 格	单位	价格	备注 *
	海鲜类				
1010001	明虾Fresh, King Prawn	10ea/kg（修清）	kg	1100	S01
1010002	冷冻七星斑Frozen Garoupa	1ea/kg	kg	600	S01
1010003	活七星斑Live Garoupa	活鱼	kg	780	S02
1010004	九孔Small Abalone	40ea/kg	kg	1200	S02
1010005	海参Sea Slug	发好	kg	450	S03
1010006	墨鱼（大）Cuttle ~ L	2kg/1只	kg	170	S03
1010007	鲑鱼Salmon Fish	进口冷藏-7～8kg/1ea	kg	400	S01
	……				
	蔬菜类				
1020001	芥菜头Heart of Peeled Mustard	去皮	kg	37	V03
1020002	金针菇Golden Mushroom	小包	kg	80	V01
1020003	山东白菜Chinese Cabbage	新鲜无黄叶、虫咬	kg	35	V01
1020004	芦笋Asparagus	新鲜翠绿（修清）	kg	110	V02
1020005	大豆苗Sugar Pea Shoot	新鲜翠绿	kg	170	V02
1020006	青葱Chinese Onion	新鲜无黄叶	kg	60	V03
1020007	草菇Chinese Mushroom	新鲜	kg	110	V03
1020008	洋菇French Mushroom	新鲜无黑斑	kg	200	V01

续表

编码	品　名	规　格	单位	价格	备注 *
	……				
	水果类				
1030001	西瓜Watermelon	10-12kg/1ea	kg	13	F02
1030002	甜瓜Muskmelon	2kg/1ea	kg	35	F01
1030003	哈密瓜Honey Dew Melon	2kg/1ea	kg	40	F01
1030004	菠萝Pineapple	2kg/1ea	kg	42	F03
1030005	柳橙（进口）U.S.Orange	5ea/1kg	kg	33	F02
	……				
	猪肉品				
1040001	小排Rib Pork	新鲜，切4cm小块	kg	120	P02
1040002	梅头肉Neck Pork	新鲜无异味	kg	105	P01
1040003	肉馅Pork Minced Meat	新鲜无异味	kg	70	P01
1040004	带皮五花肉Pork Belly with Skin	新鲜无异味	kg	115	P01
1040005	肉丝Shredded Pork	新鲜无异味，瘦肉约0.3cmx6cm±	kg	90	P02
1040006	大排Pork Chop with Bone	新鲜无异味，带骨每片约200g	kg	120	P02
	……				

*备注栏为得标供应商代号。

采购代表：　　　　　　　　采购经理：

第二节 比价与议价

一、比价规范

比价与议价是采购方法中的两种做法，相对于公开招标流程较为简单。公开招标多用于采购金额庞大，且需要较具资本规模的厂商参与，相关规定较为繁琐，牵涉到资格标、价格标，又有押标金、履约保证金、工期、法律责任等。大饭店餐饮的供应商帮助饭店寻找所需材料，提供报价，定时送货，事后收款，除了要承担物价波动风险，还需承担2～3个月的票期，简而言之，他们属于综合短程贸易服务商。所以，优良的供应商是饭店最佳的伙伴，因为他们提供了最佳的服务，除了准时送货，货品品质良好之外，还可以提供最新的市场资讯，或者食材样本给使用单位参考。有时候还能帮助餐饮部门度过紧急难关，尤其在接获临时订单时，或是使用单位有状况时，都需要他们紧急协助。

一般而言，每一类项的供应商都需要2～3家，当他们将报价单送来后，采购人员需检查日期、金额是否正确合理，与目前市价是否相当。这有赖于平时多注意收集物价情报，现在资讯方便取得，可以从果菜市场批发商交易价格、零售商价格、大宗物资趸售物价，也可以从台北农产运销公司、“行政院”“农业委员会农粮署农产品价格资讯网站”等，获得有用的资料。另外，可以不定时到果菜市场做市场调查，掌握第一手价格资料，更有助于比价与议价。

二、比价作业流程

比价作业流程如下。

（1）按产品类项整理报价单，如蔬菜类、猪肉类。

（2）将各类各家报价单同样品质规格品项逐一比较，价格最低者得标。

（3）确定每一类项供应商，制作采购价格确认清单。

我们以表3-2蔬菜类为例，1020001芥菜头，三星行报40元，五星行报42元，蔬原行报37元，于是芥菜头由蔬原行得标。1020004芦笋，三星行报130元，五星行报110元，蔬原行报120元，于是芦笋由五星行得标。其余以此类推。如此便可完成采购价格确认清单了！万一有某些品项没有供应商报价时，怎么办呢？这时就需要采购人员逐一询问，看哪一家供应商可以供应，并经议价之后，协调某一家供应商承做。这中间有许多协商的空间，尤其在台风季节，蔬菜价格不稳定，有时甚至是供应商亏本在做，但为了维持与饭店的良好关系，偶尔牺牲一下，也是有必要的。

第三节 采购叫货与验收

一、市场叫货单

当“采购价格确认清单”已发送给各使用单位后，各使用单位就可以开始叫货了。在进入电脑化作业系统之前，饭店使用一种约A2尺寸的“市场叫货清单”（Market List），里面分门别类地列了经常使用的生鲜品项，并保留了部分空白栏位，以便增加平常少用的品项或较为特殊的品项。“市场叫货清单”一般是由仓库管理员，先填写所需数量到仓库栏位，中午仓库关门之后，送到主厨办公室。各厨房会将所需的生鲜品项列出清单，送到行政主厨办公室，再由秘书将清单汇总到“市场叫货清单”上，或由各单位领班自行填上。最后再由行政主厨或副主厨签名确认，在下午3点之前送到采购部，以方便采购人员尽快进行叫货。

二、“市场叫货单”范例

市场叫货清单见表3-4（成-21）。

范例　　成-21

表3-4　市场叫货清单

编码	品　名	单位	冷厨	主厨房	咖啡厅	厨房一	厨房二	仓库
	海鲜类							
1010001	明虾Fresh King Prawn	kg						
1010002	冷冻七星斑Frozen Garoupa	kg						
1010003	活七星斑Live Garoupa	kg						
1010004	九孔Small Abalone	kg						
1010005	海参Sea Slug	kg						
1010006	墨鱼（大）Cuttle ~ L	kg						
	……							
	蔬菜类							
1020001	芥菜头Heart of Peeled Mustard	kg						
1020002	金针菇Golden Mushroom	kg						
1020003	山东白菜Chinese Cabbage	kg						

续表

编码	品　名	单位	冷厨	主厨房	咖啡厅	厨房一	厨房二	仓库
1020004	芦笋Asparagus	kg						
1020005	大豆苗Sugar Pea Shoot	kg						
1020006	青葱Chinese Onion	kg						
1020007	草菇Chinese Mushroom	kg						
1020008	洋菇French Mushroom	kg						
	……							
	水果类							
1030001	西瓜Watermelon	kg						
1030002	甜瓜Muskmelon	kg						
1030003	哈密瓜Honey Dew Melon	kg						
1030004	菠萝Pineapple	kg						
1030005	柳橙（进口）U.S. Orange	kg						
	猪肉品							
1040001	小排Rib Pork	kg						
1040002	梅头肉Neck Pork	kg						
1040003	肉馅Pork Minced Meat	kg						
1040004	带皮五花肉Pork Belly with Skin	kg						
1040005	肉丝Shredded Pork	kg						
1040006	大排Pork Chop with Bone	kg						
	……							

以往采购部门叫货，多使用电话，后来使用传真机，进入电脑化时代之后，已可将叫货单列印再传真给供应商。现今进入网络化，已使用网络电子化作业，叫货就更方便了！

当叫货处理完毕之后，采购部门就必须制作验收单，验收单根据供应商而分别开立，验收单据内须有货号、品名、规格、单位、数量，不需一栏实际验收数量，留待验收人员确实验收后填写。验收单在每天下班前制作好，并列印出来交给验收部门，以便隔天进货时进行验收作业。此部分留在下一章讨论。

三、特殊请购单

特殊请购单（Special Order）是对特殊需求，但是该需求品项又不在一般的报价单上，或者其品项在一般的报价单上，但是因为临时需求，供应商来不及备货送货，而使用的一种请购单。简单而言，它是紧急状况的采购行为，或是验收时的补办程序。特殊请购单见表3-5（采-06），其要点如下。

（1）它是一种紧急需求的请购单据。

（2）当使用单位与仓库都没有库存时，紧急需要此货品。

（3）它可能是使用单位自行在外采购的物品（开发新菜测试用，或是比赛需求），以此作为补单程序。

（4）实际做市场调查时（Market Survey）所购买的少量物品时使用。

（5）申请购买不常使用的货品时使用。

采-06

表3-5　特殊请购单

使用单位：________

日期：________

品名	单价	数量	金额	备注

单位：________　　验收：________

四、开放式采购单

开放式采购单（OPEN P.O.）用于采购专用的饭店备品，例如洗发水、香皂、牙刷、刮胡刀、信封、信纸、铅笔、点菜单、纪念品等。这些备品都有饭店的标志（logo），是专门做给这家饭店用的，别家饭店无法使用，为了压低成本需大量订做采购，但是仓库又不适合一次大量进货储存，所以就运用开放式采购单，完成一次采购流程，决标后一年内多次分批送货。开放式采购单并不需要另外设计表格，只需在一般采购单上注明是开放式采购单即可。

其特点分述如下。

（1）它是一种长期供应合约，多为国际大饭店专用的备品。

（2）属长期合约，一年议价一次。

（3）可与厂商订购一年的使用量，做成开放订购合约，由使用单位依需求，不定期开单请购。

（4）不需再经过比价、议价程序，采购时可以直接叫货。

五、葡萄酒采购

葡萄酒是酒类中较为特殊的品项，它涵盖的层面广及世界各国。

葡萄品种繁多，各国酒庄等级复杂，风土条件、年份、知名度、评价、酒款、价位等各不相同，这中间有许多专业的知识，若非专业代理酒商与葡萄酒专家的引导，一般人对于葡萄酒世界总是感到眼花缭乱。一瓶酒的价格可以从数百元到数万元，这中间竟然有如此大的差距，这个差距是由谁决定的呢？

影响葡萄酒价格的因素繁多，通常有年份因素（Vintage Factors）、产地因素（Territory Factors）、市场因素（Market Factors）、消费者因素（Consumer Factors）等。此外市场价格也会受以下几点影响而变动。

（1）葡萄酒的品质。

（2）可取得的数量。

（3）酒厂的名声。

（4）专业评鉴结果。

（5）市场拍卖价格。

（6）营销费用。

（7）市场需求。

许多国际大饭店的餐厅通常会与葡萄酒代理商合作促销，某些月份或节日，选出一些酒款作为促销品，提供特价优惠，甚至与美食节结合一起促销。此时酒商提供较优惠的价格条件，为了提高销售业绩，有的酒商还会为服务人员提供销售奖金。

餐饮部协理与饮务部经理在设计葡萄酒单时，需要征询侍酒师与酒商的建议，一是从消费者的接受程度与潮流考虑，二是从代理酒商的供应资源与市场商情来规划。葡萄酒的采购有其不同之处，采购人员对这个领域可能相对陌生，因此，要采购哪些酒，一般都是由餐饮部门选定所有酒款之后，再请酒商直接提供报价，并与之议价与比价。其后的下单订购、进货验收、库存与领发货等则照正常程序进行。

六、盲饮测试与指定用酒

国际大饭店有所谓“饭店指定用酒”，它可能是红酒、白酒、香槟甚至是烈酒，饭店指定葡萄酒称为House Wine，香槟称为House Champagne，烈酒则称为House Liquor。一般而言，除了饭店指定用酒之外，都称之为品牌酒（Brand），在价格上，指定用酒是最便宜的入门款，并且可以分杯零售，它的消耗量最高，利润也最大。

饭店在选用指定用酒时，可以考虑比较多的品牌，并且可采用“盲饮测试”的方式来决定指定用酒。成控室主管可以主导此盲饮测试活动，通常做法是请酒商们提供差不多价位的红酒或白酒，邀请餐饮部门相关主管人员、采购部等前来试饮，试饮前将所有酒标覆盖住并编号，试饮者无法知道这是哪一款酒。需事先准备试饮评分表给所有参与试饮的人员，请他们忠实地记录所有试饮的酒款，并填入他们的评分，最后再计算总分，选出最受好评的指定用酒。

第四节 产出率测试

一、产出率测试

“好的东西必然不便宜”“便宜无好货”，这是大家耳熟能详的句子。但是在实务操作中，往往会碰到厂商要卖给你又好又便宜的东西，这时就要特别注意了，除非是市场价格降低，否则必然有某些不足为外人道的事情。

但也有些时候，市场的供需有了变化，原先的东西价格已下滑，可是厂商并未做降价的动作，这些情况该如何处理？

成本控制室对采购的货品，有责任做到最佳性价比，除了市场调查方法之外，产出率测试也是一个方法，让你对这些相同规格，却有不同报价的货品进行测试，以便决定哪一家的货品才是真正的便宜，这对海鲜类与肉品类尤为重要。例如冷冻草虾仁这个货品，ABC三家供应商针对同一规格的冷冻草虾仁分别报价：200元/kg、250元/kg、270元/kg，看起来A家的价格最便宜，但是这其中有含冰量的问题，若非经过测试，无法决定哪一家才是真正的便宜。

采购学有所谓AP与EP价格：

AP=As Purchase Price，即该食材的每单位的采购价格。

EP=Edible Portion Cost，即可食用部分的成本价格，这里所指的是EP价格，必须实际做过产出率测试之后，才能得知。表3-6所示为产出率测试表。

成-26

表3-6 产出率测试表

品名：________　　　　规格：________

日期：________

供应商	单价 / 单位	产出率	实际单价	备注

参与测试人员：

采购：

厨房：

验收：

成控：

二、实际测试范例

现以上述案例为例说明。成本控制室发一个备忘录，要求采购人员向这三家供应商各采购3kg冷冻草虾仁，并约定时间，在厨房进行产出率测试，邀请各相关单位主管人员共同参与，这其中有采购人员、餐饮部协理、中西厨主厨、验收等。经过一番公平公开的测试后，结果如表3-7（成-26）所示，由此范例可以看出，B供应商的货品才是最便宜的。

其中实际单价就是各家货品的EP价格。

范例

采-03

表3-7 产出率测试表

品名：冷冻草虾仁

规格：25～35/kg 含冰10%

日期：xxx.xx.xx

供应商	单价/单位	产出率	实际单价	备注
A	200元/kg	0.7	286	
B	250元/kg	0.9	278	
C	270元/kg	0.8	338	

参与测试人员：
采购：江一忠
厨房：徐二信
验收：卢三丰
成控：郑四义

第五节 供应商管理

前面提到过，优良的供应商是饭店最佳的伙伴，因为他们提供了最佳的服务，确实也是如此。但是优良的供应商应该具备哪些条件呢？根据饭店餐饮部门的需求而言，优良的供应商需具备以下条件。

（1）产品的品质合乎采购规格和需求。

（2）货源充裕且有良好的售后服务。

（3）价格合理且供应品质合适的物料。

（4）准时送货且考虑到了货品卫生安全。

（5）具有饭店同业间良好的评价与信誉。

（6）具备相关的专业知识。

（7）财务状况良好。

（8）该供应商应为合法经营单位，无不良记录且诚实纳税。

供应商的管理有一定的原则与做法，本书重点在成本控制实务，因此，略过不提，有兴趣者，请参考采购学方面书籍。

特殊个案研究

重要接待服务

JJ国际大饭店接获一个重要接待服务，地点在新落成启用的新北市行政大楼。菜单为中菜西吃套餐，食材方面要求使用台湾各地方特产。餐饮部协理召集宴会部经理、中西餐主厨讨论设计菜单，经过一番修改后，其宴会菜单设计如下。

□金山鸭肉佐三芝美人腿

□万峦猪脚搭石门小肉粽

□清蒸龙胆石斑与虱目鱼双舞

□澎湖活龙虾海鲜清汤

□乌来竹筒饭佐宜兰糕渣

□白河莲子甜汤

□焦糖金山地瓜&大甲芋头

□宝岛珍果盘

这是一场非常重要的活动，虽然JJ国际大饭店经常承办大型庆祝酒会，这场人数仅二百人的套餐式宴会规模并不大，但是因为要求使用各地特产，而这些特产分散在台湾各个地方，如何取得这些真正的名产，还要在最合适的时间到达，呈现出最美好的风味，品质、时间、温度、数量都须拿捏得恰到好处，不失地主的面子，这是一大挑战！

于是餐饮部召开会议，宴会部、中西餐主厨、采购部、成本控制室都应邀与会，会中讨论菜单内容与如何采购及厨房作业等。经过一番激烈的讨论，大致达成几项共识，现将内容具体整理为会议记录备忘录，如表3-8所示。

表3-8 大型宴会会议记录

菜　单	自制/外购	中厨/西厨	自制所需材料	外购条件说明
金山鸭肉佐三芝美人腿	外	西		金山鸭肉当天现杀现煮直送。三芝筊白笋前一天进货。鸭肉需于一周前进行样本测试
万峦猪脚搭石门小肉粽	外	中		正宗万峦猪脚前一天进货（冷藏）。石门小肉粽当天现做直送。小肉粽需于一周前进行样本测试
清蒸龙胆石斑与虱目鱼双舞	自	中	龙胆石斑与虱目鱼当天进货，活体。需于一周前进行样本测试，自行试做	
澎湖活龙虾海鲜清汤	自	中	真正澎湖活龙虾当天进货。需于一周前进行样本测试，自行试做	
乌来竹筒饭佐宜兰糕渣	外+自	中	宜兰糕渣前一天进货，当天烹调	乌来竹筒饭，特别订制1/3份量，当天现做直送。竹筒饭需于一周前进行样本测试
白河莲子甜汤	自	中	白河莲子与小朵莲花前一天进货。小朵莲花需于一周前进行样本测试开花情况	
焦糖金山地瓜&大甲芋头	自	西	金山地瓜与大甲芋头，前一天进货	
宝岛珍果盘	自	西	选择水果为三星上将梨、花莲大西瓜、关庙菠萝、甜瓜，前一天进货	
注：①采购部门寻找所需材料，品质优先，服务第二，价格次之 ②厨房需先行试做，试吃，再做调整 ③成控部门专案记录成本，所有进货单独开单处理，活动结束再讨论营收分配与成本归属				

采购部门碰到这种特殊规格的需求，自然必须求助于供应商了，海鲜与蔬果类供应商基本上没什么问题，可以很容易取得货源。但小朵莲花、竹筒饭、金山鸭肉、万峦猪脚、

石门小肉粽、宜兰糕渣等的取得，就要伤脑筋了！经过一番努力以及供应商与饭店同仁的联络安排，终于取得所有材料。试菜的结果令人满意，充分表现了宝岛美食的风味，当小朵莲花（含苞未放）被服务人员放入甜汤中，缓缓绽放的刹那，为这场晚宴画下了完美的句点。

名词解释

1．市场调查（Market Survey）：这里所说的市场调查，单指采购部门对货品行情所做的价格与货源的调查。

2．资格标（Qualification）：即投标厂商所需具备的资格的审查，其中可能包括该公司的资本额、经历、领导团队、专利技术、业界实绩等。

3．价格标（Tender）：即开标之标的，以投标金额最低者得标。

4．押标金（Bid Bond）：为保障公开招标的品质，防止劣质厂商竞标，设有押标金规定，投标厂商需存入银行一笔规定数额的资金，并由银行开出银行本票，作为押标金。

5．履约保证金（Performance Bond）：得标厂商须比照押标金的做法，于签约时开立银行本票给甲方，作为履约保证之用，在期间内若厂商无法履行合约内容，该笔保证金将被没收。

6．极佳、特选等级（Prime and Choice level）：美国农业部对牛肉商品所做的分级规定，主要是由成熟度（Maturity）和肋眼肌的大理石纹脂肪含量（Marbling）两种因素来决定。上述两种决定因素评鉴所得的等级，共分成八种，即极佳级（U.S. Prime）、特选级（U.S. Choice）、可选级（U.S.Select）、合格级（U.S.Standard）、商用级（U.S.Commercial）、可用级（U.S. Utility）、切块级（U.S. Cutter）和制罐级（U.S. Canner）。

7．采购规格（Product Specifications）：即各单位对所需的各种食材与饮料品项的要求，如大小、颜色、重量、数量、包装、品种、品牌、容量、保存条件等。

8．南北杂货类（Grocery Items）：指各式各样的米粮、罐头、干货、调味品香料等杂货。

9．趸售物价（Wholesale Price）：或称批发物价指数，是通货膨胀测定指标的一种。趸售物价指数用来反映大宗物资，包括原料、中间产品及进出口产品的批发价格，和厂商的关系较密切。它是根据大宗物资批发价格的加权平均价格，编制而得的物价指数。

10．特殊请购单（Special Order）：即临时有特殊需求，不适合跑正常采购流程而采购时所使用的表格。

11．开放式采购单（Open P.O）：即国际大饭店为有专用标志的备品采购而设置的采购单，因为采购量大，完成一次采购流程，决标后一年内多次分批送货。

小故事

市场调查的故事

Alex转调到成本控制室已经一个多月，这期间他还在熟悉整个业务的运作，感觉慢慢上手了。如此仓促接手，却又要准时做出每周成本分析，这有赖于成本控制室的两名控制员，负责食品成本的Sunny与负责饮料的Judy。她们二人都是于前一任主任Michael在任时进入，而且Judy转调进来前是出纳组长，二人已经在成本控制室3年多了，对于日常的成本控制作业已相当熟悉。之前Alex还在厨房工作时，就认识Judy，时常在餐厅遇见她，有时还会问她今天营业额多少。而Sunny就不太熟，但有时领货时会在仓库遇见，她会帮忙仓库发货。当Alex第一天就职，财务长带他出现在成控室时，大家非常惊讶，似乎他是一个最不可能的人选！

在与Michael交接期间，他们的出现总是令人感到新奇，而Alex本身却是最不可思议的，因为他的职位与身分已不一样了。他努力地调整自己的心态，他已经不是一个厨师，而是成本控制室主任，他的眼光与思考必须从这个角度出发。

慢慢地，他与餐饮部及会计部的同事越来越熟悉，业务上的往来也更加密切。毕竟这对他来说是一个新的领域，他用心摸索，尽可能向每一个人虚心请教问题，尤其是采购部，货品的采购成本，是成本控制室最需要计算与分析的。有一天，采购部江副理（负责餐饮食材品采购）向他提起，下星期三早上要不要一起到中央果菜市场去做市场调查？当然好！其实之前Michael就曾经对他说过，每个月要有一天早上和采购部一起去做市场调查，这段时间因为一直忙着熟悉业务，所以就没提出。Michael告诉他，市场调查最好由成控室主导，做完之后还要提出“市调比较报告表”。市调地点有很多，生鲜类食品可以到果菜市场、环南、滨江、三重果菜市场等，南北杂货类则可选择迪化街或是大卖场，这些地方有大盘、中盘、零售等，相当适合调查价格。

当天清晨4点他们约在饭店门口碰面，一起搭出租车到第一果菜市场。首先，江副理带他到渔货拍卖中心，他发现许多盘商头戴一种棒球帽，手拿一个牌子，围在一个拍卖者前面，他们前面有一篮篮的渔货。只听到拍卖者口中飞快地念着一连串的数字，根本无法辨识拍卖者口中念的是什么，却看到那些盘商不时地举手。突然，拍卖者停下来，迅速在手上的小本写下东西，然后撕下一张纸，递给某个盘商，江副理说，这个交易完成了。不久之后，他们又开始进行另一笔拍卖。

果菜市场相当大，除了不同拍卖区外，水果批发市场与海鲜零售市场也相当大，而传统菜市场很长，就像走不完似的。他们每一区都进去逛，问问店家各种产品的价格，在问的同时，又必须有技巧地记下价格，不让店家发现，否则他们知道你只是来问价格，就不愿意告诉你了。这时你可以重点买0.5千克～1千克你想了解价格的产品，如此一来，就可以顺便询问其他东西的价格。价格的记录必须要快，否则一段时间后，就已经忘记了。江副理是识途老马，前一天还提醒Alex要穿着家常服装，带记事本和笔，就当作是要采办家庭餐会的食材。

就这样Alex与江副理提着所购买的满满的食材回到饭店，他们将食材和收据放在验收区，填写特殊采购单和零用金申请表。食材可以给厨房使用，不计成本，但会转成试菜费用，零用金部分则需向总出纳申请。处理完这些事情后，江副理请Alex一起到咖啡厅使用早餐，用餐时Alex也顺便向江副理请教一些采购方面的事情，并聊起一些饭店早年的往事……

Alex将问到的食材价格（台斤），换算成公斤价格，然后比对目前相同规格的食材进价（采购价格确认清单），做了一张“市调比较表”。由于传统市场的贩售单位为台斤，饭店进货重量单位是公斤，因此必须做换算，1kg=0.6斤。从市调比较表来看，他发现价格比较起来有高有低，而进货价格多数高于市调价格，但不至于太离谱。江副理的看法是供应商必须承担三个月的货款资金成本，并且提供完整的售后服务，故而报价不大可能低于市价。

往后无数次的市场调查活动，他们一一走访了台北的各大市场，也到过一些传统小市场及杂货大街。这些实地走访与小额采买的经验，使他能了解目前市场有哪些当时货品或是新奇的产品，这些有别于在办公室做案上调查，让Alex更能贴近市场的脉动。

学习测评

1．采购的最高指导为何？
2．试列出各10项蔬菜类与海鲜类的采购规格清单。
3．比价作业流程为何？
4．何谓饭店指定用酒？
5．何谓葡萄酒的盲饮测试？
6．何谓产出率测试？
7．优良供应商应具备哪些条件？
8．请就你的观点说明市场调查的功能。

第四章

验收与成本控制

第一节 验收作业流程

一、食品进货的相关资料

验收单位用到的表单不多，计有验收单、每日验收报表、退货单及折让单等。验收单的格式设计每家饭店各自不同，主要是作为验收的依据。其内容包括：货品编号、供应商、品名、单位、价格、数量、实际收货数量、总金额等。食品进货的相关资料来自于发票、无发票货品的送货单及付现采购的发票。验收人员在查验货品及相关单据后，将正确资料记录于“验收单”（验-01）。

所有直接进到厨房的品项，单据文件上须盖上“直接”（Direct）的章。直接品项一般是每日采购的易腐的生鲜食品，各饭店情况不一，要看实际饭店的设施与供应情形。通常包括新鲜的海鲜类、水果、蔬菜、乳制品、烘焙及点心产品。

有些直接品项可能是半成品，可先暂放在仓库，再依正常领货程序处理，但是因为已经入账，故不做金额处理。然而若是生鲜的品项暂入仓库，则须做借贷转账的账务处理，当成正式入仓作业，并依正式领发货流程处理。

“每日验收报表 -采购明细”（验-02）是一份多功能表单，左边是验收报表，由验收人员填入，右边为采购明细账。此单据需每日总结，每日累加，到月底时可直接入总账。

验收人员于验收单上记录厂商名称、订单号码、单据编号、品项摘要、总额或折扣。成本控制室人员经过查对相关单据，再填入正确总额到适当栏位。

因此，“每日验收报表 -采购明细”每日总额，就可以分别填入到食品盘存控制表（成-29）的仓库采购、直接采购与容器（有押金）等栏位。这有助于成本控制室与会计室迅速处理采购账务。若是饭店使用迷你电脑或连线系统，每日和每月算出的合计数，则用于验证已录入到电脑的所有文件的正确数额。

“每日验收报表-采购明细”为每日验收货品后的例行报表，此报表采用四联式，相关单位必须正式签收。另外，主厨会收到最新的市场货品清单（采购价格确认清单）作为叫货的依据。

验收人员根据采购规格标准，检验货品及数量正确无误之后，将货品及验收单据送到仓库及各使用单位。其中仓库于每日下午3点左右，将验收单据正本、发票及验收单第一联送交成本控制室，自己保留第二联，并据以登录在库存账卡上。

收据及发票的增减异动需由成本控制室确认，且需根据报价单或市场价格清单来核对价格，确认完毕则在单据上签章。然后，成本控制室人员入完账之后，将验收报告、所有发票及收据一并送交会计室。若是有任何品项不足或缺货、价格不符，则需将验收单复本送采购部门作进一步处理。

有些乳品供应商会收取瓶子及箱子等容器的押金，并加总在发票中，等容器使用完毕退还时，再退款给饭店。这部分的押金需分开处理，必须从该品项总额中剔除。

下面以表4-1JJ国际大饭店红楼厨房的验收单及表4-2验收日报表为范例，加以检视讨论。

二、货品未随货附发票

当验收时货品未随货附发票，验收人员需准备送货单据（便条），标示价格并注明“货品未随货附发票”，其价格则依据市场价格清单（本期）。之后，将之填入验收单，并送交成本控制室及会计室。

范例

验-01

表4-1 验 收 单

No. xxxxxxx

供应商：No-P01 大有肉铺

订货单位：红楼中餐厨房

日期：xxx xx xx

编号	品名	单位	单价	订购数量	实际数量	总金额	备注
1040001	小排Rib Pork	kg	140	20	20		
1040002	梅头肉Neck Pork	kg	100	10	10		
1040003	肉馅Pork Minced Meat	kg	80	10	10		
1040004	带皮五花肉Pork Belly with Skin	kg	120	30	30		
1040005	肉丝Shredded Pork	kg	90	25	25		
1040006	大排Pork Chop with Bone	kg	115	55	54.5		
	总计						

验收单位：______________　　　成本控制室：______________

验-02

表4-2 每日验收报表

月份：________ 日期：________

编号	品项	数量	单价	供应商	发票号码	小计	类别						备注转账
							食品		酒水饮料				
							直接进货	入仓库	烈酒	啤酒	葡萄酒	软饮料	
1													
2													
3													
4													
5													
6													
7													
8													
9													
..													
..													
26													
27													
28													
29													
30													
31													
总计													

部门主管:　　　　　　　　验收员:

当成本控制人员收到货物发票之后，先行核对无误再作账务处理，借“货品未随货附发票”，贷“应付账款”。此账务作业于发票收到当日完成并登录于验收单上。

此外，若是送货单据的价格与发票的价格有差异时，则记账登录为：借或贷采购价格差异，从发票总额中做“货品未随货附发票”与“应付账款”的调整。

三、进口食品的成本与售价

大多数饭店有许多肉品及某些食品或饮料品项是从国外进口，这些货品若是由进口商代理，则其采购流程与账务处理照一般方式进行。但是，如果有任何货品是自行进口，其厂商所提供的发票并不包括进口关税、运费、手续费、本地运费等。成本控制室必须在货品送达时填写“发票备忘录”，并根据过去的经验将所有增加的费用，详细列表。

此发票备忘录记录于验收单上，借“盘存”，贷“应付账款未随货附发票”。并且，这时成本控制必须计算每一自行进口品项加权后的单价，并作为日后再次进口价格的参考依据。发票备忘录与单据的正本送交会计室，成控则须保留副本作为日后的参考。

当收到的发票与实际成本不符时，成本控制则须依照前述“货品未随货附发票”与“应付账款”的调整账务做法处理。

必须注意的是，每一自行进口的品项，包括进口关税、运费、手续费、本地运费等加权后的单价，作为日后领货（发货）、厨房部门的转账、肉品产出率测试、标准食谱配方表、肉品标签以及月底的盘点等，成本价格计算的依据。

四、验收时间

国际大饭店验收的工作不止餐饮材料，还包括饭店所有需要的其他品项，若是不分时间一起收货，则会造成混乱，因此，有必要将验收时间区分开来。

JJ国际大饭店将验收时间规定如下。

（1）上午：08：00～12：00食物材料、饮料等品项。

（2）下午：13：00～15：30资产类物品。

（3）下午：13：00～17：00一般消耗性备用物品与工程备用物品。

五、验收流程

验收单前一天已送到验收单位，第二天早上便可开始验收作业。

验收单上面已经详列了供应商的编号与名称，今天所要送的货品品名与货品代号（此代号为采购部门依据材料编码原则所编定，目的为方便电脑化管理）、货品的数量与单位、日期等资料。当供应商将货品送来时，验收人员便依据验收单来点收货品。

以上列范例来说，大有肉铺，编号P01，今天送来的货品有小排、梅头肉、肉馅、带皮五花肉、肉丝、大排等，订货单位是中餐厨房，验收人员逐一将每一品项过磅计算仔细，将正确数量填到“实际数量”栏位，之后便让验收助理员将所有货品，重新装到验收专用容器，送到中餐厨房请他们签收。验收单一式四联，依序为白、红、黄、绿复本。现将现行验收流程以图4-1表示如下。早年饭店未设验收助理员（传送员），货品都是请供应商直接送到使用单位，使用单位签收完毕之后，留下一联复本，再将其他三联送回验收单位，验收单位将第二联给供应商，供应商再行离开。

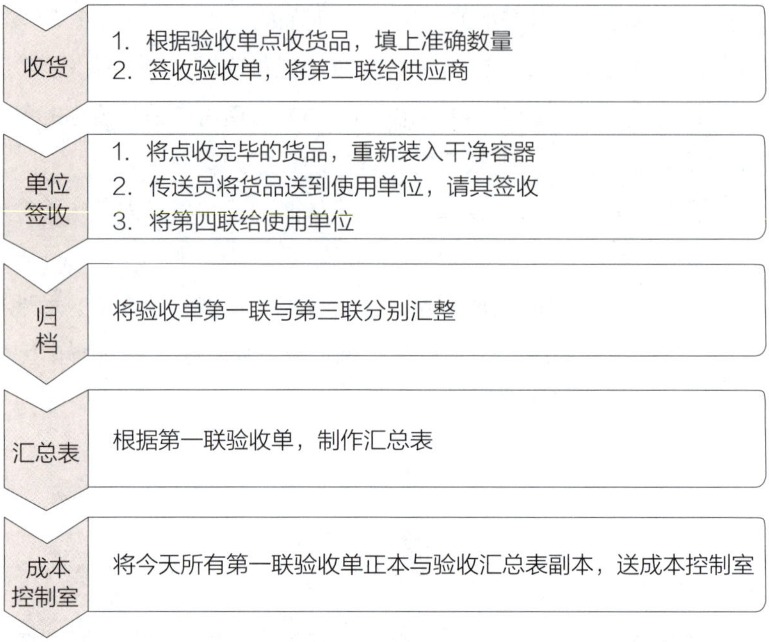

图 4-1　验收流程图

然而直接由供应商送货到使用单位，这中间有许多问题，主要是卫生安全的问题与人为问题。卫生安全方面，供应商送货员良莠不齐，有可能到处乱闯，食材容器会夹带病媒虫害等。而且，多了使用单位的签收栏，就多了一道关卡，厨师如果对货品有意见，则会造成另外的麻烦，有可能拒绝签收，也有可能要求给予好处，甚至会与供应商勾结，在品质与数量上放水。因此，饭店管理阶层认为有改变的需要，遂将之前做法改成现在的做法。

相对于食品材料的做法，饮料品项就比较简单，因为饮料类品项都是包装完整的成品，且全部需要进入仓库，不直接进入使用单位。所以当供应商送货来时，验收单位验收之后，可以请厂商送货员直接将货品送到仓库签收即可。

六、退货与折让

供应商所送来的货品，必须符合采购部门所订购的数量、规格和品质，若有不符则需要做适当的处理。生鲜类货品比较容易出现这些问题，因为大自然所生养的动植物，其规格不像工厂所生产的产品能够完全一模一样，只能尽量选择一致的货品。此外生鲜货品有新鲜度、保存条件、包装、重量、进口货品与本地货品、冷藏与冷冻、含冰量、货品等级等问题，而饮料类货品就没有这些问题。

验收人员在验收时若是遇到上述的问题，必须依照不同情况做适当的处理。数量上的差异如果不大，照实际数量收货即可，若是差异太大时，可能要问使用单位的意见，数量太少时，是要求补足数量，还是不必，反之数量太多时，是要求退回多的数量，还是全收？若是规格不符又该如何处理呢？这时可以请使用单位主管决定，收下还是退回，然而也有可能供应商已经找不到货源，而重新送货时间上又来不及，使用单位或许会选择接受这批货品，这时验收单位就可以要求供应商在价格上做出折让，填写折让单，见表4-3（验-04）。另一种情况是货品已经收下，但是因为其他无法在验收时就能辨识的因素，导致要使用时才发现品质有问题，这时就需要做退货处理。使用单位将要退回的货品送到验收单位，确认数量，填写退货单并联络采购请供应商前来回收处理。请见表4-4退货单（验-03），里面需记载退回的品名、数量及退回的详细原因。

验-04

表4-3　折　让　单

No. xxxxxxx

供应商：

订购单编号：　　　　日期：

编号	品名	单位	原单价	折让单价	数量	折让金额	备注
折让原因：							

使用单位：　　　　验收单位：　　　　供应商：

验-03

表4-4　退　货　单

No. xxxxxxx

供应商：

订购单编号：　　　　日期：

编号	品名	单位	单价	数量	总金额	备注

续表

编号	品名	单位	单价	数量	总金额	备注
退货原因说明:						

使用单位:　　　　　　　　验收单位:　　　　　　　　成本控制室:

第二节 验收的角色

一、组织成员

大部分饭店的验收部门编制不大，一般有2人，一名主任，一名组员。但JJ国际大饭店现行组织多了2名传送员，他们是兼职性质，每天只工作半天，主要目的如前所述，专门负责传递供应商所送来的货品到各指定单位。

验收员的工作职责就是执行饭店验收政策，严格针对品质与数量进行验收，绝不妥协，不收供应商好处。遇有品质上的问题，需马上回报，请采购与使用单位前来确认，该退货时办理退货，填写退货单，遇有折让时，填报折让单，送会计部处理。定期调校磅秤，维持度量工具最佳状况，保持环境整洁卫生，每日定时清洗所有容器与环境。

二、验收的工作

验收是饭店品质的守门员，因为材料的好坏会直接影响餐饮产品的品质。所以在进货这一关，如果没有做好，不良品就会趁机进入饭店，直接降低饭店餐饮的品质，也严重影响到商誉。因此，严格把关是验收工作的不二法门。

由于验收关系到供应商送货的顺畅度，厂商为了使货品能顺利交货，有时货品品质有瑕疵，厂商会给予验收人员某些好处。这时道德与操守就需要站出来，毕竟天下没有完美的制度设计，可以规范到完全没有弊端。而成本控制室的角色，或许就是站在监督者的位置，监控每一个流程的规范操作，防止出现任何漏洞与死角！

第三节 验收与采购、仓库的关系

验收的工作相对单纯，但是若能具备相关知识，则更能得心应手。以饭店而论，需要经过验收的货品，以餐饮部门的食品材料占最大宗，而且所花的时间最多，其中有一半以上的货品，都需经过仓库的管理流程。

有些饭店，验收会与仓库合成一个部门（或者单位），主要目的是就近与方便，工作人员可以相互支援，节省人力。就功能性质而言，并不会有所冲突，各有不同表格账务处理，合成一个单位，也无问题。而采购部门与验收则不可以合成一处，因为采购兼验收，就像是会计兼出纳一样，管账人员与管钱人员必须分开，互相监督，以避免人为的弊端产生。采购若是兼验收，就容易产生所谓的人为的问题与弊端，因为进货的两大关卡，都操纵在同一人手中。

原则上验收单位是采购单位的监督者，对所有买进的货品，负有把关的重任，验收人员也要扮演好自身的角色，才能对公司做出应有的贡献！

名词解释

1．退货单（Return Form）：已经收下的货品因为使用时才发现品质有问题，而将货品退回给供应商所使用的单据，里面记载退回的品名、数量及退回原因。

2．折让单（Allowances Form）：因为货品的规格与品质与采购规格不符，但又在可以接受范围或是时限上不得不收，要求供应商作价格上的折扣优惠所使用的单据。

3．关税（Customs）：这是指自进口货品时，该项货品需依照本国的进口货品关税额支付，关税额每种品项不一。

4．运费（Freight Fee）：这是指自进口货品时，运送过程中所需支付的费用。

5．手续费（Commission）：这是指自进口货品时，在报关处理时所发生的手续费用。

6．肉品产出率测试（Butcher Production Test）：这个测试最主要的是测出一块肉品，分割后的真正分量及成本，例如肋排里脊、牛菲力或羊背排等。饭店的肉房将生牛排、羊排等，处理成可用的分量。它可以建立起每磅最后可使用的肉品分量的比率，是一种“成本因素”，方便去套用目前市场价格，以决定最新的分量成本，当然，必须维持一致的采购标准，就如同所提供的每块肉品的分量是一样的。

7．肉品标签（Meat Tag）：肉品标签大部分是针对进口类的肉品而设，每一块肉品在进食品仓库时，需绑上肉品标签，并在标签上注品名称、重量、等级日期、价格等信息，并另做清单控管。发货时便将肉品标签拿下，据此入账并填入控管清单，但是现在多已不再使用了。

小故事

一次特殊的巡视

JJ国际大饭店是国际知名的连锁大饭店，总部设在美国，全球有五百多家饭店。台湾JJ是属于“委托经营管理”的连锁饭店，业主将饭店委托给JJ国际集团，总部派员来经营管理，建立JJ国际大饭店的管理制度，提升服务水平。目前台北JJ国际大饭店内，总经理、餐饮部协理、餐厅管事、业务部经理都是外国人，国籍也不同，部门主管会议时，就像一个小型联合国，相当有趣。

JJ国际大饭店集团在全球分为几个区块，其中台湾是属于亚太区，亚太区目前的区域总监约翰，曾经是台湾JJ的第一任总经理，并且是台湾女婿，与台湾的渊源颇深。现在他是日本东京JJ国际大饭店总经理兼亚太区总监，一年之间会轮流到麾下的饭店进行视察，而这个例行的视察总会让饭店特别紧张。有一天，财务长碰到Alex时，对他说约翰将于这个月的24日到饭店来视察，停留两天，让他要特别注意，仓库要整理得干干净净，厨房也要特别注意，因为有时他会夜巡！

这时就唤醒了Alex的回忆，之前在厨房工作的时候就曾听前辈说过，这位约翰先生原本是餐务部门出身，之后也做过成本控制，后来一路升到总经理。传说中他有一个习惯，会在深夜到厨房去，做什么呢？他会卷起袖子，用手去翻垃圾桶，甚至馊水桶，找出不该丢弃的食材。有一次他在垃圾桶中竟然翻出了半根火腿、只用一半的胡萝卜及一些还可利用的材料，还在馊水桶中拿出一条切了一半的菲力牛排……听说不久之后主厨就被换掉了！这样一位有魄力的人物他以前见过，但并没有接触过，只知道他是法国籍，御下极严。

约翰终于来了，总经理与财务长陪同他到处巡视，尤其这次咖啡厅正在重新装修，改成开放式厨房，已到了收尾阶段。只见他仔仔细细地看了一圈，又叫工程部总工程师来问了许多问题，交代几个墙面的挂画，应该用后现代的作品，风格比较符合现在咖啡厅的格调。其后他也到客房部门去看已经完工的两间样品房，因为台北JJ国际大饭店已经20多年了，需要重新设计改装房间，以维持五星级饭店的形象。第二天一早，当Alex在验收东西的时候，约翰突然出现，身边并没有总经理和财务长，他向Alex及验收单位的同事一一打招呼，并询问谁是验收主管？他向小林（验收组长）询问了一些问题，由于小林英文不好，Alex便在现场当起了翻译，他请小林说一说验收单位应该扮演的角色，小林回答得很得体，他也检视了磅秤，自己还站上大秤去称了称，结果还真准，因为他昨天刚量过。

他问Alex是谁，Alex于是向他自我介绍，他刚接手成本控制室半年多，之前都在厨房工作。这下引起他的兴趣，向Alex问了一些厨房的现况，以及担任成控室主管有什么心得。Alex带他到仓库与酒库巡视，顺便向他介绍目前直接进货与仓库进货的比重，仓库的作业流程等。约翰又问有没有需要修改的做法，因为你是刚从不同部门进来的人，可以从不同的角度去看一些问题。于是，Alex就对约翰提出了厂商送货的流程调整的建议，他的说法如下：“目前的货品都是请供应商直接送到使用单位及仓库，使用单位签收完毕之后，留下一联复本，再将其他三联送回验收单位，验收单位将第二联给供应商，供应商再行离开。然而，这中间有许多问题，主要是卫生安全的问题与人为问题。卫生安全方面，供应商送货员良莠不齐，如果到处乱闯有安全上的顾虑，食材容器也可能夹带病媒虫害等。而且，多了使用单位的签收栏，就多了一道关卡，厨师如果对货品有意见，则会造成另外的麻烦，有可能拒绝签收，有可能索贿，甚至会与供应商勾结，在品质与数量上放水。因此，建议增设验收部门的传送员，针对食品类货品，在验收后重新整理放入干净的容器，由传送员送到各使用单位”。

约翰听完Alex的建议后，表示这是一个非常棒的建议，应该马上去做，他拍拍Alex的肩膀，说：“好极了，一个很有想法的家伙!”。不久后，Alex提出建议报告，财务长会同餐饮部协理于部门主管会议中提出，总经理马上同意，并于一周后实施。

学习测评

1．验收单位用到的表单有哪些?

2．何谓直接进货？做法为何?

3．请说明一份正式的验收单应记载哪些资料?

4．请问进口食品的成本包括哪些项目?

5．请说明验收流程及做法?

6．为何验收扮演着守门员的角色?

第五章

仓库管理与成本控制

第一节 仓库管理

一、仓库管理的演进

国际大饭店的仓库一般可以分为食品仓库、饮料仓库、一般仓库及工程类备用品仓库（此仓库为工程部门自行管理）。本书中与成本控制有关的仓库专指“食品仓库”与“饮料仓库”，这两个仓库专为饭店餐饮需求而设。JJ国际大饭店最早年的仓库人员编制颇大，包括1名主任，2名食品仓库管理员，1名饮料仓库管理员，共有4人。食品仓库与饮料仓库都是大间，尤其是饮料仓库，设有专门的葡萄酒库、进口烈酒与其他酒类仓库、本地酒类仓库及一般无酒精性饮料等分区酒库。食品仓库也分为进口食品库与本地食品库，因为早年进口餐饮材料不普遍，所以饭店仓库需要储备较多的品项与安全库存量。除此之外，电脑系统才刚起步，20年后才普遍运用在财务会计进销存等作业上，那时所有账务处理都还使用人工作业，自然需要较多的人力。

然而随着时代的演进，游客的数量与日俱增，国际级大饭店遍地开花，国际贸易繁荣了整个市场经济，进口物资已经与本地产品一样，唾手可得。早年只有在饭店才享用得到的菜肴美食，现在一般的餐厅已能供应，甚至还超越了饭店的水准。JJ国际大饭店经过这么多年的演进与组织变革，现在的仓库已与成本控制室合并成一个单位，由成控室主任兼仓库主任，人员编制也精简许多，设有食品与饮料成本会计员、食品与饮料仓库管理员及助理。整个组织编制如图5-1所示。

将仓库与成本控制室合并，是考虑到业务上并无冲突，且有互补之处，再加上人力更为精简，于是促成这个新的编制系统。多年运作下来，相当顺畅，而且效能倍增，不过因为这个组织变革，食品仓库与饮料仓库的开放时间，也做了适度调整。

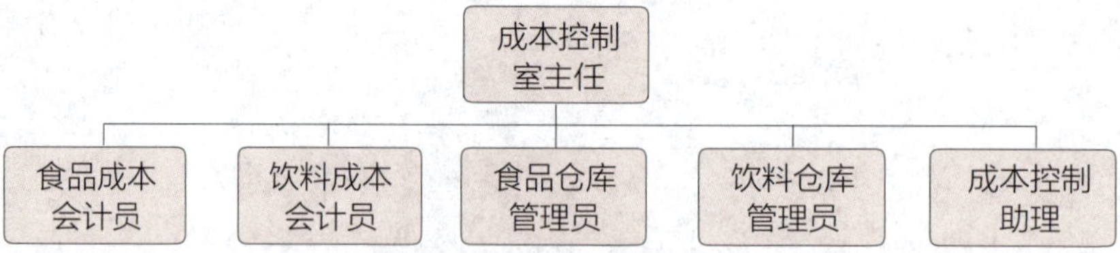

图5-1 成本控制室组织结构图（第二章）

目前台湾也有某些新设饭店不设仓库，任何货品一律进入使用单位，直接省略仓库这一环节，因此，其餐饮成本控制循环则必须重新调整。

二、仓库管理的功能

仓库在餐饮管理中扮演着重要的角色，它提供数量充足的食品材料与饮料材料，让生产单位能不虞匮乏地供应餐饮现场的需求。仓库的设施必须依照管理原则分别设置食品仓库与饮料仓库，食品仓库需要再细分为冷冻库、冷藏库、生鲜区与干货区，饮料仓库再区分为烈酒区、葡萄酒区、本国酒类区、果汁碳酸饮料区（软饮料）以及迷你吧专区。仓库温度的管理也必须根据不同区域，而有不同设置。

原则上需要入仓库储存的货品材料，以适合较长时间存放的货品为主，食品仓库以干粮干货罐头及冷冻类为主，但也会保存一部分生鲜类食材，以备不时之需。而饮料仓库的货品几乎全部都是进仓管理，因为饮料类货品全部单独包装，大都适合长时间保存。

管理人员的职责是负责仓库资产的最佳化，所有材料在最适当的温度与空间中保存，先进先出，以最低的安全库存量提供厨房请领，让仓库的存货周转率最大化。一个管理良好的仓库，整洁明亮，所有物品井然有序，所有食材都在有效期限内，材料的损耗降到最低。仓库的目标除了能提供安全库存外，也必须能降低库存，当然，仓库的库存要有效降低，除了仓管人员的努力外，也要采购部门的帮忙与主厨们的配合。

第二节 仓库管理作业流程

一、作业流程

仓库管理作业从叫货管理开始，仓库管理员必须清楚货品的库存量，再依据每项货品的使用量来叫货。当然较为科学的做法是设定安全库存量、平均消耗量、备货时间与再订购量，制定一个订货的标准作业流程。然而日常生鲜货品进出频繁，一般只要用经验值叫货即可。接着所进货品经过验收之后，就进入进货管理与仓库储存阶段，然后等候各个使用单位领货，发货之后便又回到叫货管理的循环。每个月底必须做仓库盘点，如此即可计算出整个月仓库方面的餐饮成本。

其流程如图5-2所示。

图 5-2　仓库管理作业流程图

二、开放时间

如上一节所说的，因为组织调整，仓库的开放时间也需要重做规范，将以往较长的开放时间，做了一些缩减。因此，J J国际大饭店仓库的开放时间安排如表5-1所示。

表5-1 仓库的开放时间

食品仓库	收货&领货时间	08：30~12：00
	领货时间	13：00~14：30
饮料仓库	收货&领货时间	13：00~16：00
	迷你酒吧领货时间	13：00~14：30

仓库的开放时间需要考虑各使用单位的需求，厨房与外场吧台都有其营业时间。大部分餐厅都是至少提供两个餐期，故上午与下午两个时段的开放时间，可以符合需求，但是因为采购部门有其叫货的时间，下午2：30以前结束领货，仓库人员可以顺利进行叫货作业。另外，酒吧可能下午才开始营业，早班的工作人员可能下午2：00以后才上班，所以饮料仓库的开放时间直到下午4：00，以方便酒吧早班人领货。除此之外，迷你酒吧的领货时间定在13：00~14：30，各楼层负责的房务员可以在此时间内前往领货或退货。

三、进货管理

仓库人员在收货之后，必须分门别类予以存放，冷冻食品进入冷冻库内依序排放，冷藏食品进入冷藏冰箱内依序排放，干货类项则需要上架排放陈列，依类别货号排放整齐，并以先进先出的原则将旧货放在外面，新货排在里面。仓库管理的理论与方法已有专门书籍介绍，这里不再赘述。

以往采取人工作业时，仓库货架都使用永续盘存账卡，每进出一次货品都需要在账卡上做记录，目前仍然有部分沿用。现在采用电脑作业入账，每进出一次货品，便在电脑上做出入账记录，如此很容易就能叫出某项货品，查看目前的库存，不需每次都要到货架前去检视。有需要时可以列印目前的库存表，相当方便！但是此种方便不代表仓库人员就不需做实际检视，因为还是可能出现错误，另外，也会有斤两上的误差，所以仓库人员仍然要时时检视。

仓库的进货有一定的原则，譬如安全库存量、备货时间等，但是也要考虑市场公休日与连续假期的情况，尤其是中国人的三大节日（五一、十一和春节），以及特殊的大型宴会或外烩。仓库为营业点厨房储备货品，所以仓管人员也要时常与使用单位主管沟通，这样才能做出最佳的进货管理。

四、发货作业

餐饮部各使用单位，根据需求每天有1~2次的货品请领，有些厨房单位分早晚班，有些则是“两头班”。因此，两班制的单位，大都是早班的领班负责叫货及开1次领货单，交由晚班的人员领货，晚班的领班则开隔天的领货单，由隔天的早班人员去领货。而两头班的单位，则叫货1次，请领1~2次的货。叫货与领货不同，叫货是直接进货，货品不进仓库直接送到使用单位，领货则是从仓库领取所需要的货品材料。此部分将在生产与成本控制章节中详述。

早期领货作业都是使用纸本作业，开立所谓“领货单”（Requisition Form），将所需货品写在领货单上，一张不够，可开立多张，并不强制分别列项，但是食品仓库与饮料仓库一定要分开来开单。各单位也必须分开，如意式餐厅与牛排馆不能共用一张领货单，这涉及成本的归属问题。

五、领货单

仓管人员将前一天汇整好的领货单（包括品项价格及相关延伸信息），于第二天上午9：30左右送到成本控制室。领货单除了各单位正常领货时使用之外，厨房做菜需求的饮料（料理用）、厨师饮用的啤酒、矿泉水、赠送给客人的饮料、经理人员的宿舍使用、员工购买等都需要使用。此外，领货单也可用来记录仓库的损耗、遗失、偷窃等，但必须有完整的解释，并在单上标示“仓库损耗”。

员工购买须先经高层主管核准，并且在结账后送交会计室。这部分将作为杂项计入“食品成本调节表”（成-47）的贷方。

饮料品项若需从酒吧退回给仓库，酒吧主任须填写领货单，并在单上注明“退回仓库”，并与饮料一起送回，只有未开瓶的酒才能退回。

厨房做菜所用的饮料，给厨师饮用的啤酒、矿泉水，或是赠送给客人的饮料，同样是根据领货单发货，但是单子上不需有金额，因为它们不算各酒吧或餐厅的成本，而是计入个别费用。这需在饮料库存控制表上点出并说明。

使用电脑作业的饭店（注：现在已经全部电脑化了！）领货单、部门转账单由电脑操作员（现在已经由成控员处理）键入电脑之后，打印出报表送交成控室。这份报表标示出酒吧与餐厅的费用，例如厨房做菜所用的饮料，给厨师饮用的啤酒、矿泉水，或是赠送给客人的饮料等，分别记入“饮料盘存控制表”（成-36）中的“厨房用酒”。

领货单格式每家饭店都不一样，现以J J国际大饭店做范例说明，见表5-2仓库领货单（成-24）。

成-24

表5-2　仓库领货单

□ 食品仓库
□ 饮料仓库

No.xxxxxxx

部门单位：________　　日期：________

编号	品　名	需要数量	发出数量		单位成本	小计

续表

编号	品　　名	需要数量	发出数量		单位成本	小计
					总计	

单位主管：　　　　部门主管：　　　　仓库出货人：　　　　领货人：

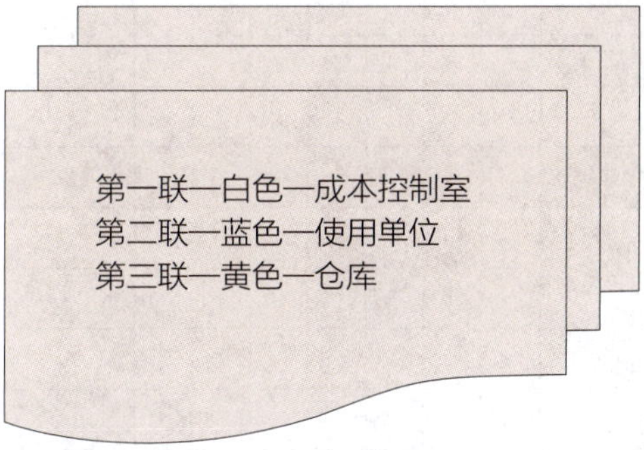

如图示说明，当仓库人员将领货单上所需货品准备好，填上正确发出数量及签名后，等候厨房人员来领货。厨房人员前来领货时，须先点收并在领货人栏位上签名，这时仓库人员会将第二张蓝色复本给领货人与货品一同带回，这便完成了发货程序。之后，分别将第一、三联分开汇总，第一联正本在仓库开放时间结束后，送回成控室做成本计算与分析，第三联则保留在仓库备查。

如今都是导入电脑作业系统，则相对简单许多，使用单位权限者直接在电脑上输入，仓库人员则依据各使用单位的电脑领货单备货，使用单位确认好货品后，可以列印出来签收。此外，以往成控室会计员人工计算成本的部分已可省略，现在已可以马上看出准确成本是多少，这也是现今与未来成本控制作业的主流。

六、仓库盘存控制记录表

仓库盘点控制表是在仓库管理流程中，每日记载的进出数字，并且分别记录不同厨房与酒吧，以及容器押金的流水账，方便检核。此外，吧台赠品、损耗报废、公关、员工关系、水果篮、G M公寓使用等栏位，能为月底结账的杂项费用做准备。这个表格可以由仓库管理员或是食品成本会计员做记录，相对的饮料仓库也有同样的表格使用。

请见表5-3食品盘存控制记录表（成-29）。现以列表方式对盘存表内容来源作说明，如表5-4所示。

表5-5所示为饮料盘存控制记录表（成-34）。其做法与食品盘存控制表说明一样。

表5-3　食品盘存控制记录表

成-29

月份：________

期初盘存	直接进货	仓库进货	容器押金	净采购	总存货	日期	发货																						总发货	期末盘存
							厨房									吧台				杂项									
							主厨房	厨二	厨三	厨四	厨五	厨六	厨七	厨八	小计	主吧	吧一	吧二	小计	吧台赠品	水果篮	公关	员工关系	公寓	破损耗	杂项	小计		
1	2	3	4	5	6	1									7				8								9	10	11
						2																							
						3																							
						4																							
						5																							
						6																							
						7																							
						→																							
						28																							
						29																							
						30																							
						31																							
						总计																							

表5-4 盘存控制记录表内容来源说明

	盘存资讯	资料来源
1	期初存货	上月底实际盘点期末存货
2	直接采购进货	验收单各使用单位直接进货
3	仓库本期进货	验收单仓库进货
4	容器保证金	验收单发票每日总计
5	净采购	第2+3栏－第4栏
6	总进货品	第1栏与第5栏之和
7	厨房总发货	厨房领货单金额总计
8	酒吧总发货	酒吧领货单金额总计
9	杂项总发货	杂项领货单金额总计
10	仓库总发货	第7、8、9栏总和即为仓库总发货
11	期末存货	第6栏减第10栏的净额为下一期之期初存货

成-34

表5-5 饮料盘存控制记录表

年度：______________ 月份：______________

期初盘存	仓库进货	直接进货	容器押金	净采购	总存货	日期	发货											总发货	期末盘存
							吧台				杂项								
							主吧	吧一	吧二	小计	厨房用酒	免费赠送	公关招待	员工关系	报废品	杂项	小计		
						1													
						2													
						3													
						4													
						5													
						6													
						7													
						↓													
						28													
						29													
						30													
						31													
						总计													

成本控制会计员： 成本控制室主任：

第三节 仓库的伙伴关系

某位老师在上课时问学生一个问题：请问后勤工作人员有没有所谓的“顾客”？

学生们一时想不到适当的回答，后来有一名学生举手说道，应该是他们所支援的前场服务人员。

老师很高兴地说，非常对！而且不只是前场的同仁，凡是后勤的工作所需要接触到的同事，以及因为后勤才能完成事情的单位同仁都是后勤工作人员的“顾客”。也就是说，仓库是厨房与餐厅的后勤支援单位，没有厨房与餐厅等生产单位，也就没有仓库，所以仓库工作人员的顾客就是厨房与餐厅的同仁，应该以对待顾客的方式，来对待他们。

仓库因为支援生产单位而存在，所以他们是餐厅内外场的后勤支援单位，也是重要的工作伙伴，后勤支援没做好，前线必然缺东缺西，导致无法提供良好的服务。尤其国际大饭店设有许多餐厅及宴会厅，每日供应的餐饮菜肴数量庞大，万一仓库库存出问题，则将产生极大困扰！再者，保证食品卫生安全的环节不单在厨房，仓库的储存若是不良，可能导致食品过期或是不新鲜，当货品进到厨房后，若未马上使用或者储存不当，将引发食品安全问题，需慎重处理。

第四节 仓库管理的重要性

一、安全库存量

安全库存量（Safety Stock）是厨房的战备存粮数量，在下一次补给到达之前，能够充分地满足营业单位的需求。制定库存量需要知道该货品的每日需求量，备货时间，叫货后多少天可以送到，以及多久进货一次，根据这些数据，便可以算出合理的安全库存量与再订购量。不同货品之间的备货时间有极大差异，如生鲜类几乎可以每天送达，但是进口货品与特殊干货可能需要较长的时。此外，进货数量也是一个考量重点，因为如果叫货数量太少，有可能没有供应商愿意送货。

安全库存量又称为“再订购点”，即当库存数量降到安全库存量时，就需要再次订货了；其计算公式如下：

安全库存量＝每日消耗量×备货时间（天数）+最低库存量

现以J J国际大饭店所使用的鲜奶及进口品法国鹅肝为例说明。

每日消耗量：新鲜牛奶×100qt

　　　　　　法国鹅肝×0.6kg

备货时间：新鲜牛奶×1天

　　　　　法国鹅肝×10天

最低库存量：新鲜牛奶×100qt

　　　　　　法国鹅肝×1.2kg

安全库存量：新鲜牛奶=200qt=（100qt×1+100qt）

　　　　　　法国鹅肝=7.2kg=（0.6kg×10+1.2kg）

二、再订购量

确定备货时间（天数）是饭店仓库提高周转效率的方法，也是合理仓储的重要方法。如果备货时间长，仓库储备就会较多，反之则少，但最重要的是不能影响餐饮活动正常进行。备货时间确定后，再订购量可按下列公式计算：

再订购量＝备货时间×日平均消耗量+安全库存量

R—再订购量（Reorder Quantity）

T—备货时间（Lead Time）

S—日平均消耗量（Daily Consumption）

M—安全库存量（Safety Stock）

现以新鲜牛奶与法国鹅肝为例，用上述公式说明。

再订购量（Reorder Quantity）：

新鲜牛奶量＝300qt＝（100qt×1+200qt）

法国鹅肝量＝13.2kg＝（0.6kg×10+7.2kg）

三、滞留货品

一个饭店经营时间久了，自然会累积许多物品，而每次更换菜单之后，有些材料便没有继续使用了，这些材料有时会存放相当长的时间，甚至过期。仓管人员可以将这些所谓的“滞留货品”列出一张清单即“滞留存货清单”（Slow Moving Items），注明数量与有效期限，送给餐饮部及相关使用单位，请他们想办法用掉。否则超过有效期限，便只能做报废处理了。

滞留货品是饭店的资产，若能适当利用则仍能维持原有价值，一旦报废，就变成资产的浪费了。

四、安全卫生过期食品

保持仓库内物品的卫生与安全，使其新鲜不过期，是仓库管理人员的职责。依照仓库管理原则，先进先出，每次进出货品，都需检查使用期限，遵守货品存放不可靠墙、接触地面、保持良好通风等原则，凡有进出务必入账，无领货单不能出货品等规定，定期整理，保持清洁，要求每一位仓库管理员，必须做到！

五、存货周转率

一个仓库的绩效如何，可以从存货周转率看出，周转率的计算公式为：本月仓库总发货额÷[（期初存货+期末存货）÷2]。存货是一种资产，代表资金的运用，购进的存货如果不动，或是动的速度较慢，表示资产转变成销货营收的效率不高。周转率越高代表仓库的效率越高，这也代表资金的运用有较高的运转效益，反之则低。

举例说明如下。

JJ国际大饭店的仓库某年三月份资料如下：

食品仓库期初存货：NT$3120520

期末存货：NT$3400500

总发货额：NT$9230340

存货周转率=2.83=9230340÷[（3120520+3400500）÷2]

饮料仓库期初存货：NT$3320350

期末存货：NT$3100480

总发货额：NT$2030340

存货周转率=0.63=2030340÷[（3320350+3100480）÷2]

第五节 仓库的盘点

仓库的作业到月底是一个循环的结束，盘点（或说是盘存）是关账的第一个步骤。每到期末仓库需先列印出仓库的“库存报表”作为盘点表，成控室与仓库人员一起实际盘点，将每一品项准确计算，并将实际数量填入“实盘数量”栏。盘点结束后，再一一将实际数量输入电脑，并列印出盘存差异表，之后才能进入结账程序与制作分析报告书。除了食品与饮料仓库的盘点之外，还需要对每个餐厅厨房与吧台酒库做实际盘点。

盘点的时间，就仓库而言都是在月底当天开放时间结束之后，餐厅厨房与吧台，一般都是在月底当天营业结束之后，或者月初第一天开始营业之前。目前多数的饭店，厨房的存货已不做盘点，第一因为麻烦，第二因为意义不大，长期而言，每月的库存金额不会差距太大，只要其中一个月不盘，库存归零之后，以后每个月的存货就已经是食物成本了。也有少数饭店，每月厨房的存货是由厨房自行填写，再送给成控室入账，在这种情况下，存货已经成为一种调节了！

仓库盘点是成本控制的一个固定的流程，也是一个仪式，更是做出正确的成本分析报表不可或缺的步骤。盘点表的格式只需在“库存表”中再加入一栏“实际数量”即可，如表5-6所示。

成-30

表 5-6 仓库盘点表

仓库/单位:________________ 期间:________________

编号	品项	账目数额				实际盘点数量	备注
		单位	数量	单价	金额		

续表

编号	品项	账目数额				实际盘点数量	备注
		单位	数量	单价	金额		
	合计						

仓库/单位管理人：______________　　成本控制主管：______________

范例

成-30

表5-6　仓库盘点表

日期：xxx xx xx

编码	品项	账目数量				实际数量	备注
		单位	数量	单价	金额		
	进口威士忌烈酒类						
5040001	格兰菲迪Glenfiddich	btl					
5040002	芝华士21年Chivas Regal, 21 Years	btl					
5040003	格兰杰18年Glenmorangie, 18 Years	btl					

续表

编码	品项	账目数量				实际数量	备注
		单位	数量	单价	金额		
5040004	芝华士 Chivas Regal	btl					
	干货类						
1070001	鲍鱼Abalone, 400g/tin	tin					
1070002	花菇Flower Mushroom	kg					
1070003	绿竹笋Green Bamboo Shoot	tin					
1070004	干贝Dry Scallop	kg					
	巧克力						
3010001	巧克 力-黑Black Chocolate	kg					
3010002	巧克 力-牛奶Milk Chocolate	kg					
3010003	巧克 力-白White Chocolate	kg					
3010004	巧克 力-苦甜Bitter-sweet Chocolate	kg					
3010005	巧克力球-黑Black Chocolate Shell	pcs					
3010006	巧克力球-牛奶Milk Chocolate Shell	pcs					
3010007	巧克力球-白White Chocolate Shell	pcs					
	蔬菜类						
1020001	芥菜头Heart of Peeled Mustard	kg					
1020002	金针菇Golden Mushroom	kg					
1020003	山东白菜Chinese Cabbage	kg					
1020004	芦笋Asparagus	kg					
1020005	大豆苗Sugar Pea Shoot	kg					
1020006	青葱Chinese Onion	kg					
1020007	草菇Chinese Mushroom	kg					
1020008	洋菇French Mushroom	kg					

经过正式盘点之后，仓库将有新的正确的数据资料，有了这些资料成本控制室才能据以计算出仓库的真正期末存货。然而在盘存信息的计算公式中，允许有一些差异，这就是检验仓库运作准确度与效能的步骤。

实际盘点之后的细节做法，请参考第十三章盘点作业的说明。

名词解释

1. 安全库存量（Safety Stock）：安全库存量是仓库在下一次进货到达之前，能够充分地满足营业单位的需求的货品数量。

2. 永续盘存账卡（Perpetual Inventory）：每一项货品制作一张账卡，悬挂在货架上，每次进货与出货，都需要在账卡上详细记载，此为永续盘存账卡。

3. 备货时间（Lead Time）：或前置时间，是指从下订单到货品进入仓库的时间。

4. 先进先出（FIFO）：指仓库的货品在发货时，先进的货品必须先发出。此为仓库管理的原则。

5. 1qt=0.946L

6. 1pt=0.473L

7. 滞留存货清单（Slow Moving Items）：是指仓库内的某些货品，有很长一段时间都无使用单位提领，除了造成资金积压之外，也让该货品不新鲜，须设法用掉，因此列出一份清单。

8. 吧台赠品（Bar Gratis）：是指吧台免费提供给顾客的零食，如花生、豆子、洋芋片等，主要目的是希望顾客多消费酒类饮料。

9. 损耗报废（Spoilage Report）：是指餐饮食材因为某些因素而不堪使用，必须做报废处理。

10. 公关（Public Relation）：是指因为业务需要而招待媒体或重要贵宾。

11. 员工关系（Employee Relationship）：是指员工所享受的优惠折扣，每家饭店所给予员工在餐厅用餐的优惠不同，这部分优惠需转成费用，从成本中剔除。

12. 水果篮（Fruit Basket）：是指饭店免费提供给特定住房宾客的水果篮，做费用处理。

13. GM公寓使用（Apartment）：因为国际大饭店的总经理通常都是住在饭店内，其使用的公寓可能是GM全家一起住，是指公寓所发生的费用。

小故事

鲍鱼专题

多数饭店餐饮的收入，有一半来自宴会厅，而宴会厅的收入中，又有一半为中式的筵席，其中喜宴占大部分。国人在喜宴上的支出较不吝啬，饭店可以提供高档形象，能满足爱面子的顾客的需求，因此筵席的生意一向为宴会厅的营收主力。中餐料理的贵重食材有所谓的“参、鲍、翅及燕窝”，中餐筵席若无其中一项食材，则不能称为高级筵席，所以，鱼翅及鲍鱼的使用量极高。

大多数筵席所用的鲍鱼为罐头鲍鱼，墨西哥车轮牌鲍鱼是其中的极品，这些年来，随着这一需求的增加及鲍鱼产量的减少，其价格不断上涨，三年前一罐680元，现在一罐已经要850元（这里是指1996年）。采购部门也在积极寻找其他替代品，这期间也测试过许多品牌的鲍鱼，但是口感仍有落差，无法取代。

有一天，车轮牌鲍鱼的代理商来找采购部，提到未来几年鲍鱼的价格会大幅调涨，因为大陆市场慢慢开放，需求增加，但是产量无法增加。最近他们打算进一大批，鉴于本饭店为多年来的忠实顾客，因此，事先询问饭店是否要一次多购买一些？每罐单价为830元，但是需为现金购买。采购部找Alex讨论此事，根据饭店中餐厨房前三年的用量，每年约使用2000罐，若要一次购买三年的量，则必须一次性支付约500万元，而且一次将增加500万元的库存，这其实不符合仓库管理的原则。

于是他向财务长报告此事，并讨论其可行性，财务长要他做一份评估报告，并提出建议。Alex去找会计主任讨论此事，研究资金来源与利息计算的方式，以及可以节省的金额等。经过一番研究，有如下的计算：

· 一次付现金额：830×6000＝4980000元

· 利息支出：NT$4980000×6.5%×3＝971100元

· 预估未来增值：（未来三年平均价）（1060—830）×6000＝NT$1380000元

· 预估增值利润：NT$1380000—NT$971100＝NT$408900元

之后，他发了一份“鲍鱼大量进货评估”，说明虽然一次大量进货可以节省约248万，资金利息已做扣除，然而罐头保存期限为3~4年，这会造成新鲜度与卫生上的问题，仓库周转率也会降低，以仓库管理的立场，并不积极赞成，但是建议一次采购一半的量，可以降低上述顾虑。另外，一年后再视市场行情，评估是否再办理一次大量进货！附带说明，成本的降低不单只在进货采购价格方面，售价的合理调整，也需要纳入考量。

后来此事就照Alex的建议，一次采购半数的鲍鱼，另外也请采购部门再寻找其他替代品牌。3年之后，鲍鱼的价格果真一如预期，不断飙升，车轮牌鲍鱼一路涨到NT$1200/罐。

※注：现在车轮牌鲍鱼一罐价格为3千多元。

学习测评

1．请说明国际大饭店仓库的分类。

2．仓库管理的功能为何？

3．请划出仓库管理作业流程图。

4．何谓先进先出法？

5．请说明安全库存量。

6．请解释何为“滞留货品”？

7．存货周转率的意义为何？

8．为何仓库需要做盘点？

第六章

菜单设计与标准成本分析

第一节 | 餐饮菜单设计——生产作业的前置规划

一、菜单设计

“菜单设计”在整个餐饮活动中，扮演“敲门砖”的角色，它是“市场定位”的具体实现，也是启动“餐饮成本控制循环”的开关，若菜单设计没有完成，后续的活动便无法开始，因此，它属于成本控制的“前置规划控制”阶段。

菜单一般可分为：单点菜单、套餐式菜单、单点套餐混合式菜单、自助餐菜单、半套式菜单等，需视餐厅的特性来规划。多数以单点菜单为主的餐厅，都提供套餐选项，或者以单点套餐混合式菜单来呈现。但是以自助餐（Buffet）为主的餐厅，则没有菜单供顾客选择，只是餐台上必须标示出每一道餐点的名称，其实自助餐是有菜单的，但只给厨房人员作为出餐的依据。

生产作业是餐饮成本控制循环中，重要的控制部分，因为从采购、验收、进货到仓库发货，前面的所有过程都是为了能让整个生产流程顺利，进而能提供最佳的餐饮服务。餐饮成本控制循环中的执行过程如图6-1所示。其过程为：

采购→验收→直接进货→仓库→发货→生产（制备、烹调、供应）→服务销售→采购

采购部门负责以最低成本买到最适的材料，验收单位确认品质规格与数量，仓库准备足够的库存，都是为了让生产单位能做出最佳产品，充分供应顾客的需求。

餐饮食材成本占总收入的30%~35%，是餐饮部门最大的一笔支出，我们以数字来说明就更容易看出，假设JJ国际大饭店每个月餐饮收入平均约为8千万元，那么一年就有将近10亿元，若以成本率32%来计算，则一年需用到的餐饮食材成本将有3亿2千万元。这一笔庞大的资金在整个生产的流程中，如何被最有效地运用，不浪费、不遗失、不被不正当地使用等，是成本控制中非常重要的课题。

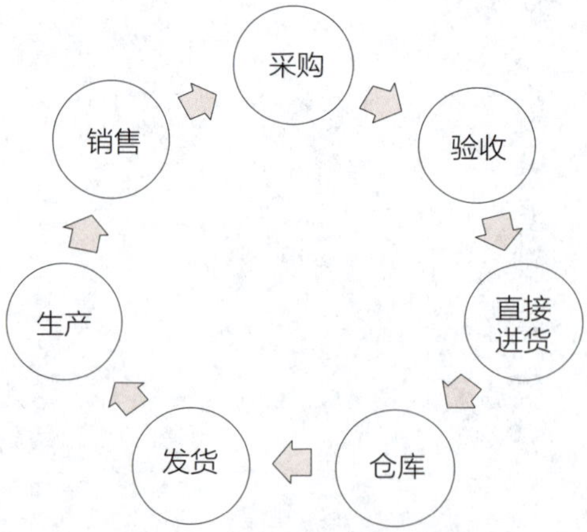

图6-1 餐饮成本控制循环图

生产单位大致分为两大类：一为厨房，二为吧台，当然生产的重头戏在厨房，因为食品收入占了营收八成以上。以JJ国际大饭店来说有11个厨房（包含员工厨房）（见图1-5），每个厨房都由主厨或副主厨负责，分别还有一些厨师。厨房每天的工作量极大，必须处理许多食材，不同的餐厅有不同专长的师傅，每个人擅长的手艺也不同，但要如何才能维持一定的菜肴与品质呢？生产作业包括前处理、切割加工、配料、烹调等步骤，那么多的领班、师傅、学徒、助手，每个人的素养和经验值不同，要怎么拿捏这些菜肴的份量与时间？如何才能每次都制作出一样水准的料理呢？以上这些问题，就需要有完整的前置规划成本控制流程来予以解决。

二、菜单设计流程

当餐厅新一期的菜单设计好，尚未定价之前，要请餐厅的主厨将每一道菜肴，制定出标准配方表（Standard Recipe）与标准菜肴成本单（Standard Food Items Cost），见表6-1和表6-2，再请成控室人员，计算出每一道菜肴的标准成本，有了标准成本，才能进行定价。价格的制定涉及许多考量因素，一般由餐饮部协理、餐厅长、餐厅经理与主厨共同决定。

成-02

表6-1　标准配方表

品名：________________　　　　厅别：________________

生产数量：　　　　份量：　　　　日期：

材料	数量	单位	单价 / 单位	小计	
小计（Sub Total）					
厨房成本（Kitchen Cost 5%）					
总计（Grand Total）					
每份成本（Portion Cost）					

制备及做法

范例

成-02

表6-2　标准配方表

品名：意大利肉酱　　　　　　　　　　　　　　　　　　厅别：意式餐厅

生产数量：10kg　　　　　份量：77　　　　　　　　　　日期：XXXXXX

材料	数量	单位	单价/单位	小计/元
牛肉馅（牛臀肉）	7	kg	180/kg	1260
洋葱	1	kg	40/kg	40
胡萝卜	1	kg	30/kg	30
西芹	1	kg	45/kg	45
蒜末	0.2	kg	80/kg	16
西洋香菜	0.3	kg	70/kg	21
番茄糊	1.5	kg	280/tin/3kg	140
新鲜番茄	1	kg	60/kg	60
意式综合香料	100	g	—	
胡椒、盐	50	g	—	
小计（Sub Total）				1612
厨房成本（Kitchen Cost 5%）				80.6
总计（Grand Total ）				1692.6
每份成本（Portion Cost ）				22

制备及做法

1. 将蔬菜切碎备用
2. 放油入锅，加入碎洋葱先炒，再加入其他蔬菜
3. 加入牛肉馅炒香后，加入番茄与番茄糊续炒
4. 加入鸡高汤淹没食材，炖煮约1小时，加入香料调味
5. 起锅放冷备用

其菜单设计流程如图6-2所示。

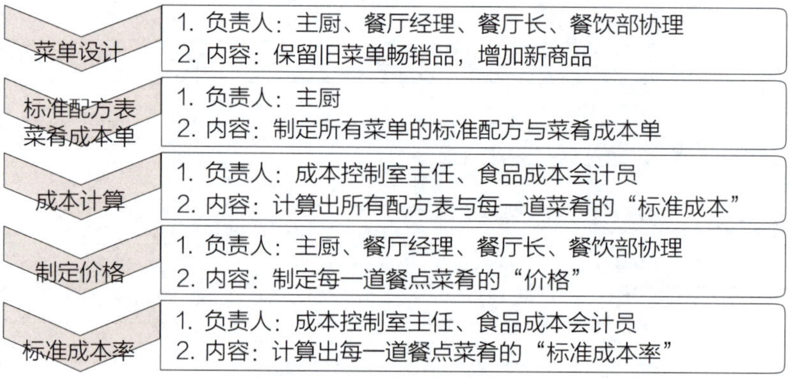

图6-2　菜单设计流程图

第二节 | 标准配方表与成本分析

一、标准配方表

1. 目的

国际大饭店所提供的食品菜肴，诸如主菜、汤品、点心、沙拉等，都是由许多材料组成的标准配方食谱。其重要性不只在于计算每道食品菜肴的成本，也在于品质的一致性，因此，建立标准配方表给所有厨房使用就有其必要性。成本控制部门至少每6个月，须根据市场价格重新计算一次标准成本。

2. 制备方法

主厨需负责汇总整理这些标准配方食谱，所有材料包括调味品要精确记载，使其具有可靠性与一致性，方便计算价格和制订制备流程。标准配方表以后续范例说明。你将发现所有材料与制备方法都经过详细描述，因此它不仅能作为成本计算的依据，而且是品质控制的依据，确保产品的一致性还可以给新人或其主管参考。标准配方表的食材由成控人员做仔细的成本分析计算。每份配方的实际使用量或份数，须由厨房在固定供餐期间确实计算出来。

3. 标准配方表制作与成本计算频率

标准配方无须经常更改，但成本至少每年重新计算2次，以符合时价。而使用电脑化系统，可以直接连上相关数据，效率更高、更方便。标准配方须标示出菜肴上的每一样食材，包括宴会菜单及所有午餐晚餐，甚至每日主厨推荐特餐等。

4. 其他资讯

成控部门须掌握所有食材的清单与价格，以方便计算成本。另外在厨房杂项成本这一栏，为了计算方便，调味品、香料等用量较少的品项，不需花时间一笔一笔去计算，在主要材料小计总额下，加计5%的厨房成本即可。

为了更精确地计算成本，成控室必须准备一本杂货品项的清单，如干货类、罐头类等，并且要有采购明细，包括品名、型号、容量、重量、数量等。

以往传统的食谱，尤其是中餐的食谱配方，其重量与容量的标示往往并不明确，可能会以台制的“两”或“钱”表示，在某些材料上（特别是调味料）有时会用“一瓢”“适量”“少许”

等表示，这种配方无法标准化，每一个师傅做出来的东西都不一样。还有在烹调制备过程的叙述过于简化，火候时间的拿捏未写清楚，经验的传递不足，每个师傅要自行揣摩，其结果自然会有差异。

标准配方表设置的用意，不只在于计算菜肴的成本，更在于标准化，让每位厨师都能遵照配方表操作，让每一次出的餐点都一样，如此方可有效维持品质，而且让学徒能更有效地学习。它也是每一道料理的食谱配方，将一道菜肴或酱汁的配方写在表上，每一样食材都需有正确分量，即使是调味品如胡椒、盐和其他香料也要量化，尽量以公制表示。

二、标准配方表范例

现以“意大利肉酱”（标准配方表）做范例说明。

（1）所有材料均须列出，重量数量以公制计算。“价格/单位”为购买食材的进价与购买单位。

（2）“厨房成本”的设计是为了计算方便，调味料等不予计算，加5%为厨房成本。

（3）生产数量与分量，是一次生产的经济量，除以份数即可得每份的成本。

（4）计算出来标准成本，是标准菜肴成本计算所需要的。经由表6-2可以计算出制作10kg量的意大利肉酱（Meat Sauce），成本小计为1612元，厨房成本为80.6元，总成本为1692.6元，可知成品每公斤成本为169元（1692/10）。

然而在成本分析上，自助餐（Buffet）形式的菜单，一样需要制定出标准配方表（Standard Recipe）与标准菜肴成本单（Standard Food Items Cost），也能计算出标准成本，只是它无法以每道餐点菜肴的标准成本及其销售数量，来计算出标准成本的金额。这部分需要以“实际成本”来做最后的检视，自助餐（Buffet）是属于成本较高的餐饮形态，需要以量制价，以量取胜，来客数不够多时即容易造成亏损。

第三节 “标准菜肴成本单”与成本分析

一、标准菜肴成本单

1. 目的

“标准菜肴成本单”是菜单上任何一道菜肴的标准组合内容，再加上成本分析，可以确切得知这道餐点的“标准成本”。将标准成本除以售价，可以算出“标准成本率”。此表单不只是记录标准份量，同时也是完整盘饰、服务的准则，又是进价与售价改变，及成本波动的记录表单。

2. 责任归属

大饭店所有单点与套餐菜单，都需准备与制定“标准菜肴成本单”（成-03），这是餐饮部协理的责任，而成本资料与成本计算则是成本控制室的责任。

3. 做法

每一个营运据点的菜单必须标准化，且最新的菜单销售分析也要事先准备好，餐饮部协理、主厨及成控主管必须对菜单销售分析资料仔细研讨。在配方、生熟食测试、标准份量的建立等各方面，都能得到一个好的成本及售价，并且是餐饮部协理可以接受的。如果是新的营运据点，必须按照上述方法操作，当新的菜单确定后，营销活动也要开始规划。

使用餐厅的电脑系统，可以方便地自动计算。每月的标准食物成本，标准配方与制备流程，由主厨决定，有可能早已建档了，但餐厅经理与餐饮部协理也可以提供建议做适度调整。当这些都定案后，就由成控室进行成本计算，即使是配菜的改变，也必须依照销售分析与食物成本来考虑。最终，成本控制室需汇总完成“标准菜肴成本单”。

二、标准菜肴成本单表格

标准菜肴成本单空白表格详见表6-3。

成-03

表6-3 标准菜肴成本单

餐期：____________

厅别：____________　　　　菜单形式：____________

品名：____________　　　　制作日期：

菜肴组合内容	成本	照片
总 计（Total Cost）		
售 价（Price ）		
成本率（Food Cost）/ %		
服务说明		

三、标准菜肴成本单范例

1. 表头

表头需填写餐厅名称、菜单形式、供餐期间、餐点名称。

2. 内容组成

这是一道菜的组合与呈现清单，包括主菜、配菜、酱汁与盘饰，需有单独配方表，作为单项成本计算的依据。

3. 成本计算

成本计算是由成控室根据标准配方表（成-02）完成，而且在一定期间内需要重新检查或重新计算。

4. 总计

所有品项的成本加总后，除以售价即得成本率，并填入适当栏位。

5. 服务指引

服务指引由餐饮部协理制定，包括餐具的选用（瓷器、银器、口布等）、不同菜色的服务方式与服务流程。厨房服务区的设置由主厨决定，财务部门则须配置收银系统。当菜的内容有变动、新增，或是调整价格时，菜单品项必须重写。

为简化标准菜单的成本计算，应建立标准食谱系统，制作索引清单，例如酱汁、汤品、开胃菜、点心等。索引包括：标准配方表编号、配方名称、每公斤/升的成本、每份的成本等。其他如烹调测试的每份成本系数，或是切割后每公斤的成本等类似的索引也要准备。

尽管成本控制部门在整个过程中，负责资料的提供与记录等工作，但是餐饮部协理在整套系统的建置、实际使用与维护，负有最大的责任。目前餐饮业具有走向连锁加盟的趋势，一个成功的餐厅是可以被复制的，其关键就在于“标准化”。想一下麦当劳全球有32000多家，其产品在世界任何地方都是一模一样的，口味也一致，如何能做到呢？答案就是标准化。再如台湾王品餐饮集团的各式餐厅、瓦城泰式料理、和民日式料理、钱都涮涮锅等，莫不是用标准化做到连锁加盟的规模。

现以表6-4“鸭胸意大利宽扁面”（标准菜肴成本单）做范例说明。

范例

成-03

表6-4　标准菜肴成本单

餐期：午餐、晚餐

厅别：意式餐厅　　　　菜单形式：单点

品名：鸭胸意大利宽扁面　　　　制作日期：XXXXXXXX

菜肴组合内容	成本	照片
烟熏鸭胸1 份150g ($300/kg)	45	
意大利宽扁面1 份100g ($55/454g)	12	
意大利肉酱1 份130g（$169/kg)	22	
烤好的松子1 份10g ($650/kg)	6.5	
总计（Total Cost）	85.5	
售价（Price）	360	
成本率（Food Cost）/%	24%	

服务说明
1. 将炒好的意式宽扁面装入晚餐盘
2. 将煎好的鸭胸放入，撒上烤好的松子、香芹做装饰
3. 趁热上桌，并现场加上帕玛森奶酪粉或现刨的奶酪片

（1）所有菜肴内的组合内容均须列出。

（2）各组合内容的标准配方表（成-02）中的成本必须经过明确计算。

（3）所计算出来的标准成本，作为定价的依据，并计算出标准成本率。

（4）必须附上餐点产品的照片，让每次出餐时最后的盘饰皆能一致。

（5）价格由主厨及餐厅经理建议，最后由餐饮部协理决定。

由范例可以明确看出一道菜肴的各种组成要素，如自制酱汁需要事先做好备用，它也必须能够根据“标准配方表”，事先计算出它的成本。其他如主餐的配菜、土豆泥、焗烤土豆、奶油饭、什锦蔬菜等都采用相同的做法。因此，鸭胸意大利宽扁面的标准成本为85.5元，决定售价为360元，标准成本率为24%。

由标准菜肴成本单可以知道鸭胸意大利宽扁面需要使用130g的肉酱，根据意大利肉酱配方表计算结果，每公斤的肉酱成本为169元，所以算出每份成本为22元。肉酱也可以用在其他料理上，如果某一道料理需要使用100g的肉酱，则其成本为16.9元。

这两个表格的充分运用，可以让整个生产部门进入一种标准化的流程，就如同标准服务流程SOP一般，不管厨房或吧台，都能维持良好的产品品质。同时也让做菜的人能够清楚明白，每一道料理的成本是多少。*注：食材市价会有波动，标准成本计算应定期进行！

第四节 建立标准成本——餐饮成本的目标

身为餐饮部门的管理者、主管、专业餐饮人员，必须有“标准成本”的正确观念，因为它提供了一个分析比较的基础与方法。在餐饮经营上，它为你指引出一个方向，让你能朝目标迈进，它也为你建构出完整的架构，让你能时时检视每一个流程与环节。

标准成本就像超商里商品的进价，例如一瓶鲜奶进价48元，售价60元，则代表一瓶鲜奶的标准成本就是48元，48元除以60元，则成本率为80%。因此，标准成本是某餐厅所有售出的商品组合的总额，每个餐厅都有其标准成本。以JJ国际大饭店的翡冷翠意式餐厅为例，其菜单有100项，6月份的商品销售记录如表6-5所示，则其整体营业额与标准成本通过POS系统可以得到：餐饮总收入=2144500元，标准成本总额=$654072，标准成本率为=30.5%。

而其标准成本可看作是“目标成本”（即潜在成本），就是通过标准化作业流程，在正确的成本控制循环操作之后，希望得到的目标成本，当然也期望与“实际成本”尽量接近，甚至是一致的。

如果结账后的“实际成本”与“标准成本”有较大的出入时，该如何处理？这将在成本分析报告书的章节里再做详细说明。

范例

表6-5 意式餐厅菜单销售记录表

期间：2012年6月1日～2013年6月30日

编号	品项	成本	售价	成本率/%	销售数量/个
Xx01	综合开胃菜Antipasti E Insalata Misti	60	250	24	2600
Xx02	鲜马苏里拉奶酪番茄罗勒盘Insalata Caprese e Basilico Fresco	75	280	27	1800
…	南瓜蔬菜清汤Minestrone Di Verdure Con Zucchini	20	100	20	900
…	扁豆汤La Zuppa Di Lenticchie	18	100	27	850
…	番茄浓汤Zuppa Al Pomodoro	24	100	24	1600
…	奶油培根宽面Crema Di Bacon	80	290	25.5	1720
…	青酱蟹肉面疙瘩Polpa Di Granchio Al pesto	88	300	32	1450
…	鸭胸意大利宽扁面Petto d’anatra Alla Fettuccine	85.5	360	24	750
…	普奇尼菌菇意大利宽面Tagliatelle Ai Funghi Porcini E Scaglie Di Tartufo Nero	92	320	28.8	1250

续表

编号	品项	成本	售价	成本率 /%	销售数量 / 个
…	什锦海鲜炖饭Risotto Ai Frutti Di Mare	76	270	28	2100
…	佛罗伦萨牛排佐绿胡椒沙司Bistecca Alla Fiorentina	250	850	29.4	1200
…	香烤半鸡佐甜椒蜂蜜意式老醋沙司Galletto Al Forno Al Balsamico E Peperoni	210	780	30	1480
…	普奇尼菌菇炖牛膝Funghi Stufati Achyranthes	245	920	26.6	600
…	鲜鱼佐甜椒白酒沙司Filetto Di Cernia Rossa Alla Salsa Di Peperoni Rossi	192	780	25	910
…	香煎无骨牛小排佐绿胡椒沙司Costine Di Manzo Ai Ferri Con Salsa Al Pepe Verde	260	980	26.5	1200
…	一级铁扒菲力佐波特沙司Filetto Di Manzo Al Vino Porto	480	1550	32	500
…	新鲜水果奶油布丁Panna Cotta Con Frutta Fresca	15	90	17	1800
…	焦糖烤布蕾Budino Al Caramello	18	90	28	1350
…	糖渍季节鲜果Macedonia Di Frutta	25	110	23	800
…	提拉米苏Tiramisu	28	110	25.5	1900
	……				……
	……				……
	总计				

第五节 | 更换菜单与试菜

一、菜单更新

餐饮业是一个高度竞争的行业，不断有新的餐厅或饭店出现，若不努力进步很快就会被市场淘汰。套句古人说的话："学如逆水行舟，不进则退。"，这句话在各行各业都很适用。尤其现在是创意无限的年代，而且随着网络无国界的影响，已经不只是跟当地业者竞争，而是在跟全世界竞争了！

餐厅的菜单不可能一成不变，过一段时间就必须换新的菜单，这就有赖主厨与领班们集思广益，研发新的菜单，让顾客不断有新鲜感。但是更换新菜单并不是全面更新，而是做一部分的调整，需要替换掉的餐点，一般都是销售成绩不佳的品项。这个时候，可以做"菜单分析工程"，以作为更换新菜单的参考依据（请见表6-5意式餐厅菜单销售记录表）。

当新菜单确定之后，就必须要请餐厅的主厨们，制定新式菜肴餐点的标准配方表（Standard Recipe）与标准菜肴成本单（Standard Food Items Cost），见表6-1和表6 -2。之后再请成本控制室计算出配方表与成本单的标准成本，有了标准成本之后再确定餐点的定价。

二、菜单分析工程

当某一个餐厅准备更新菜单时，最好用菜单分析工程来帮忙分析，可以使用电脑POS系统，找出最近一年以来的销售记录，分析其产品组合及销售利润与数量，找出目前产品的特性，以作为更换新菜单的参考依据。

根据Jack D. Ninemeier（1986）引述自Michael L. Kasavana 和Donald I. Smith,，菜单分析工程是将所有品项依其销售量的多寡与利润的高低，分为四个类型：

（1）明星型（Stars） 属于利润高、销售量高的产品。

（2）跑马型（Horses） 属于利润低、销售量高的产品（ 薄利多销型）。

（3）困惑型（Puzzles） 属于利润高、销售量低的产品。

（4）苟延残喘型（Dogs） 属于利润低、销售量低的产品。

此外，菜单分析工程中将菜单项目以边际贡献率（Contribution Margin）（利润）和点菜率（Menu Mix）（产品销售量）作为坐标，将菜色分为四个象限，如图6-3所示。

图 6-3　菜单分析工程象限图

现以翡冷翠意式餐厅菜单销售记录表作范例分析如下。

从翡冷翠意式餐厅的菜单销售记录来分析，每一道餐点菜肴有不同的成本与售价、销售数量与利润率。如此可以将菜单依照四个象限进行区分：

明星型（Stars）：

新鲜马苏里拉奶酪番茄罗勒盘

综合开胃菜

番茄浓汤

奶油培根宽面

什锦海鲜炖饭

提拉米苏

新鲜水果奶油布丁

跑马型（Horses）：

青酱蟹肉面疙瘩

普奇尼菌菇意大利宽面

香烤半鸡佐甜椒蜂蜜意式老醋沙司

焦糖烤布蕾

困惑型（Puzzles）：

南瓜蔬菜清汤

普奇尼菌菇炖牛膝

鲜鱼佐甜椒白酒沙司

香煎无骨牛小排佐绿胡椒沙司

苟延残喘型（Dogs）：

扁豆汤

鸭胸意大利宽扁面

一级铁扒菲力佐波特沙司

糖渍季节鲜果

更换菜单时可以考虑将苟延残喘型（Dogs）的产品删除，换上一些较新的产品，对于困惑型的产品，加强营销或考虑更换。明星型产品，尽量维持品质及口碑，而跑马型产品要提升菜肴品质以提高售价。

三、试菜

不管是局部更换菜单还是全面翻新菜单，在新菜单推出之前，需要拍摄产品照片，因为照片除了用于制作新菜单之外，还要贴在标准菜肴成本单（Standard Food Items Cost）上面，作为未来餐厅出餐的标准。此外，餐饮部应该办一场试菜活动，将该餐厅所有新的餐点菜肴制作出来，让所有外场与内场同仁见识，并一起品尝菜肴，让他们借这个机会了解菜色内容，也可以请主厨介绍新菜的特色，甚至是有关食物对身体的好处等。如此，服务人员在帮顾客点餐时，可以生动地介绍并做推销，这是一个良性循环。

试菜活动的餐饮成本，可以转成费用，如此才不致影响食物成本。做法是将新菜单所有试菜的成本，即将标准菜肴成本单（Standard Food Items Cost）的金额加总，填写一张“部门转账单”，记录试菜活动相关细节，由行政主厨签名，送交成本控制室作为该餐厅成本的减项依据。

第六节 菜单定价策略与餐饮市场调查

菜单的定价需运用策略，它有高度的竞争性，饭店的餐厅有其形象因素，故而价格不宜太低，但是要定多高也需要经过缜密的思考。这时就要做所谓的“市场调查”，充分了解餐饮市场的现况，掌握竞争对手的信息，分析自身的优势与劣势，再拟定竞争策略。

价格本身就是一种“市场定位”，每一个价位有其目标客户，因此，当价格决定之后，也就决定了“目标市场”。如何在这个目标市场站稳脚跟甚至引领风尚，这有赖于厨师的好手艺和专业的服务，否则将如沙滩城堡，很快在下一个浪潮中无声无息地消失了。

菜单设计与价格制定，最后将面临顾客的考验，营业数字将告诉你得到的是顾客的掌声，还是嘘声。成本分析报表，则将反映出餐饮团队的经营与管理能力。

名词解释

1. 市场定位（Market Positioning）：是指一家企业的产品希望能在顾客的心目中塑造出什么样的感觉，以餐厅而言，是希望高格调高消费，还是走平价奢华路线？

2. 单点菜单（Non-Set Menu）：指客人可以随意挑选菜单上所喜欢的菜肴点餐。

3. 套餐菜单（Set Menu）：菜色已经组合成套，可能有不同价位的套餐，客人只需挑选哪一套即可。

4. 单点套餐混合式菜单（Combination Menu）：套餐的内容可以自由搭配，也可以选择单点菜单内的菜肴配成套餐。

5. 自助餐菜单（Buffet Menu）：此种自助餐本身并无菜单给客人，但是餐台上必须在每一道餐点前放置菜卡，标明中英文菜名。

6. 半套式菜单（Semi-Set Menu）：是简单自助式餐台（沙拉吧）加上选择性的主餐或饮料的菜单。

7. 标准配方表（Standard Recipe）：即一道餐点或饮料的食谱配方，加上其所使用材料的成本计算表，每一位厨师或吧台员根据标准配方表，都可以做出一样的餐点与调制出一样的饮品。

8. 标准菜肴成本单（Standard Food Items Cost）：用于一道组合成的主餐菜肴的成本计算，例如“蘑菇肋眼牛排”中有“蘑菇酱汁”“肋眼牛排”、蔬菜、焗烤马铃薯等。而蘑菇酱汁、焗烤马铃薯与肋眼牛排都需事先调理，依据标准配方表制作并计算出成本，当主餐组合完成时，方有其总成本。

9. 公制（Metric System）：度量衡单位，以千克、克、升、厘米为计算标准。

10. 连锁加盟（Franchisees）：即相同的餐厅在不同的地区开业，除了自身经营的餐厅之外，也可让其他人加盟经营同样的餐厅，其要点就是有相同的产品与服务品质。

11. 目标成本（Target Cost）：即标准成本，通常以总体成本为目标，一般以成本率（%）表示。每个餐厅的目标成本不一，应以其餐厅特性为制定的标准。

12. 菜单分析工程（Menu Engineering）：餐厅经营一段时间后，可以为该餐厅的产品销售做一番检讨，包括每项产品的销售记录，成本、售价与销售数量，如此可知每项产品的受欢迎程度及其毛利率，此分析工程可作为更换菜单的依据。其分析将各品项大致归为四类，即“明星型产品”“跑马型产品”“困惑型产品”与“苟延残喘型产品”。

13. 竞争策略（Competition Strategy）：即餐饮部门针对竞争对手所采取的方法，如定价策略、促销策略等，具体方法有：4人同行1人免费、刷卡打折、贩售餐券等。

小故事

菜单分析工程

有一天，餐饮部协理Gorde找Alex到办公室，说最近咖啡厅准备更换菜单，希望他做一份咖啡厅的菜单分析（Menu Engineering）以为参考。刚好最近Alex在进修美国旅馆协会的餐饮管理课程，虽然他并不曾做过，但在书上介绍了菜单分析工程的做法，于是他就跟Gorde说2～3天，他会准备好分析表给他。

他先到资讯室找主管Banson，请他帮忙从POS系统列印出咖啡厅过去一年的销售记录，包括成本、售价与销售数量。由于公司是按月结账，每个月的资料无法做年度累积，于是他抱回12个月份的销售资料，用Excel设计了一个销售分析表格，表头为：菜单品名、成本、售价、销售数量、毛利率、备注等栏位。先将菜单内容键入，依次再键入成本金额、售价与销售数量。其中毛利率栏设公式处理，做法为：（售价-成本）/（售价）。每一个月建立一个工作表，12个月份依次建制完毕后，再设一个总表，利用公式，将这12个月的数字分别汇总到总表来。完成后，再利用资料排序法，分别排出“销售量排行榜”“毛利率排行榜”。

之后，将所有菜单品项分为四大类，分别是：

（1）明星型（STARS） 属于点菜率高、毛利率高的产品。

（2）跑马型（HORSES） 属于点菜率高、毛利率低的产品（薄利多销型）。

（3）困惑型（PUZZLES） 属于点菜率低、毛利率高的产品。

（4）苟延残喘型（DOGS） 属于点菜率低、毛利率低的产品。此外，使用如下的坐标方式表现：

根据上面的分类法，Alex将目前的菜单区分为上述四大类，并备注了各个品项的正确数据，做了一份完整的报表，两天后送交餐饮部。Gorde很仔细地阅读完报表，他说："做得非常好！它提供了更新菜单的正确指引。"

学习测评

1. 菜单可分为哪些类别?
2. 请说明菜单设计的流程。
3. 请说明标准配方表的意义。
4. 请说明标准菜肴成本单的目的。
5. 何谓标准成本?
6. 何谓菜单分析工程?
7. 请说明菜单定价策略。

第七章

销售服务与成本控制

第一节 销售服务与收入

一、收入的定义

饭店的每一笔收入都需要定义几个重要概念：客数、平均消费额、食品/饮料销售额、餐期，任何一笔消费都由这几个要素组成。现说明如下。

所谓客数是指在饭店的任何餐饮点（餐厅、宴会厅或酒吧）消费了任何品项，不管是整套餐点还是只点一杯咖啡或是其他任何单项（例如早餐、午餐、晚餐、下午茶、鸡尾酒会、宴会厅的欢迎茶会等）的所有顾客数。服务人员或领班将客数记载在点菜单（Captain Order/Guest Check）的账单上，然后再由出纳分别记录于不同餐期的来客数上。不管饭店使用电子式收银机还是连线收银系统，当账单确认且客人签账或付现时，所键入的客数已经自动累加了。

所谓平均消费额是指顾客所支付的餐费（销售额）除以客数，因此食品平均消费额是食品收入除以客数，饮料平均消费额是饮料收入除以客数。

销售额（餐饮收入）可以分为食品销售额及饮料销售额。每一个餐饮据点的营收特性不同，最明显的是餐厅与酒吧，餐厅的收入以食品收入为主，饮料收入为辅，酒吧则相反。

所谓餐期是指餐饮据点根据营业时间划分的区段，如早餐、午餐、晚餐、下午茶、宵夜等。一般餐厅可能只分为午餐与晚餐两个餐期，咖啡厅可能分为五个餐期，酒吧则不一定，需视营业时间与状况予以区分。宴会厅的餐期则以餐饮服务形式予以区分，例如茶会、酒会、中式餐会、西式餐会、喜宴等。

除此之外，对于销售品项的定义，也会影响这两者间的收入分配，例如，咖啡、茶、新鲜果汁这3项收入是属于“食品收入”还是“饮料收入”？许多饭店将咖啡豆（粉）、茶叶、水果等当成食品类材料，如果这3项是属于食品收入，则没什么问题，可是如果当成饮料收入时，则其成本就必须做转账处理了。其他如可可、牛奶、柠檬汁等，都有相同情况。

收入为何需要分为这几个要素呢？最主要的原因是在说明一家餐厅的营收状况时，从这几个数字即可简单判断。平均消费额代表每一位顾客单次在餐厅的消费金额，金额越高代表餐厅越高档，反之则愈趋向于平价餐厅。来客数代表餐厅的生意量，客数越多生意越好，客数越少生意越差，高档餐厅的客数相对于平价餐厅则较少。餐期区分了不同的营业时段，这说明了收入相对于不同餐期的差异性，通常午餐的营收都较晚餐为低，平均消费额也较低。

但是宴会厅需要另外区分宴会的形式，因为不同的宴会之间有着极大的差异，例如茶会的平均消费额可能为150 ~ 300元不等，而喜宴可能要1000 ~ 2000元以上。另外现在的宴席都会有所谓“专案（Package）”活动，单一消费金额中包含餐食与饮料，例如喜宴优惠专案的价格，一桌20000元可能除了餐费外，还包含饮料无限畅饮，每桌送1瓶红酒，蜜月套房1晚及每桌1盆鲜花和气球布置。这时该宴会的收入就必须做出调整，根据成本计算后，可能将每桌20000元分成：食品收入17000元、饮料收入1500元、鲜花800元、气球布置700元不等，这需要事先讨论。

有关客数及食品与饮料销售额，餐期与餐厅类别等资料，都是从“每日餐饮收入报表”而来，此报表早期是由会计部门夜间稽核单位所准备，须于隔天早上10：00前送交成本控制室。但是随着时代的进步，现在许多饭店都已取消夜间稽核这项职务，改由柜台出纳一并处理。

二、菜单形式与餐饮服务

不同的菜单形式，餐饮服务不同，单点（Non-Set Menu）与套餐（Set Menu）形式的餐饮服务，由服务人员从头到尾提供服务，从迎宾、带位、点餐、送餐、饮料服务到结账、送客等。半套式套餐（semi- Buffet）与自助餐（Buffet），在点餐、送餐、饮料服务部分，由服务人员提供一半甚至更少的服务，其余则由顾客自由取餐，自己服务自己。由此可见，不管哪一种菜单形式，都需要服务人员的协助，因此，餐饮服务是餐饮产品（餐点菜肴、饮料）的最终传递者，它在某种程度上，决定了餐饮品质的优劣。所以，餐饮销售是整个餐饮控制循环最后结果的呈现。

一场成功的演奏会，是乐团所有单位与人员，通过各个阶段的准备与努力，经过不断的练习，最后所呈现出来的结果。每一场精彩的餐会，又何尝不是如此呢？

餐厅的营收是这一连串努力后的报酬，从菜单设计、采购、验收、进货、仓储到发货、生产制备、提供服务等过程，餐饮收入成为了这一连串过程的评价基础。我们知道饭店提供各式各样的餐饮服务与活动，除了满足顾客的需求外，也希望能创造利润，因为，利润是饭店企业能够继续提供优质服务的关键。一家不赚钱的餐厅，很快就会关门，一家饭店如果持续亏损，一样难逃出局的命运。

三、餐厅的损益

餐厅的经营管理有许多理念与做法，尤其是在国际大饭店内的餐厅，身上流着饭店的血液，其格调不能太低，菜肴与服务品质需有一定的水准。但是不管如何讲究格调，也要实现合理的利润，最终仍然要检验其营运的绩效，即一家餐厅的损益状况。餐厅的损益，有其计算的公式，以大项目而言可以下列公式表示：

餐饮收入

－餐饮成本
人事费用
其他费用
行政费用
营销费用
能源费用
租金费用
摊提费用
利息费用
＝净利润 /（损）

餐厅主管身负业绩的压力，如何将餐厅经营成为受顾客欢迎，餐点好、服务优、营业额高的赚钱餐厅，是其最大的梦想。主厨负责提供美味的菜肴餐点，并控制好食物成本，外场服务主管对服务品质的提升负责，成控室则站在监督与协助的角度，管理与供给餐饮原料的品质与数量，提出正确的成本控制报表，让餐饮成本控制循环得到最佳的结果。

第二节 | POS系统与营收管理

一、POS 系统

目前一般餐厅的服务流程大致相同，顾客有预约或无预约进入餐厅，由领台人员迎宾带位，服务人员帮助顾客点餐，传统上使用点菜单（Captain Order），点完餐后将点单键入POS系统，厨房会列印出属于厨房的点单。现在许多餐厅已采用手持式装置（PDA）作为点菜工具，利用无线网直接连线到POS系统。若是厨房区分为不同料理台，如冷厨、热厨、点心房、烧腊、比萨等，或是吧台，POS系统会自动将属于该料理台的点单列印出来，当然前提是每一个料理台加装一台印表机，在POS系统建置菜单时，便需要分出所需的供餐料理台。厨房人员收到点单之后，便着手准备供餐，传菜人员则将厨房所出的餐点，迅速且正确地送达每一餐桌，服务人员则将用完餐的空盘撤掉，清出桌面，以利下一道餐点的呈现。

若是顾客加点菜肴或饮料，做法并无二致，POS系统会自动累加，也会自动加注时间，相当方便。即使碰上两桌合并、同桌拆账、折扣、加购、礼券、优惠券混合使用等，或是现金与信用卡出纳账务，都能迅速地处理。多数餐厅都会准备账单夹，当点餐完毕，除了各料理台的点单外，还会印出该桌的账单，包括所点的餐食与饮料及其金额，账单放入账夹，并送到该餐桌。顾客要结账时，可请服务人员协助或自行到柜台买单，出纳人员根据账单总金额，请问顾客付现还是刷卡，若顾客对金额没有异议，则选择付账方式，完成结账。

二、营收管理

如何确保收入的每一块钱，都进入饭店的口袋，这是财务部门非常重要的课题，出纳在这个环节扮演重要的角色。早期饭店财务部设有出纳组，负责各个餐厅与柜台的收入工作，到现在仍然有许多饭店使用出纳人员。但也有一些饭店已经将出纳的工作改由各餐厅外场人员负责，大厅接待柜台的出纳工作也由柜台人员自行负责。

此种变革是由几个重要的原因造就的，即统一发票的实施、信用卡与POS系统的普遍运用，这些因素让出纳作业更加透明化。顾客索取统一发票，使用信用卡付账，POS系统让点单与结账单据成为出纳与会计的记录，如此一来，收入得到了相当的保障，大大降低某些员工从中做手脚的机会，这对营收的管理有相当大的帮助，若有一天全面使用电子消费系统，顾客不再使用现金付账时，对餐饮业者而言，将会更加安全与方便。

出纳作业大致为：每日营业前，出纳人员备妥零用金，打开POS系统，准备开门，餐厅主管检视今日促销方案与折扣优惠，并询问厨房、吧台有无挂单情形，并在POS系统上做必要的修正，之后便可开门营业。每日营业结束，出纳人员必须做日结账，结清后关闭POS系统当日的账，并制作销售日报表、现金账，将所收的现金与账表交到指定的地方，如此便完成了每日的出纳作业。

餐饮部门的营收日报表，便是利用POS系统，将各餐厅餐饮收入及其他收入，汇总而成的。收入稽核部门针对各厅的销售报表，做分析与稽核，及后续的账务处理，若有问题则必须做账务调整。成本控制室根据收入稽核部门所给予的营收报表，进行各厅成本率计算与分析。餐饮收入是分母，餐饮成本是分子，餐饮成本/餐饮收入＝成本率，因此，有正确的收入金额，才能有正确的成本率。我们可以说：营收是成本的终极表现。

第三节 | 营收日报表

餐厅收入的报表，一般与预算编制的表格类似，但是有些会计科目与数字，只出现在餐厅的每日收入报表上，正式的营收日报表不会特别列出来，例如服务费收入、其他收入、代支代付等。此外，餐厅的每日收入报表，其收入金额包含了5%的增值税，这部分需于正式报表中剔除，而10%的服务费已可以直接分开呈现。

现举例说明。

泰荷餐厅某日收入资料如下：

总收入$141726元，其中餐点收入有$129283元、饮料收入$12443元。

但因其收入中含有10%的服务费与5%的增值税，所以在制作正式每日营收报表时，需要予以剔除，做法如下：

餐点收入=129283 ÷ 1.15=112420

餐点服务费=112420 × 10%=11242

餐点营业税=112420 × 5%=5621

饮料收入=12443 ÷ 1.15=10820

饮料服务费=10820 × 10%=1082

饮料营业税=10820 × 5%=541

上述资料经整理，如表7-1所示。

表7-1 餐饮收入汇总

	餐点收入	饮料收入	餐饮收入
净收入	112420	10820	123240
服务费10%	11242	1082	12324
营业税5%	5621	541	135564
总收入	129283	12443	271128

营收日报表需要依照餐期记录来客数、食品收入、饮料收入及食品与饮料的平均消费额等数据。此外其表格在设计时可以加上月累积（MTD），填入来客数、食品收入、饮料收入与总收入的栏中，这样可以马上看出本月到昨天为止的营收状况。此表为收入稽核单位提供。

现以JJ国际大饭店空白表格为例说明，见表7-2。

表7-2　餐饮收入报表

期间：　　　　日期：

月份：		客数		食品收入				饮料收入				总餐饮收入	
天数：													
				本日		本月累积		本日		本月累积		本日	本月累积
		客/天	本月累积	均消/人	餐点收入	均消/人	餐点收入	均消/人	饮料收入	均消/人	饮料收入	总收入	总收入
Brasseries													
	早餐												
	午餐												
	下午茶												
	晚餐												
	宵夜												
	总计												
牛排馆													
	午餐												
	晚餐												
	总计												
霞飞邸													
	午餐												
	晚餐												
	总计												
翡冷翠													
	午餐												
	晚餐												
	总计												

续表

月份： 天数：	客数		食品收入				饮料收入				总餐饮收入	
			本日		本月累积		本日		本月累积		本日	本月累积
	客/天	本月累积	均消/人	餐点收入	均消/人	餐点收入	均消/人	饮料收入	均消/人	饮料收入	总收入	总收入
泰荷餐厅												
午餐												
晚餐												
总计												
Genji												
午餐												
晚餐												
总计												
红楼餐厅												
午餐												
晚餐												
总计												
大厅酒吧												
其他												
总计												
银河酒吧												
其他												
总计												

续表

月份：		客数		食品收入				饮料收入				总餐饮收入	
天数：													
				本日		本月累积		本日		本月累积		本日	本月累积
		客/天	本月累积	均消/人	餐点收入	均消/人	餐点收入	均消/人	饮料收入	均消/人	饮料收入	总收入	总收入
宴会厅													
	会议餐饮												
	一般餐会												
西厨	酒会												
	外烩												
	喜宴												
	小计												
	一般餐会												
中厨	酒会												
	外烩												
	喜宴												
	小计												
	总计												
	饭店总计												

第四节 | 标准服务流程SOP

一、标准的定义

每家餐厅的餐饮形式不同，供餐的方式不同，其服务的方式必须根据该餐厅的餐饮理念与特性而设计，以达到最佳的服务需求，而为了服务品质的一致性，有必要制定标准服务流程SOP。因此，标准服务流程并不是一套各餐厅都适用的标准，而是各餐厅替自己量身打造的。

标准服务流程可依服务区块、段落、时间点，而区分为专门的作业标准，例如接听电话、预约订位、迎宾、带位、协助入座、倒水、拆口布、点餐、送餐上菜、撤空盘、酒水服务、清桌面、更换台布、协助买单、送客、厕所清洁、擦拭餐具、餐桌摆设、传菜作业、关门作业等。又如自助式餐厅，要有餐台的管理补充作业，中餐提供北京烤鸭的现场片鸭作业。不同的餐厅提供不同的餐饮形式，故而标准服务流程SOP，自然要根据服务需求与现场情况来设计。

标准服务流程的设计，在每个作业流程中，大致有四个要点，即谁做、做什么、如何做、相关细节备注等。现以JJ国际大饭店的泰荷餐厅领台标准作业流程为范例说明，见表7-3。

表7-3 泰荷餐厅“领台”标准作业流程

做什么	如何做	备注
开始营业前的准备工作	1. 将电话转接取消 2. 准备好座位表、点菜单、订餐表 3. 开始营业时将餐厅电子立牌移开	若有订位，事先安排好座位，并摆上订位牌
迎接客人	面带微笑并向前一步问候客人 “欢迎光临”，并询问有无订位	态度亲切，自然而优雅
确定用餐人数	确定客人总共用餐人数，并且为其安排适当的座位，若已经有同伴先行进入，为其指引方向	安排座位时，若有行动不便者，须特别安排
带位	带领客人至座位，沿路视情形为客人介绍餐厅及菜色种类，提醒小心台阶	向每位客人问好，顺便介绍餐厅营业项目
到指定位置时	1. 替客人拉开椅子 2. 将多余的餐具收回至备餐区归位 3. 若有订位牌者，将订位牌收回 4. 预祝客人用餐愉快 5. 迅速返回领台	视客人需求，为其增设座椅，或儿童椅、儿童餐具
客人离开餐厅时（结账）	向客人致谢，并询问是否满意今天的菜色与服务，并期待他们再度光临	若是客人临柜结账，则予以问候并提供必要的协助

二、SOP的重要观念

标准服务流程SOP是现今餐饮服务业都耳熟能详的用语，尤其是越来越多的连锁餐厅，更需要有一套完整的标准服务流程。外场服务人员具有流动率高的特性，需要不断地教育培训才能维持服务水准。自从美式连锁餐饮巨擘麦当劳引进台湾之后，标准服务流程已成为一种标杆。然而各家餐厅的性质不同，若只是墨守成规，标准服务流程并不会提升服务的品质。服务的品质在于注重顾客的需求，每个顾客都不一样，因此在许多时候，标准服务流程只能是一个基础，必须根据顾客的需要，做出应变与调整，以顾客的感觉为依归，才能达到真正的所谓好的服务！

第五节 预防员工偷窃

这是探讨人性的篇章，孟子说：人性本善。在一个良好制度的规范下人会受到良好的引导，认真负责，尽心尽力替公司打拼。然而，人是情感的动物，容易受到诱惑，尤其在内部控制制度不够健全的地方，更容易引诱犯罪。因此，营造一个优质的工作环境，会计制度健全的管理系统，内部稽核有效的饭店，让每位员工都能受到好的照顾，展现出认真负责的情操，相信一个良性循环会让所有同仁向上提升，看见光明的未来。

韩非子说道："千里之堤溃于蚁穴"，许多事情要防患于未然，未雨绸缪，尤其餐旅业是一个劳动密集型的行业，需要许多人才能共同完成工作。如何才能建立周全的管理机制，做到滴水不漏，这需要了解业界经常发生的问题。笔者根据多年实务经验，并从几位中外学者的论述中，归纳了一些最常发生的员工偷窃情况，以作为未来预防的参考。

一、外场人员的偷窃的方式

1. 无点单出餐

一个管理松散的餐厅有可能发生无点单即出餐点的情况，一般来说内场厨房或吧台人员未看到点单，是不可以出餐或出饮料的，这种情况有可能是彼此的信任或是一种默契造成的，但是不应该被允许。无点单出餐会让该笔收入进到员工的口袋，或者是他们用来招待自己的朋友。

2. 多给餐点饮料

员工工作时有朋友前来餐厅或酒吧消费，最容易公器私用，慷公司之慨，虽然他们都有付账，但是可能同样的餐点饮品，给的量却特别多。这也经常发生在熟客身上，服务人员为了得到较多的小费，在倒酒时会倒得特别多。

3. 少开账单

这个情况多发生在朋友家人来消费时，可能是点了10样餐点却只算了8样餐点的费用，让饭店损失该有的收入。

4. 少找客人的钱

这种情况会发生在付现的客人身上，尤其是男性客人，服务人员会利用客人的粗心大意或是慷慨不察，在找给客人的钱上面动手脚，占客人的便宜，尤其在酒吧客人微醺的情况下最容易发生。

5. 将公司的物品带回家

有些员工会将属于公司的物品带回家里，可能是消耗性备品，也可能是营业器具、餐厅菜肴餐点甚至是酒类物品。

6. 遗失客人的账单

这种情况是已经结账收到客人的付现，却将账单销毁，说账单遗失找不到，而将钱据为己有。

7. 退餐点

服务人员已经收到客人付款，却说菜有问题或客人不喜欢，将某道菜退回，在收银机上做退回动作，将多的钱收入自己口袋。

8. 偷吃

这是最经常发生的事情，可说每个地方都会有。

9. 发票作废

收银人员有可能在结账时，将某张发票作废，声称是打错了，而拿走多出的款项。

二、内场人员的偷窃方式

1. 与外场人员勾结

最严重的情况莫过于此，一个餐厅如果内场外场一起作弊，则可以想像很快就会出问题。内外联手将更为方便其偷窃行为，而且将不只以偷小小的金钱为满足，势必如燎原之火，一发不可收拾，饭店也将损失惨重。

2. 偷吃

与外场情况相同，但厨房却更为方便。

3. 将公司的物品带回家

有些员工会将属于公司的物品带回家里，与外场人员不同的是他们多半会拿菜肴食材，较少拿酒类物品与营业器具。

三、预防措施

古人有言："勿以善小而不为，勿以恶小而为之"，员工偷窃可能是小恶，但是聚少成多，积非成是，因此需有正确地预防措施，以防患于未然。要预防上述的偷窃情况，有以下建议。

（1）采用POS销售点管理系统，一律开立发票。

（2）建议客人尽量信用卡付账。

（3）规范没有点单不能出餐制度。

（4）使用神秘客制度。

（5）加强内部稽核，检讨不合理状况。

（6）内外场需互相合作，也要相互监督。

（7）导入利润中心制度，采用红利奖金措施。

名词解释

1. 标准服务流程（SOP）：将服务的每个环节如领台、点餐等，将其应该如何做的一连串动作，甚至说什么话都予以规范，做成标准化的操作流程。SOP即Standard Operation Procedure。

2. POS系统：即销售点管理系统，POS即Point of Sales，它是收银系统，但其功能愈趋丰富，现在以触屏为主，菜单、成本、售价、促销优惠折扣、连线刷卡等皆可设定。

3. 挂单(Out of Stock)：即菜单上的餐点，因食材的欠缺或已经售完，而无法提供点餐。

4. 代支代付（Pay Out）：假设某公司的主管参加餐会，其司机须于外面等待，公司主管便交代餐厅先代支一笔误餐费给司机，请司机在外面自行用餐，这笔费用并入他的账单中，即为代支代付。

5. 夜间稽核（Night Audit）：是大饭店会计部门的收入稽核单位，主要工作是针对饭店各部门整天的营收做账务上的稽核，由于工作时间是在夜里，故称之为夜间稽核。每天必须编制"夜间稽核报告"(Night Audit Report，包括餐饮报告、总出纳与客房情况）。注：由于电脑信息系统的功能日益进步，目前台湾的大部分饭店已取消夜间稽核，将工作并入柜台出纳完成。

6. 收入稽核（Income Audit）：其功能类似夜间稽核，但是更为细致，主要工作是针对饭店的营收做账务上的处理与稽核，包括从传票分类账到总账的完成。

7. 增值税（Value-added Tax）：又称营业增值税或简称增值税，是就销售货物或劳务行为的卖价超过买价而增加的部分课税。目前台湾的增值税为营业额的5%。增值税采用税额相减法计算应纳税额，营业人员可统计每期开立统一发票的销项税额，减去该期取得进项凭证上所载进项税额后，即可计算应纳税额。计算式：

销项税额-可扣抵的进项税额=应纳税额

小故事

大型庆祝酒会的成本分析

2013年JJ国际大饭店承揽了一个庆祝酒会，价格每人NT$580+10%，3500人，场地布置费用另计，地点是在台北宾馆。需要代办一些民俗技艺与美食摊位，费用每个摊位约3万元。此外，菜单也将加入台湾本地美食。

经过一番联系与安排，代办民俗摊位计有：九连环、捏面人、画糖、草编、糖葫芦、原住民编织、陶笛、状元糕、中国结、龙须糖、书法、陶艺手拉坯、脸谱等。小吃摊位原本计划找外面的摊贩前来提供，但是为了食品安全与形象考虑，后来决定由饭店自行提供，只是可以租用所需设备。共计安排了：担仔面、蚵仔煎、大肠包小肠、润饼、豆花、客家麻糬、石板山猪肉、烤鸭、牛肉面等小吃摊位。

酒会属于超大型庆祝活动，动员的人力物力非常庞大，所需的设备与器皿极多，因此其他饭店多无法承担。这是JJ大饭店餐饮部门的年度盛事，宴会部负责菜单的洽谈与服务、制服的租借。之前Alex在厨房工作，现在角色不同，他已经负责成本控制室了，所以餐饮部协理及财务长，都要求他算出这次酒会的成本！

这是一件相当困难的事情，就像计算自助餐的成本一样，似乎只能计算实际成本了。此外，酒会菜单，中西式厨房各有分工，其他厨房也分配到了一部分制作餐点的工作，届时收入必须要拆账处理。于是Alex要求各厨房在叫货与领货时，必须注明“市日酒会专用”的字样，以方便后续成本的计算与处理。

单次活动的成本计算果真不容易，因为厨房本身就很难单独切割进货与领货，且进来的材料很容易混用，最后只能以手上能单独分辨出来的单据，再加上预估值来计算出成本金额。另外在收入的部分，以菜单比例原则分配给中厨与西厨，今年由于主题的关系，中厨负责一半多的餐点（比往年高出许多），分配55%的收入，西厨分配45%的收入，其他厨房因为备料较少，便以内部成本转账的方式做调账处理。然而在成本处理与收入分配的过程中，中西厨房的主厨都有许多意见，认为成本的计算有问题，不应该这么低，收入的分配比例太少，会造成成本的提高，甚至要求做一些成本的转置，改成费用。

这似乎是对Alex的考验，他将所有的进货领货单据，与各厨房这次提供的所有餐点数量整理出来，经过一番讨论协调，他要求两位主厨将这次菜单的所有餐点，做出完整的标准配方表，以便进行标准成本计算。最后这件事两位主厨都同意了Alex的收入分配与成本调账，这也是一番有趣的过程！

学习测评

1．各营业点的销售资料来源为何？

2．请说明餐厅的损益计算公式为何。

3．请说明POS系统及其功能。

4．营收日报表应呈现哪些信息？

5．试说明标准服务流程SOP的意义。

6．试为翡冷翠餐厅制作一份标准服务流程SOP。

7．什么是代支代付？

8．请问，如何防止外场人员在收入上作弊？

第八章

生产与成本控制

第一节 厨房作业流程

一、叫货

大饭店内每个餐厅各有其独特的菜单，厨房内场负责提供菜单上的美味佳肴，根据主厨所制定的标准配方表与标准菜肴成本单来生产制作。当然在生产之前厨房必须先备料，备料大致有两种方式，一种是直接叫货进货，另一种是向仓库领货。哪些食材应该列为直接进货？哪些食材又该放进仓库呢？必须视实务操作上的需要而定。通常饭店的采购部门会与主厨讨论食材的归类，决定直接进货的食材品项与入库存的品项。一般来说，生鲜类的海鲜、肉品、蔬果、蛋奶制品适合直接进货，不需要经过仓库，其他品项则会进入仓库储存管理。

叫货是厨房重要的例行工作，这工作大部分是由各厨房的领班负责的，在前一章提过，叫货一般都是在下午2点半之前完成，因此都是由早班的人负责。如果晚班有需求，可以留条子给早班的同仁，这样早班可以一并叫货。厨房叫货单（市场叫货清单）见表8-1，它是一张大型表格，内容多为经常使用的生鲜货品，这部分属于“直接进货”，不入仓库。

叫货要考虑市场休市的日期及节假日，当然也要考虑到生意量，目前台湾的市场公休日是每星期一，同时也要考虑到办公室上班时间，所以可能的情况是，每星期二、三、四时叫隔天的货，星期五要叫六、日与星期一，一共三天的货，如此一来，供应商就必须于星期六一次送三天的货，周日与周一便休息了。

当各厨房将所需品项写好之后，厨房叫货单必须送给行政主厨签名，因为行政主厨掌管整个内场厨房，肩负控制餐饮成本的重任。等主厨签名后，市场叫货清单就可以送交采购部门，向供应商下单进货了。

表8-1所示为市场叫货清单格式范例。

范例

成-21

表8-1 市场叫货清单

编码	品项	单位	冷厨	主厨房	咖啡厅	翡冷翠	红楼	厨房一	厨房二	仓库
	海鲜类									
1010001	明虾Fresh King Prawn	kg								
1010002	冷冻七星斑Frozen Garoupa	kg								
1010003	活七星斑Live Garoupa	kg								

续表

编码	品项	单位	冷厨	主厨房	咖啡厅	翡冷翠	红楼	厨房一	厨房二	仓库
1010004	九孔Small Abalone	kg								
1010005	海参Sea Slug	kg								
1010006	墨鱼（大）Cuttle ~ L	kg								
	……									
	蔬菜类									
1020001	芥菜头Heart of Peeled Mustard	kg								
1020002	金针菇Golden Mushroom	kg								
1020003	山东白菜Chinese Cabbage	kg								
1020004	芦笋Asparagus	kg								
1020005	大豆苗Sugar Pea Shoot	kg								
1020006	青葱Chinese Onion	kg								
1020007	草菇Chinese Mushroom	kg								
1020008	洋菇French Mushroom	kg								
	……									
	水果类									
1030001	西瓜Watermelon	kg								
1030002	甜瓜Muskmelon	kg								
1030003	哈密瓜Honey Dew Melon	kg								
1030004	菠萝Pineapple	kg								
1030005	柳橙（进口）U.S. Orange	kg								
	……									
	猪肉品									
1040001	小排Rib Pork	kg								
1040002	梅头肉Neck Pork	kg								
1040003	肉馅Pork Minced Meat	kg								
1040004	带皮五花肉Pork Belly with Skin	kg								
1040005	肉丝Shredded Pork	kg								
1040006	大排Pork Chop with Bone	kg								

二、进货与领货

当叫货已经完成，隔天所订购的货品便会送进厨房来，这是直接进货的部分，也是属于直接食物成本，此部分大多是生鲜货品，应该尽快用完。另外还有部分需要从仓库领出来，这部分多为干货、罐头、米粮、调味料等适合久存的货品。但是有许多大饭店将冷冻类的食品以及进口肉品、肉制品与蔬果进入仓库进行管理。所以厨房也必须根据自身库存与需求，开单领货，这是属于间接进货的食物成本。

直接成本与间接成本两者加在一起，即是本期所进的所有餐饮材料成本，在成本计算公式中称为“本期进货”。现以“实际成本”的会计公式说明如下：

实际成本＝期初存货+本期进货-期末存货

本期进货=直接进货+间接进货（仓库领货）

期初存货为上一期的“期末存货”。因此，本期的“期末存货”为下一期的“期初存货”。

“期末存货”为仓库与各生产单位（厨房）的期末存货量。

三、接单生产

1. 餐厅厨房

厨房的工作在餐厅开门之前，必须根据菜单充分备料，当餐厅开始营业时，外场服务人员帮顾客点餐之后，点菜单（Captain Order）即进入厨房与吧台准备出餐。厨房的工作区块由主厨设计分配，不同餐厅的厨房有不同的区分，视其餐点特性与需求而定。每个区块的厨房人员根据点单内容，制作餐点，再由传菜员递送到顾客面前。若是使用POS系统，则外场点好餐之后，会先输入POS机，厨房的印表机会列印出点单，并且还可以切割成不同的厨房单位区块，例如冷厨房、面食区、烧烤区、蒸笼区、热厨房、点心房、吧台等，厨房单位根据点单制作餐点，传菜员再将餐点递送到顾客桌上。外场服务人员的工作，就是协助顾客顺利享用餐点，提供各种最优质的服务，等顾客结账离开之后，就完成了整个餐饮生产服务流程。

2. 宴会厅厨房

宴会厅是国际大饭店餐饮部门中最大的单位，肩负着最大的营收业绩责任，宴会厅一般设有业务部或订席组，专门负责业务接单的工作。当顾客前来洽谈订席事宜时，业务订席人员接待介绍场地，询问顾客需求、活动日期、经费预算、预订人数、提供菜单、讨论场地布置与相关细节，经过不断沟通与联系，最后签订餐饮订席合约，并收取一定金额的订金。

宴会活动不同于餐厅的餐会，它需要一个独立的场地，特定的时间，可能有特别的主题仪式，众多的宾客，中式或西式丰盛的宴席。越是盛大重要的宴会，主办人员会越早来洽谈场地，甚至有些单位，一年以前就来洽谈并预订。

习惯上业务部在宴席活动前一周，会再重复确认相关细节以及保证人数，之后就发出“宴会订席单”（Function Order）给各相关部门，各部门再依据订单内容提供所需要的东西。现以中西式各一份“宴会订席单”来说明。

如表8-2所示，订单编号1050609，是一份中式喜宴的订单，菜单内容为每桌20800元的中式菜肴，中厨房在接获订单后即开始叫货备货，以便届时可以提供美味佳肴。其他饮料酒水的部分，饮料免费提供，酒自备，每桌收300元开瓶费；舞台讲台停车券等，由宴会部服务人员负责，影音设备由工程部门负责，若有鲜花则由饭店的花店负责。等宴席结束顾客满意地付账之后，这笔收入就属于中厨的收入了，但是要考虑收入分配的问题。

如表8-3所示，订单编号1050721，是西式自助餐会的活动订单，菜单内容为每人950元的西式餐点，西厨房在接获订单后即开始备货，到时就可以提供大饭店标准的自助餐了。其他饮料酒水的部分已含在餐费内，但是另外设有一个开放式酒吧，费用以实际消费结账，此由宴会部外场服务人员负责。待餐会结束顾客签账之后，这笔收入就属于西厨的收入了。

范例　　　　成-22

表8-2　宴会订席单

<table>
<tr><td colspan="4">订席单位：王大伟&李小美　结婚喜宴</td><td>订单号码：1050609</td></tr>
<tr><td colspan="5">宴会日期：2016年6月9日　星期：三</td></tr>
<tr><td>联络人：王大伟</td><td colspan="2">电话：2782-3518</td><td>传真：2782-3518</td><td>订席员：EVA</td></tr>
<tr><td>时间</td><td>用餐形态</td><td>桌（人）数</td><td>订金</td><td>宴会厅名称</td></tr>
<tr><td>12:00</td><td>中式喜宴</td><td>50桌（含素食1桌）</td><td>50000</td><td>国宴厅</td></tr>
<tr><td colspan="2">付款方式：付现/刷卡/签账
其他要求：
会场布置：
设备要求：
□ 投影设备____
□ 影片制作____
□ 卡拉OK$____
□ 讲台____个
□ 舞台____片
□ 音控指导配合$____
□ 麦克风____支
□ 停车券提供____张，另代购
□ 每张　（小时）40 元</td><td colspan="3">菜　单
迎宾乳猪大拼盘
花好月圆喜眉梢
龙虾乌鱼双喜拼
原盅鲍翅鸡丝羹（位上）
鸡汁鲜蒸猛石斑
茴香牛排山药卷
翡翠蒜蒸鲜明虾
干贝三丝扒时蔬
丰料青蟹糯米饭
淮杞红枣炖乌鸡
飘香美点双辉映
宝岛四季鲜水果
NT$20,800+10%/桌

饮料：果汁无限畅饮每桌________元
开瓶费________元、酒类________元</td></tr>
<tr><td>中厨房</td><td>西厨房</td><td>点心房</td><td>吧台</td><td>宴会部</td></tr>
<tr><td>工程部</td><td>美工部</td><td>会计部</td><td>餐饮部</td><td>餐务部</td></tr>
</table>

范例　　　　成-22

表8-3　宴会订席单

<table>
<tr><td colspan="4">订席单位：丽池有限公司周年餐会</td><td>订单号号：1050721</td></tr>
<tr><td colspan="5">宴会日期：2016 年7 月21 日　星期：三</td></tr>
<tr><td>联络人：王大伟</td><td colspan="2">电话：2782-3518</td><td>传真：2782-3518</td><td>订席员：EVA</td></tr>
<tr><td>时间</td><td>用餐形态</td><td>桌（人）数</td><td>订金</td><td>宴会厅名称</td></tr>
<tr><td>18:00</td><td>西餐自助</td><td>350 人</td><td>35000</td><td>国宴厅</td></tr>
</table>

续表

<table>
<tr><td colspan="2">付款方式：付现/刷卡/签账</td><td colspan="3" rowspan="4">西式自助菜单
1. 冷盘
（1）鲍鱼酒醋什锦海鲜
（2）挪威烟熏鲑鱼
（3）陈醋汁扇贝
（4）法式酥皮肉派
2. 热食
（1）培根菲力牛排
（2）奶油香煎鲑鱼
（3）意式焗烤生蚝
（4）百里香嫩羊腱
（5）米兰猪排鹅肝酱
（6）奶油鸡柳焗洋芋
（7）冬菇干贝烩西蓝花
（8）夏威夷茄汁炒饭
（9）总汇意大利面
（10）奶油蘑菇浓汤
3. 有机生菜沙拉吧
4. 甜点
（1）蓝梅慕斯蛋糕
（2）核桃塔
（3）奶酪蛋糕
（4）提拉米苏
5. 饮料
（1）水果鸡尾酒
（2）柳橙汁
（3）咖啡、红茶
6. 季节水果盘
（1）西瓜、甜瓜
（2）火龙果、芭乐
（3）柳橙、菠萝

每人NT$950+10%</td></tr>
<tr><td colspan="2">其他要求：
· 代办冰雕</td></tr>
<tr><td colspan="2">会场布置：
· 周年庆背板及说明</td></tr>
<tr><td colspan="2" rowspan="2">设备要求：
☐ 投影设备________
☐ 影片制作________
☐ 卡拉O$K________
☐ 讲台________个
☐ 舞台________片
☐ 音控指导配合 $________
☐ 麦克风________支
☐ 停车券提供________张，另代购
☐ 每张　（小时）40 元</td></tr>
<tr><td colspan="3">饮料：果汁无限畅饮每桌________元
开瓶费________元
酒类________元</td></tr>
<tr><td>中厨房</td><td>西厨房</td><td>点心房</td><td>吧台</td><td>宴会部</td></tr>
<tr><td>工程部</td><td>美工部</td><td>会计部</td><td>餐饮部</td><td>餐务部</td></tr>
</table>

四、厨房内部转账

国际大饭店的餐饮部门组织庞大，各餐厅间内场外场相互的支援，自然有其必要性，例如点心房、肉房、冷厨、热厨，他们所做的餐点是供应给所有餐厅。这时前面所说的“标准成本”的制定，就显示出它重要的功能了，因为若没有确定好标准成本，则无法做成本的转账。以第六章所提的试菜为例，如表8-4部门转账单所示，转账单里面描述了试菜活动与目的，附上新菜单的所有标准菜肴成本单（Standard Food Items Cost），成控室即可根据此转账单，将制作这些菜肴餐点的厨房的成本减除，转成餐饮部门的费用。

另外，宴会部提供各种形式的餐会，也提供各式各样的餐饮服务，有中式餐饮，也有西式餐饮，宴会部门会出“宴会订席单”（Function Order Form）给各相关单位，厨房接获宴会订席单，就必须根据工作的指示预备餐点。订席单所订的餐会形式若是中式餐会，则收入为中厨的收入，若为西式餐会则为西厨的收入。但也有可能是中西式混合餐会，这种情况就必须在宴会订席单上做收入归属的说明。

例如某一个宴会为中西式自助餐，宴会订席单上清楚说明中餐的菜肴占60%，西餐占40%，如此在收入报表上，就可以将收入直接分配归属。但也有情况是宴会为中餐宴席，但是顾客要求最后一道甜点要“奶酪蛋糕”，“奶酪蛋糕”是西厨房的点心房所出，这时因为收入属于中厨，所以中厨需要开出“部门转账单”，从西厨点心房转入所需的蛋糕。点心房收到转账单后，就必须在适当的时间准备好中厨需要的糕点，准时提供给中厨，事后将这张部门转账单，连同宴会订席单一起送给成控室，成控室根据“奶酪蛋糕”的成本，乘以所出数量，计算出正确金额做内部成本转移。以表8-4为例，西厨的成本减少7000元，中厨的成本增加7000元。

范例　　　　成-25

表8-4　部门转账单

转出单位：点心房
转入单位：中厨房
转账原因：中式宴席客人特殊需求
☑ 食品　　☐ 饮料　　日期：

品项描述	编号	数量	单位	单价	合计
奶酪蛋糕（9寸切12片）	xxx	400	片	17.5	7000
合计					7000

转出单位主管：王×名　　转入单位主管：张×成

五、报废报告格式

厨房或酒吧在生产流程中有可能会因为某些因素，造成产品不良，或者因为冰箱临时故障，甚至可能是顾客的抱怨，必须更换菜肴或重新制作，这些都是有成本的，但是因为没有收入却有成本支出，这种情况可以使用一种表格来做成本的重新处理，那就是“食品报废表”。

例如某日意式餐厅厨房的冰箱，因为前一天晚上压缩机故障，隔天厨师上班时发现冰箱里面有许多食物已经不新鲜了，这些要丢弃的材料有其成本，所以要做报废处理，于是意式餐厅的主厨就开了一张“食品报废单”，里面详细记录了已经不堪使用的食材和重量等，并请成控室主管前来检视，确认事实，可以照相记录，并将食品报废单带回做成本的调整。当然，主厨也需要第一时间通知餐饮部协理、工程部主管，并填写报修单，送请工程部尽快派人来处理。

食品与饮料报废表（成-32）如表8-5所示。

成-32

表8-5　食品与饮料报废表

餐厅/酒吧:______________　　　　日期:______________

编号	品项	报废原因	单价	售价	备注

主管签名:______________　　成本控制室主任:______________

第二节 生产管理的漏洞

一、技术、创意、标准

厨房是生产的重心，除了饮料外，所有的餐厅产品都必须由厨房供应，厨房就像一个工厂，原物料进入工厂，经由机器或人工制作后，便产出产品。当然，厨艺也是一种技艺，现在更重视创新与创意，有时难以标准化或量化。但是，当我们把时间的视野往回推一百年，会发现，现在我们所熟悉的标准食谱配方，其实都是前人的创意作品。因此，即使是创新料理也可以被标准化，除非是厨师个人的创意料理，不想被定型，每次做时都有新的变化。

此外，还有一个传统厨师的不传之秘，就是“留一手”，总是怕被超越，不愿自己多年的经验与创意公之于世。而且有许多食谱配方并不够详尽，学习者不能做出一模一样的东西。可喜的是近年来西式餐饮大量进入，餐饮专业职业技术院校广设，带动整个餐饮服务、厨艺学习产生了新风貌，以往这些秘而不宣、传而不实的弊病已逐渐消失了。

主厨是厨房的灵魂人物，他管理厨房的人事，制定各种标准，开发新菜色，签核进领货单据、维护餐点菜肴的品质，以及最重要的“成本控制”，因此，他必须与成控室密切合作。当食材进入厨房的那一刻开始，便已经是“成本”了。食材经过制备过程，才能成为产品，再由服务人员送到顾客面前，顾客享用之后因为满意而付账，这才有了收入。所以在食材变成收入之前，这整个过程，都需要主厨用心管理，才能做到。这里我们要谈谈有哪些环节最容易出现问题。

二、进货环节

厨房进货有直接进货与仓库领货两部分，直接进货的多为生鲜品项，这部分有鲜度与温度上的要求，货品收到后需马上处理，冷冻类要尽快放入冷冻冰箱，冷藏类需放进冰箱。需要前处理的货品如蔬菜类，清洗、刀切、加工等工序，应在适当时间进行。在早期由供应商直接送货进厨房，收货人员有时并未准确清点货品，即使有短少也不知道。甚至有厨房人员对货品有意见，故意刁难拒收，甚或要求提供香烟等赠品。也有可能双方勾结，以少报多，以次充好等，这些都可能造成成本上的不良影响。同样的，从仓库领货也有可能发生不小心弄错数量或少拿货等人为疏失，更有甚者，不守规范的员工故意少拿货但多记数量，这些人为弊端便是成本控制上的漏洞。

三、制备与烹调过程

厨房分工颇细，每个厨师或助手负责的工作不同，厨师职能也不同。大饭店的厨房是一个工作与学习的场所，尤其现在很多饭店与职业技术院校合作，厨房内有许多在校实习生。在实际制备与烹调过程中，颇有实习加练习的意味，食材的消耗会比专业厨师更多，相对的浪费也多。此外，若主厨不要求善用食材，将切剩的头尾及其他部分做有效利用，会使厨师们养成浪费的习惯，这也是成本升高的原因之一。

最好的做法就是主厨领班身体力行，作为表率，并且给所有厨师灌输成本意识与节省的观念，时常向成控室要成本周报，并于开会时做成本方面的分析，如此一来，因为主厨的重视，必然使得所有厨房人员一样重视，成本控制的效果才会显现出来！

四、生产与销售服务环节

厨房辛苦地准备了美味佳肴，必须通过外场人员优质的服务，才能呈现给顾客享用。餐厅像是一个舞台，服务人员是表演者，但却是空手的表演者，他们必须通过厨房精心制作的美味佳肴，才能呈现完美的演出。因此，厨师们是隐藏在舞台后的表演者，而他们的作品才是舞台上的主角，内外场无间的合作，才能让顾客由衷地发出“好极了”“再来一个”的赞美！

然而在人性贪婪的阴暗角落，人往往抵挡不住诱惑，会运用种种手段将不属于自己的金钱放进口袋，尤其在一个账务管理系统不够完备的餐厅，服务与出纳人员，更容易从中做手脚。目前饭店餐饮部门都是采用POS系统并开立统一发票，已能够避免传统的不法手段，但也要注意到无单出菜的情况发生。

第三节　厨房成本记录表

在厨房生产过程当中，每天的进货领货，不断累积成本，同时也不断创造营收，主厨需要时时注意目前的食物成本，以免到了月底发现成本太高时，想要控制就已经太晚。所以成本控制室，需要常常提供目前的食品成本率，给餐饮部协理与主厨们做参考，最好一周提供1～2次。

日子一天天过去，成本数字慢慢累积，如何将这些数字转化成有用的参考数值，这需要一个完整的记录表。尤其厨房内场组织庞大，相互往来的成本也要经过调整，才能呈现其正确性。

现以表8-6厨房成本记录表（成-31）为例说明。

成-31

表8-6　XXXX厨房成本记录表

年：__________　　　　　　　　　　　　　　　　　　月份：__________

日期	直接进货	仓库领货	饮料领货	内部转账	成本小计	相关减项	主管员工用餐	公关招待	净成本		销售额		成本率/%	
									本日	月累积	本日	月累积	本日	月累积
1														
2														
3														
4														
5														
6														
7														
↓														
25														
26														
27														
28														
29														
30														
31														
T														

厨房成本记录表以厨房为单位，每一个厨房设立一个厨房成本记录表。说明如下。

（1）直接进货　为前一天所叫的生鲜货品，本日送来经过验收后，送到厨房签收，是为直接成本。

（2）仓库领货　为厨房开单向食品仓库所领的货品，是间接成本。

（3）饮料领货　为厨房开单向饮料仓库所领的饮料类货品，多为做菜用的酒类。

（4）内部转账　向其他厨房转入的餐点或材料，金额以正数记录，若为本厨房转出给其他厨房的餐点或材料，金额以负数记录。

（5）成本小计　由公式得到，前面四栏加总即可。

（6）相关减项　为厨房有出货但无收入的情况所做的一种调账，例如，饭店举行招待餐会、员工晚会等，饭店有一个专有名词，英文是party at cost，即以成本入账转作费用的意思。

（7）主管员工用餐　主管有权利在餐厅用餐，除了有时工作较晚，错过员工餐用餐时间外，也是对餐厅的了解与试菜的过程。员工招待亲朋好友在餐厅用餐则享有折扣，这部分折扣需予以扣除。

（8）公关招待　饭店在许多时候因为公关的需要，会招待一些贵宾与媒体，或是前来订席的顾客或是大客户的联系人，该支出须以成本入账。

（9）净成本　分为本日与月累积，本日是第5栏减6、7、8三栏的金额，月累积则是每天的累加。

（10）销售额　从餐厅每日出纳报表而来，月累积则是每天的加总。

（11）成本率　本日成本率=本日净成本÷本日销售额。月累积则为：月累积净成本/月累积销售额。

厨房成本记录表需要逐日记录，因此，可以每2～3天提供成本数据给餐饮部办公室与各餐厅厨房参考，有效地控制食物成本。

第四节 | 餐饮活动

饭店的餐饮部门为了创造饭店形象，吸引顾客，经常会举办各式各样的美食节活动，有时会邀请连锁体系内其他国家的饭店厨师，来做短期的活动。例如西班牙周、法国周、泰国周、日本周等，有时甚至会邀请米其林三星主厨前来献艺。举办这样的活动并不一定会赚钱，有时候还会亏损，但是饭店间彼此的交流碰撞，却是无价的。

举办美食节活动，除了邀请厨师之外，有时也一起邀请传统舞者或手工艺大师前来表演，此外，也需要准备当地特有的食材与道具，如此方能完美地呈现当地美食。因而在筹备活动时便要讨论好相关细节，诸如多少位工作人员、停留几天、提供几个房间、酬劳、带进多少货品等，因为这些都将成为美食节活动的成本与费用，需要记录清楚。带进的食材以特别请购单处理，并完成验收流程，以直接进货方式进入承办美食节的餐厅厨房。

要分析整个活动的盈亏，收入部分较为简单，以此活动期间的总收入，减掉没举办活动时的平均收入即可。成本部分则较为麻烦，若采用专案处理方式，则活动期间所有进货领货，都要标明“某某美食节专用”字样，活动前先行做一次盘点，结束后再做一次盘点，如此可以计算出这段时间的预估成本。若是无法采用专案方式处理，则仅能以当月的实际成本为基础，做加成的预估了。至于活动的成效与损益，成控室算出成本后，由会计室做后续的薪资与相关费用的分析，才能计算出接近真实的盈亏。

第五节 烹调测试

一、针对某些有疑问的食材进行烹调测试

一般食材并不需要进行这样的测试，只有对于有问题的食材，而且其使用数量大、价格高，才需要做此测试。它有别于产出率测试，不只计算某项货品的出成比率与实际成本，还包括烹调之后的品质与口感测试，这部分需要由多人以实际试吃的方式，才能得到结果。至于试吃的结果是否作为评选的原则，需要由主管做出决定。因为测试的结果，有可能实际成本较低但是品质口感评价较差，或者中等，如果是成本低评价高当然是首选，不会有争议。可是如果评价第一，但是成本也比较高时，要如何决定呢？这就要经过一番讨论了！

哪些食材品项需要做烹调测试呢？

通常干货类及冷冻类的品项需要，诸如花菇、刺参、鱼翅、鲍鱼、花胶、干贝、冷冻草虾、冷冻虾仁、大明虾等。

表8-7所示为简易式厨房烹调测试表，其做法类似于葡萄酒的盲饮测试，将样品以编号区分，事先并不知道供应商，直到结果出来后，才能公布供应商，以便于评选。参与测试的人员最好是相关部门的领导与员工，参与者以客人的角度，以客观的态度来打分数。成控室主管将所有分数汇总整理之后，做成结果总表，等餐饮部协理与主厨做出评选决定后，即发出厨房测试结果备忘录给各部门，通知未来将采购哪一家的货品。

成-27

表8-7　厨房烹调测试表

品名：＿＿＿＿＿＿＿＿　　　　规格：＿＿＿＿＿＿＿＿

日期：＿＿＿＿＿＿＿＿

产品编号	进货价格	产出率 /%	实际单价	烹调后评价（1 ~ 10 分）	备注（供应商）

参与测试人员：

二、肉品切割与烹调测试

牛排馆为牛排的专卖店，提供各式各样的牛排，可以提供现场鲜切牛排，也可以是整条的烤肋排。牛肉的部位不同，其牛排的名称也不同，如牛小排、莎朗、菲力、肋眼、板腱等。牛排的出产国有美国、加拿大、日本、澳洲、新西兰等，其中美国牛肉因添加谷类饲养，所以品质优良，比较受世界各国欢迎。美国农业部将牛肉等级分成八级，即极佳级（U.S. Prime）、特选级（U.S. Choice）、可选级（U.S. Select）、合格级（U.S. Standard）、商用级（U.S. Commercial）、可用级（U.S. Utility）、切块级（U.S. Cutter）及制罐级（U.S. Canner）等，每一种价格因其熟成方式不同而不一样。

专业的牛排馆，相当注重牛肉的熟成方式，为了提供最佳品质的牛排，最好采用干式熟成法，饭店会进口极佳（Prime）大块牛排，放在餐厅内设置的干式熟成冰箱里，继续熟成，使用时再切割处理。然而大块牛排在切割处理时，会有一些废弃品及可用于不同用途的肉品，这时就必须做肉品切割与烹调测试，重新计算其单价与单份的成本。肉品切割与烹调测试表，是为了这一目的而设计的，经过完整的切割与计算过程，详细记录与计算每一个部位的重量与份数，才能得到每一种牛排的正确标准成本。现以JJ国际大饭店为例说明，见表8-8肉品切割与烹调测试表（成-28）。

范例　　成-28

表8-8　肉品切割与烹调测试表

品项　上腋部牛排肉　　数量　1　　重量　12kg

单价　500元　　总计　6000　　等级　极佳级

供应商　XXXXXX　　日期：2012/6/9

品项	重量	比率 /%	成本	
			单价	总计
生肉处理				
原始生肉重量	12	100	500	6000
去除骨头、脂肪、废弃品	2	17		
消耗蒸发	1	17		
可售净重	9	67	750	6000
细部分类切割				
例：丁骨牛排	2	22.2	550	1100
纽约客牛排	6	66.7	750	4500
汉堡牛排	1	11.1	400	400
总可用生肉品	9	67	600	6000
烹调测试：				
可售生肉净重				
损耗				
可售烹调后净重				

续表

品项	重量	比率 /%	成本		
			单价	总计	
细部切割烹调后损失					
合计					
生肉与烹调后单位成本及单位成本比率					
菜名	单份重量	单份数量	单份成本	总计	成本系数
丁骨牛排	400g	5	240	1,100	0.43
纽约客牛排	350g	14	314	4,500	0.42
汉堡牛排	200	5	80	400	0.20
合计				6,000	

名词解释

1. 直接进货（Direct Purchase）：属于直接食物成本，此部分大多是生鲜货品，应该尽快用完。

2. 实际成本（Actual Cost）：是餐饮营运的最终真实成本，计算方式为：期初存货+本期进货-期末存货。

3. 期初存货（Beginning Inventory）：本期的期初存货为上个月月底的期末存货。

4. 本期进货（Total Purchased）：是本月份所有的“直接进货”加上“间接进货”（仓库领货）。

5. 期末存货（Closing Inventory）：是本月底仓库所做的存货盘点的总额，本期的期末存货将成为下月的期初存货。

6. 点单（Captain Order）：即点菜单，当客人看过菜单，服务人员利用点菜单将客人所点的餐点记录在上面，再将附联送交厨房与吧台作为出餐的依据。

7. 保证人数（Guaranty）：宴会厅接受团体订餐时，有保证人数的规定，这与场地大小有关，也与备餐有关，一般主办单位需于一周前做最低人数的确认，若不达保证人数，另有相关规定。

8. 开放式酒吧（Open Bar）：多为酒会使用，依主办单位要求提供各式烈酒、调酒与各种饮料，费用可依使用量计费，也可指定种类数量，限量提供。

9. 开瓶费（Corkage）：此项收入为其他收入，指客人自带酒类，餐厅为其提供酒器与冰块，并为其开瓶，所收支费用，可以桌计费，也可以瓶计费，依饭店规定而定。

10. 熟成（Aging）：可分为干式熟成法与湿式熟成法两种。干式熟成法（Dry Aging）

是指将牛胴体或大分切牛肉放置于恒温、恒湿控制的冷藏熟成室中，利用牛肉本身的天然酶及外在的微生物作用，来增加牛肉的嫩度、风味和多汁性，让牛肉呈现出最完美的味道。一般而言冷藏熟成室的温度在0℃左右，湿度控制在50%～85%，熟成所需的时间介于20～45天不等。湿式熟成（Wet Aging）则是指牛肉在冷藏运输的同时，在真空袋内利用牛肉本身的天然酶进行熟成作用，以增添牛肉风味的过程。

小故事

鱼翅风波——厨房烹调测试

最近黄师傅反映鱼翅的价格不断上涨，而品质却是下滑的，尤其是“臭肉”太多，他也向餐饮部协理抛出同样问题。鱼翅是中式高档宴席的菜色之一，尤其是喜宴筵席几乎都有这道菜，每个月的使用量极大。JJ大饭店采用的是干货鱼翅，其部位为背鳍翅（金山钩，做排翅用），处理手续较为繁琐，需先将薄边稍微修剪，然后放入冷水中浸泡，等鱼翅回软，再放入沸水中煮1～2小时，熄火，用开水余温焖，刮除沙粒，将翅根切去部分（俗称臭肉），流水一天等异味尽去，再将鱼翅分别装入竹篾内，放入锅内用老母鸡及火腿等佐料煨5～6小时。现在也有供应厂商提供所谓的“水发鱼翅”，即已经发好的鱼翅，但尚未煨过，使用上甚为方便。

针对鱼翅问题，Alex与江副理已讨论过数回，于是这次决定要进行较为详细的“厨房烹调测试”（Butcher & Cooking Test），而非较单纯的“产出率测试”（Yield Test）。做法为，“干货鱼翅”与“水发鱼翅”各找三家供应商的产品，各买1kg，干货编号1、2、3，水发编号4、5、6。然后依照相同的做法分别处理，每一个过程都做出完整的质量记录，最后再做出同一道料理。在最后烹调阶段，邀请部门主管一同品尝菜肴，再予以评分。

经过一连串的测试，“干货鱼翅”与“水发鱼翅”的实际价格及品尝结果，都以第2号为最佳，因此，决定以后就采购2号厂商的干货鱼翅。

学习测评

1．请说明厨房作业流程为何。
2．请说明“实际成本”的会计公式。
3．何谓厨房内部转账？请举例说明。
4．为何国际大饭店经常会举办各式各样的美食节活动？
5．承上题，举办国外美食节活动需要注意哪些问题？
6．请问生产单位食品成本偏高的原因有哪些。
7．厨房进货的环节须注意哪些问题？

第九章

饮料管理作业

第一节 饮务管理

一、饮料的特性

国际大饭店餐饮部门的整体营收中，餐食收入所占的比重自然较高，饮料收入所占比重较低。以虚拟案例JJ国际大饭店的营收预算（详见第十一章）资料来看，餐食收入占85%～90%，饮料占10%～15%。在西方国家的饭店中，饮料的收入比重较东方国家为高。曾有位老师说过："西方人讲饮食文化，饮在前，餐在后，中国人说餐饮文化，餐在前，饮在后"。因为重视的程度不同，其结果自然也不同。但不管东西文化上的差异如何，在餐饮服务的过程中，这二者都有着密不可分的关系，因为饮料可以提高美食的整体分数，尤其在一些餐会上，菜单里还会设计餐前酒、佐餐酒以及餐后饮料等。一般饭店会设有酒吧、咖啡吧，提供各种酒类与饮品，在宴会厅的餐会中，也会搭配各种酒类与饮料。

然而这看似占比较低的营收，却有着较高的利润，原因为何呢？饭店餐厅要供应美味的菜肴，需要有许多厨师、内外场的合作，再加上采购、验收、仓库作业，以及厨房完整的作业流程方能提供。但是饮料的货品大多是成品，只需开瓶即可供应，吧台不需太多工作人员，只要1～2人即可负责整个餐厅的饮料供应，因此，人力极为节省。另外，食物成本一般多在30%～35%，但是饮料成本则多在20%～25%。由此可以看出，饮料若能增加销售额，则利润必然提升！相对地，饮务部人员有较高的产值，而且因为酒水的特性，其作业流程有较多的环节点需要注意，故而在管理上也较为严格。

二、饮料的分类

饮料大致可以分为两大类：一类为酒精性饮料，一类为非酒精性饮料。详述如下。

1. 酒精性饮料

（1）烈酒类　酒精浓度40%以上的各类酒，如白兰地、伏特加、琴酒、龙舌兰酒、威士忌、朗姆酒等。此类为蒸馏酒。

（2）香甜酒　为白柑橘、蓝柑橘、杏仁香甜酒、椰子、咖啡、奶酒、桑葚、樱桃等各式水果香甜酒。此类为蒸馏酒。

（3）草药酒　有五加皮、意大利加利安诺、艾碧丝、茴香酒等。此类为蒸馏酒加入药草浸泡。

（4）中国酒系列　以壳类谷物为原料，包括高粱、大曲、黄酒、绍兴、花雕、茅台、红露等。其中高粱、大曲、茅台等为蒸馏酒，其余为酿造酒。

（5）酒精强化葡萄甜酒　如波特酒（Port）、雪莉酒（Sherry）、马沙拉酒（Marsala）、彼诺甜酒（Pineau Des Charentes）等。此类酒是在葡萄酒发酵过程中加入中性烈酒，以提高酒精浓度（18%～22%）及甜度（8%）。

（6）葡萄酒　有红葡萄酒、白葡萄酒、粉红酒（玫瑰红）、香槟等。此类为酿造酒，葡萄酒在西式餐饮服务中具有重要地位。

（7）啤酒　有一般啤酒、生啤酒、黑啤酒等。此类为酿造酒。

2. 非酒精性饮料

（1）果汁饮料类　各式含水果汁的饮料，如葡萄汁、柳橙汁等。

（2）碳酸饮料类　如汽水、苹果酒、苏打水等。

（3）乳品饮料类　如鲜奶、羊奶、酸奶等。

（4）含咖啡因饮料类　以咖啡、茶饮为主（可乐、巧克力含有少量咖啡因）。

三、饮料仓库的分类

以上述饮料分类而言，每一类项的保存条件不同，因此，饮料仓库一般可分为如下几种。

（1）一般酒库　存放不需冷藏的酒类，如烈酒类、中国酒系列。

（2）冷藏酒库　存放需要冷藏的酒类与饮料，如啤酒、乳品类、果汁类等。

（3）葡萄酒库　以恒温酒柜储藏各式葡萄酒，温度为8～15℃。

（4）一般饮料库　其他不需冷藏的饮料。

（5）迷你酒吧专区　所有迷你酒吧品项，包括食品类都存放在同一处，以方便领发货作业管理。

第二节 | 饮务部组织结构与前置作业

一、饮务部组织结构

JJ国际大饭店设有三个酒吧，分别为大厅酒吧（Lounge Bar）、银河酒吧（Galaxy Wine Bar）及夜总会（Night Club）。其饮务部组织在每个酒吧设有副理或主任一名、调酒师与服务生各数名，统筹由饮务部经理负责。详细组织结构图如图9-1所示。

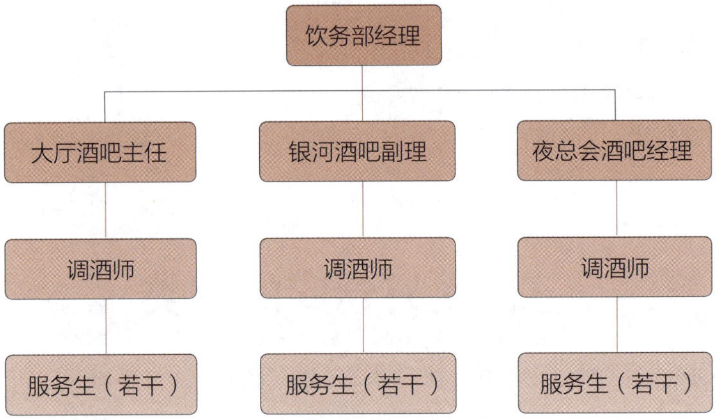

图 9-1　饮务部组织结构图

二、前置作业——标准配方表

饮务部是餐饮部里面的一个重要部门，负责所有与饮料相关的营运管理，设有饮务部经理，负责饮料单、酒单规划、人员督导、工作安排、教育培训、活动计划、营运管理、考核等。以JJ国际大饭店的设置而言，有三个酒吧，分别为大厅酒吧、银河酒吧及夜总会酒吧。这三个酒吧由于在不同楼层，难以集中管理，而且所提供的酒单/菜单与饮料单不尽相同，因此必须各自设有小仓库。

在餐饮成本控制的前置规划作业中，诸如酒单、饮料单的设计、标准配方表的建立、成本的计算、定价与目标成本率的设定、年度预算的编列等，都与餐饮部的餐厅厨房同步，做法一致。其中标准配方表有少许差异，食品类的配方表有"厨房成本"这一栏的设置，但是饮料类的配方表不需要这个设计，因为所有的材料较简单，可以计算出精确的成本。

现举例说明标准配方表（表9-1）的成本计算、定价与目标成本率的设定，以银河酒吧酒单中鸡尾酒——玛格丽特为例，其配方表的材料为：

（1）特吉拉1又1/2oz；

（2）白柑橘香甜酒1/2oz；

（3）新鲜青柠汁1/2oz以及用盐抹杯口。

其成本的计算如下：

（1）特吉拉3/2oz=460÷700ml×43ml=28元；

（2）白柑橘香甜酒1/2oz=520÷700ml×14ml=10.4元；

（3）新鲜青柠汁1/2oz=60÷12÷2=2.5元；

（4）标准成本总计为：40.9元；

（5）售价定为220元；

（6）标准成本率为18.6%。

范例　　　　成-02a

表9-1　饮料标准配方表

品名：玛格丽特　　　　厅别：银河酒吧

生产数量：1份　　　　日期：××××

材料	数量	单位	单价 / 单位	小计	
特吉拉	3/2	oz	460/btl	28	
白柑橘香甜酒	1/2	oz	520/btl	10.4	
新鲜青柠汁	1/2	oz	60/kg	2.5	
盐					
总计（Grand Total）				40.9	
每份成本（Portion cost）				40.9	
每份售价（Selling Price）	220	标准成本率			18.6%
制备及做法					
1. 鸡尾酒杯杯口抹盐					
2. 将特吉拉、白柑橘香甜酒、新鲜青柠汁混合后加入冰块，用振荡法振荡后倒入					
3. 加上装饰物					

三、前置作业——成本与售价的关系

1. 鸡尾酒单

前面有关生产与成本控制的章节提过，所有菜单的产品都需要建立标准配方表，并经过成本计算再决定售价，以求得“标准成本率”。这个标准成本率每项产品都不尽相同，但是总的来说，会有一个大概的范围，以JJ国际大饭店集团所定的目标，食品类的目标成本率为

32%～35%，饮料类的目标成本率为22%～25%。因此，所有饮料类的产品在算出成本后，在做定价时，会尽量将价格定在成本4倍左右，以达成整体饮料成本率维持在22%～25%的目标，不过这也要看饮料品项的特性与市场反映情况。

以银河酒吧为例，当完成所有鸡尾酒单的标准配方表后，需先经过成本计算，准确算出酒单上每一样产品的标准成本。这时可以利用"鸡尾酒价格与成本分析清单"，将所有资料填入，并且进一步决定每一项产品的售价，如此则完成了酒单的制定。这张清单将是以后更换新酒单的依据，也是要输入到POS系统中的。

鸡尾酒价格与成本分析清单如表9-2所示。

范例

成-06

表9-2 鸡尾酒价格与成本分析清单

日期：XXXX/XX/XX

编号	品 名	容器	成本	售价	成本百分比/%	备注
001	血腥玛丽Blood Mary	高脚杯	35	200	17.5	
002	教父God Father	传统杯	50	220	22.7	
003	天使之吻Angel's Kiss	烈酒杯	42	200	21	
004	玛格丽特Margarita	鸡尾酒杯	40.9	220	18.6	
005	马提尼Martini	鸡尾酒杯	40	220	18	
006	蓝色珊瑚礁Blue Lagoon	柯林斯杯	48	220	22	
007	曼哈顿Manhattan	鸡尾酒杯	38	220	17.3	
008	新加坡司令Singapore Sling	柯林斯杯	32	200	16	
	……					
	……					
	……					
	……					
	……					
	……					
	……					
	……					

续表

编号	品 名	容器	成本	售价	成本 百分比 /%	备注

主管签名：______________　　　　成本控制室主任：______________

2. 烈酒酒单

除了鸡尾酒与一般饮调产品需要混合许多不同材料，使用标准配方表来计算成本外，烈酒与葡萄酒都不需经过调制过程，即可服务顾客。因此，必须另外制定标准用量或定价，方能知道其成本与售价的关系。

现以夜总会为例说明，如表9-3烈酒类价格与成本分析清单所示。

范例　　　　成-07

表9-3　烈酒类价格与成本分析清单

日期：xxxx/xx/xx

编号	品名	容量 /ml		成本		售价		成本百分比 /%	
		杯	瓶	杯	瓶	杯	瓶	杯	瓶
001	轩尼诗XO Hennessy X.O.	28.5	700	130	3200	450	8000	28.8	40
002	J.W.黑方威士忌J.W.Black Label	28.5	700	28.5	700	200	3500	14.3	20
003	皇冠伏特加Smirnoff Vodka	28.5	700	21.2	520	180	2200	12	24
004	占边 · 波本威士忌Jim Beam	28.5	700	18.3	450	170	1900	11	24
005	人头马 VSOP Remy Martin Vsop	28.5	700	50	1200	280	4500	18	27
006	百龄坛12年Ballantine’s 12 yr.	28.5	700	27.8	680	200	3200	14	21
007	麦卡伦12年Macallan 12 yr.	28.5	700	50	1200	280	4500	18	27
008	皇家礼炮21年Royal Salute 21 yr.	28.5	700	118	2900	420	7200	28	40
009	百利甜Baileys Irish Cream	28.5	700	22.4	550	190	2500	12	22
	……								
	……								
	……								
	……								
	……								

续表

编号	品名	容量/ml		成本		售价		成本百分比/%	

主管签名：______________　　　　　　　　　　　　成本控制室主任：______________

烈酒类价格与成本分析清单的格式如下：

（1）编号　为仓库代号。

（2）品名　为各烈酒名称。

（3）杯　为销售单位，一般以1oz为容量标准，1oz=28.5ml。

（4）瓶　以整瓶做销售单位，容量为700ml。

（5）成本　可分为一杯与一瓶的成本，杯的计算方式为进价÷容量×1oz；瓶的成本即为进价。

（6）售价　也分单杯与一瓶。

（7）成本百分比（%）　单杯的成本百分比（%）=单杯成本÷单杯售价。整瓶的成本百分比（%）=整瓶进价÷整瓶售价。

以轩尼诗陈年白兰地（Hennessy X.O.）为例，一瓶700ml成本3200元，单杯为1oz，成本为130元，售价定为450元，成本率为28.9%。若以整瓶销售其售价为8000元，成本率为40%。

另以占边·波本威士忌（Jim Beam）为例，一瓶700ml成本450元，单杯为1oz，成本为18.3元，售价定为170元，成本率为11%。若以整瓶销售其售价为1900元，成本率为24%。

上述两款烈酒的定价有着极大的差异性，轩尼诗陈年白兰地成本高，虽然售价也高，但是其成本率仍然较高。反过来说，金宾威士忌成本低，其售价虽低，但是其成本率却是相对更低，酒吧可以有较高的利润。因为饭店的酒吧一般都有最低消费的规定，入门款的饮料售价要有一定的水准，不宜因为成本低就卖得太便宜，就如一杯咖啡售价要120元，但是其成本不过5～6元，消费者都可以接受，这就是饮料品项的特性与其市场性。

3. 葡萄酒酒单

如前所述烈酒与葡萄酒都不需经过调制过程，即可服务顾客。但是葡萄酒是较为特殊的一种饮料，其价格差异相当大，一瓶酒的进价从数百元到数万元都有。此外，它也需要专业侍酒师（Sommelier）来服务顾客，由侍酒师根据顾客所选的菜色，推荐适合的葡萄酒来搭配。而且葡萄酒的管理如保存与酒单的设计等，也是专业侍酒师才能胜任。在成本分析方面，先要决定一瓶葡萄酒的售价，方能知道其成本与售价的关系，即其成本率。

除此之外，葡萄酒的保存条件，诸如温度、湿度、光线、震动条件等，都需要使用专业设备来保持，例如恒温酒柜与仓库。

现以牛排馆为例说明，如表9-4葡萄酒价格与成本分析清单所示。

范例　　成-08

表9-4　葡萄酒价格与成本分析清单

日期：XXXX

编号	品名	年份	容量/ml	成本	售价	成本百分比/%	备注
001	路易拉图干红葡萄酒Louis Latour Dry Red Wine	2007	750	2250	5800	39	
002	禾富酒园金牌加本力苏维翁Wolf Blass Gold Label Cabernet Sauvignon	2008	750	1500	4500	33	
003	甜白酒Chateau Jourdan (Premieres Cotes de Bordeaux AC)	2004	750	850	2400	35	
004	木桐嘉棣干红葡萄酒Mouton Cadet Rouge	2008	750	650	2200	29.5	
005	蒙特斯欧法赤霞珠红葡萄酒Montes Alpha Cabernet Sauvignon 2009	2009	750	1150	3700	31	
006	亨氏埃菲尔晚冰酒Heinz Eiffel Rheinhessen Eiswein		375	1200	3200	37.5	
007	杰卡斯莎当妮珍藏干白Jacob's Creek Chardonnay	2012	375	420	1750	24	
	…						
	…						
	…						
	…						

主管签名：________　　成本控制室主任：________

葡萄酒价格与成本分析清单：

（1）编号　为仓库代号。

（2）品名　为各葡萄酒的名称（*葡萄酒名较为特殊，有用葡萄品种命名的，也有用酒庄名称命名的）。

（3）年份　为该瓶酒采收酿造的年份。

（4）容量　分为半瓶375ml、整瓶750ml以及1.5L装（2qt）。目前以前两者较常见，但半瓶装其实不多。

（5）成本　即该葡萄酒的原始进价。

（6）售价　即该葡萄酒的销售价格。

（7）成本百分比（%）　整瓶的进价/整瓶的售价。

葡萄酒有香槟酒、白葡萄酒、红葡萄酒及粉红葡萄酒四大类，葡萄酒的酒精度不高，开瓶之后即需饮用完毕，不适合继续存放，香槟酒更因为气体会消失，也不能隔天再喝。因此，除了饭店指定葡萄酒会用单杯提供之外，所有葡萄酒都是以整瓶为单位出售。葡萄酒的容量以整瓶750ml为主，也有半瓶装（375ml）、小瓶装（200ml），甚至1.5L及5L装等。

以路易拉图干红葡萄酒为例，成本2250元，售价5580元，成本率为40%。

另以杰卡斯莎当妮珍藏干白为例，成本420元，售价1750元，成本率为24%。其余如表所述。葡萄酒在高级西餐厅是作为佐餐搭配，根据顾客所选的菜单，有专业侍酒师提供建议与侍酒服务，挑选适当的香槟酒、白葡萄酒、红葡萄酒及粉红葡萄酒作为用餐之酒。有些法国餐厅其餐点菜肴与饮料的收入各占一半，由此可以看出饮料管理的重要性。

本章旨在说明制定的“标准成本率”，就是一种“目标成本率”，是整体饮务部营运单位，努力达成高营收目标的依据。

第三节 酒吧饮务管理作业流程

一、酒标签

饮务部的作业流程，与厨房的作业流程大致相同，但是其成本控制的做法却是更严格的，因此在制度的设计上，尽量不让员工有太大的作弊空间，减少管理上的漏洞，也就是说不要引诱犯罪。

其成本控制的循环可以减少“直接进货”这个环节，故而与一般的成本控制循环一样，为采购→验收→仓储→发货→生产→服务。在前面两个环节采购、验收与食品的做法一致，但是在仓储领发货这个阶段，酒类的货品进入仓库，会采用粘贴“酒标签”的做法。饭店会设计一款自粘标签，上面有序号，所有的烈酒与香甜酒都会贴上此标签，并在账卡上登录序号，发货时也会记录其序号，为的是方便追踪，每家饭店都有自行设计的酒标签的样式。JJ国际大饭店的酒标签款式如图9-2所示。

图 9-2 酒标签

二、酒吧盘点表

酒标签的管理流程，现在已被有些饭店舍弃了，改为采用加强每日盘点的标准作业流程作为控管，JJ国际大饭店目前就是采用这个做法，每间酒吧所有酒类用“周”盘点表作为控管记录，每日进货后即在盘点表上记录进货的数量，每日营业结束，清点之后，在盘点表上记录所剩实际数量，周而复始。这些盘点记录表需要保留下来，在月底成本控制室人员来做实际盘点时，一并送交查核，此盘点表可作为参考资料，如表9-5所示。

成-36

表9-5 酒吧小仓库"周"盘点表

酒吧仓库：__________ 周期：__________ 期间：__________

编号	品项	上周数量	进出账目数量								实际剩余数量							备注
			一	二	三	四	五	六	日		一	二	三	四	五	六	日	
	总计																	

保管负责人：__________

各餐饮据点（酒吧与餐厅）小酒库，是根据非营业时间排定的盘点时间，由各点负责人、饮料成控员与成控室主管一起做实际盘点。其最主要目的是检核实际与账上货品数量的差异。若是两者之间数量吻合或者差异不大，代表负责人员管理优良，若是差异太大，则必须找出原因。除此之外，成本控制室也可以不定期抽点，即所谓不预警抽点。

三、开放式酒吧

开放式酒吧（Open Bar），是酒会中常见的一种饮料提供方式，依照顾客的需求与预算而设计。一般而言它可分为两种方式，一种是免费提供给来宾，一种是由来宾自行付费购买，在台湾第二种方式较少运用，但在国外却颇为常见，称为COD（即Cash on Delivery），就像在酒吧，客人自行点酒付费一样，只是无酒精饮料通常是免费的。第一种免费提供饮料的开放式酒吧，提供一定量的酒类与软饮料，在一定的时间内免费提供，或者是无限量供应，等酒会结束时，再看使用了多少饮料，计算后再结账。

开放式酒吧与一般酒会中的饮料台，都有服务人员现场提供点选服务，但不同的是，开放式酒吧是由“专业调酒师”（Bartender）负责，现场可以调制各种鸡尾酒（Cocktail），而一般的饮料台只提供现成的酒类与饮料，服务生只负责简单的倒饮料服务。

开放式酒吧的作业流程，与一般酒会稍有不同，它需要事先准备一定量的酒类与饮料，可由订席主人事先确认后使用，等到酒会结束之后，再盘点一次，计算所有消耗的酒与饮料，然后再与顾客结账。除此之外，也有一种所谓包场制的计费方式，即选定几款酒与饮料，在酒会期间无限量供应，收取一定的费用，这种做法如果来宾消耗得少，则利润较高，反之则低。

名词解释

1. 恒温酒柜（Wine Cellar）：这是近年来专为保存葡萄酒类而设计的酒柜，不同葡萄酒保存的温度不一样，香槟温度最低，白葡萄酒为10~14℃、红葡萄酒12~18℃。恒温酒柜可以视需求而有不同尺寸的设计，类似冰箱，只是其内部需考虑葡萄酒平置的特性。

2. 不预警抽点（Spot Check）：不预警抽点是针对酒吧防弊而设的，成控人员不事先通知，而突袭检查，针对酒类库存实施盘点，检视其是否正常。

3. 开放式酒吧（Open Bar）：是酒会中依照顾客的需求与预算而设计的一种饮料提供方式，一般可分为两种方式，一种是免费提供给来宾，一种是由来宾自行付费购买。

4. 艾碧丝（Absinthe）：是一款很强烈的草本液体蒸馏酒，加入了多种草药如茴香、欧亚甘草、海索草、柠檬香脂、当归等。它的酒精含量在50%~70%不等，传统饮法是将小方糖放在一把开槽的“艾碧斯匙”中，再将冰水慢慢滴入匙子将糖溶化滴入酒杯中饮用。

5. 波特酒（Port）：此为葡萄牙的一款酒精强化的天然甜葡萄酒。

6. 雪莉酒（Sherry）：此为西班牙的一款酒精强化的天然甜葡萄酒。可分为不甜（Fino）与甜酒（Cream）两种。

7. 马沙拉酒（Marsala）：此为意大利西西里岛的一款酒精强化的天然甜葡萄酒，是加了烈酒（白兰地）的强化葡萄酒。

8. 彼诺甜酒（Pineau Des Charentes）：此为法国的一款将白兰地加入葡萄汁并放入橡木桶陈酿的天然甜葡萄酒。

9. 专业侍酒师（Sommelier）：源自法文的侍酒师一词，是指受过葡萄酒服务专业训练的服务人员，他具有丰富的葡萄酒专业知识，懂得以何种酒来搭配食物，在餐厅里为客人介绍葡萄酒并建议挑选哪款，来搭配所点的菜肴。专业侍酒师养成不易，优秀的侍酒师可以替餐厅创造巨额营收。

小故事

今夜不设防——不预警抽点的故事

成本控制的设计是一种制度与流程的设计，也是站在内部稽核与防弊的角度来看事情，如果大家都照规矩做事，其实也不需要监督稽核，因为一切都符合规定与要求。但人性总有不同层面，有良善也有阴暗之处，许多问题的产生，都是因为私心与利益驱使。Alex想起高岛所讲述的一个小故事。

数年前高岛曾经服务于夏威夷某家知名连锁饭店餐饮部，担任专员一职（所谓专员Coordinator是餐饮部协理的助手，级别在餐厅经理之上）。那是一家生意相当不错的度假饭店，入住率高，餐饮的营收也高，尤其这家饭店有4间酒吧，风格各异，大厅酒吧传统优雅，海滩酒吧以烧烤啤酒屋形式为主，池畔酒吧每日有不同乐团演出，缤纷热闹，顶楼星空酒吧则以浪漫钢琴取胜。饮务部经理负责这4间酒吧及高级西餐厅的葡萄酒管理。这4间酒吧以池畔酒吧营业额最高，其余三间次之，各酒吧设有经理并对饮务部经理负责。

不久前来了一位新的成本控制室主任乔治，他原先任职于相同连锁系统的关岛饭店，对成本控制颇有历练。高岛与乔治因为工作上的关系接触频繁，两人理念相近很谈得来，尤其对潜水有共同爱好，还曾一起去潜了几次水。有一天，乔治对他说："我打算今天晚上到池畔酒吧做spot check（即不预警抽点）！"，并约他一起来。乔治解释道最近他研究这几年餐饮部的营收状况，4间酒吧的收入都不错，但是这一年多池畔酒吧的收入，却有细微幅度的下滑，而入住率是上升的，而且一年前酒吧的饮料单更新时，还有微幅调涨价格。他调来这里这段时间，由于喜欢流行音乐，所以常常在下班后到池畔酒吧点一杯饮料，聆听乐团的表演。夏威夷温度较热，池畔为室外空间，这里的鸡尾调酒大多数以冰沙方式调制，客人很喜欢！他在欣赏乐团的同时，也会观察吧台的运作，发现顾客很多时候都是付现，签账与刷卡较少。服务生与吧台互动良好，有说有笑，相当具有美式作风。不过偶然他看到，服务生与吧台调酒师都比出同一手势，引起了他的注意。其后他检查池畔酒吧点单时发现偶有跳号单，并且作废单有时一个晚上出现四五次。于是他持续观察，觉得可能有人手脚不干净。因此，他决定做一次“不预警抽点”。

不预警抽点制度在许多饭店都有建立，只是实行的并不多，除非发现有异常状况。但是也有饭店把不预警抽点当成例行公事，常常不定时实施，乔治告诉他之前在洛杉矶的某家饭店服务时，便经常做“不预警抽点”。

不预警抽点与正常盘点并无二致，列印出单位盘点表，得到账上该有的数量，将所有品项做实际清点，之后再进行比对。

于是当晚营业结束后，高岛与乔治、饮务部经理一起到池畔酒吧，做了一次不预警抽点。结果他们发现吧台内共多了3瓶伏特加、2瓶白柑橘与2瓶特吉拉，其他酒类与盘点账册比对有多有少。经过一番询问，吧台提不出合理解释，于是高岛向餐饮部协理报告后，令晚班的员工先停职，饮务部经理从其他酒吧调人支援。经过开会后，公司做出处分，池畔酒吧经理督导不周请其自行离职，其余涉嫌私吞重大金额的员工予以解雇，其他员工调离原单位。

经过一段时间的历练，Alex对于成本控制主管的角色越来越有心得，他也不定时会做Spot Check！并没有发现什么重大违失，这代表饭店的同仁品格都很优秀。他也领悟到制度若能被认真执行，内部稽核就会像血管的清道夫，可以让血管畅通无阻。

学习测评

1．请说明饮料在餐饮业中有何特性。
2．请说明饮料的分类。
3．请问饮料的标准配方表与食品的标准配方表有何不同？
4．专业侍酒师（Sommelier）的作用为何？
5．葡萄酒的保存条件有哪些？
6．饮料单又可分为几种？
7．何谓OPEN BAR？

第十章

迷你酒吧管理作业

第一节 迷你酒吧流程

一、迷你酒吧的内容

迷你酒吧（Mini Bar）是五星级大饭店的必备服务，它不一定赚钱，但是又不能不备，所提供的品项不能太简略，否则就失去意义。早年国际大饭店的迷你酒吧生意不错，因为那时大饭店不多，进口货品较少，商务客人占多数，消费力强。但是现在都会区的大饭店，竞争对手多且周边百货、卖场、商超林立，饮料与休闲食品取得容易，再者饭店的价位偏高，且货品缺乏独特性，饭店内的迷你酒吧显然失去了竞争力。因此，饭店迷你酒吧菜单的规划，如何找出特殊商品，甚至设计出饭店专属的商品，能获得顾客的青睐，本身就是一种挑战！

迷你酒吧的商品大约可分下列几种。

（1）样品酒　多为50ml小瓶，有白兰地、威士忌、朗姆酒、伏特加、龙舌兰、琴酒等。

（2）果汁　一般会有柳橙汁、番茄汁、苹果汁。

（3）碳酸饮料　有汽水、苹果酒、苏打水、开胃水（Tonic Water）、可乐。

（4）咖啡性饮品　有罐装咖啡、茶饮。

（5）矿泉水　有一般矿泉水与气泡矿泉水。

（6）葡萄酒　一般以半瓶或200ml规格的红白葡萄酒为主。

（7）啤酒类　可放1～3种进口知名品牌及本地品牌。

（8）休闲食品　有土豆片、花生、杏仁果、巧克力、综合豆等。

由此可见迷你酒吧虽小，但是品项颇为复杂，有可能达到40项左右。一个饭店如果有600个房间，则会有600个迷你酒吧，这些商品如果放在一起，应该相当壮观。

二、价格与成本分析

迷你酒吧的菜单规划一般是由餐饮部协理负责，他会要求采购部请供应商提供样品，甚至找进口商洽谈某些特殊品项。此外，也可直接找饮料厂商洽谈专案促销方式，因为，有些饮料大厂为了将商品放到知名大饭店，愿意以非常优惠的价格提供商品。某某商品成为知名饭店指定用品，这对厂商来说有广告宣传的价值。

所有商品找齐之后，采购部门谈妥进价成本，餐饮部协理再来决定售价，其做法与烈酒、葡萄酒价格与成本分析一样。现以JJ国际大饭店迷你酒吧价格与成本分析清单为例说明，如表10-1所示。

范例

成-09

表10-1　迷你酒吧价格与成本分析清单

日期：XXXXX

编号	品名	容量/ml	成本	售价	成本百分比/%	备注
XX1	蒙特斯欧法赤霞珠红葡萄酒Montes Alpha Cabernet Sauvignon	375	230	920	25	
…	酩悦香槟Moet Chandon Champagne	375	480	1500	32	
	杰卡斯莎当妮珍藏干白Jacob's Creek Chardonnay	200	180	650	28	
	皇冠伏特加Smirnoff Vodka	50	42	170	25	
	占边 · 波本威士忌Jim Beam	50	45	190	24	
	人头马VSOP Remy Martin VSOP	50	95	290	33	
	黑朗姆酒Myers Dark Rum	50	40	160	25	
	龙舌兰酒Tequila	50	40	170	24	
	必发达金酒Beefeater Gin	50	42	180	23	
	嘉士伯啤酒Carlsberg Beer	355	38	130	29	
	可口可乐Coca Cola	355	12	90	13	
	苹果汁Apple Juice	300	20	90	22	
	三角朱古力Toblerone Chocolate	150g	25	70	38	
	夏威夷果Macadamia Nuts	200g	96	320	30	
	…					
	…					

主管签名：________　　　　成本控制室主任：________

注：1.编号：为仓库代号。
2.品名：为各项商品的名称，有酒类、软性饮料、休闲食品类。
3.容量：分为半瓶375ml、小瓶200ml，以及50ml样品瓶。食品类以（g）表示。
4.成本：即该品项的原始进价。
5.售价：即该商品的销售价格。
6.成本百分比（%）：进价÷售价。

等迷你酒吧价格与成本分析清单完成之后，即可制作房客账单了。

见表10-2迷你酒吧房客账单。

范例

成-12

表10-2　迷你酒吧房客账单

房号：________　　　　　　　　　　　　日期：________

编号	品项	库存量	单价	使用量	总计
XX1	蒙特斯欧法赤霞珠红葡萄酒Montes Alpha Cabernet Sauvignon	1	920		
…	酩悦香槟Moet Chandon Champagne	1	1500		
	杰卡斯莎当妮珍藏干白Jacob's Creek Chardonnay	1	650		
	皇冠伏特加Smirnoff Vodka	1	170		
	占边·波本威士忌Jim Beam	1	190		
	人头马VSOP Remy Martin VSOP	1	290		
	黑朗姆酒Myers Dark Rum	1	160		
	龙舌兰酒Tequila	1	170		
	必发达金酒Beefeater Gin	1	180		
	嘉士佰啤酒Carlsberg Beer	2	130		
	可口可乐Coca Cola	2	90		
	苹果汁Apple Juice	1	90		
	三角朱古力Toblerone Chocolate	1	70		
	夏威夷果Macadamia Nuts	1	320		
	…				
	总计				

顾客签名：________　　　　　　　　　　　　※一式三份

第二节 迷你酒吧的操作与管理方式

一、迷你酒吧的操作流程

迷你酒吧的营收虽然是属于餐饮部门，但是其操作过程却需要房务部来配合。餐饮部负责菜单的规划与成本分析，并做定价策略，以及进货、仓管与发货、退换货等作业流程。房务部则需负责迷你酒吧的实际管理，从领货、补充到盘查、入账等，其流程如图10-1所示。

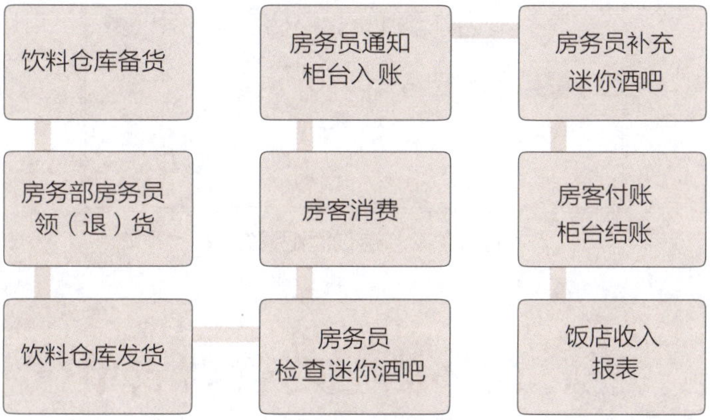

图10-1 迷你酒吧作业流程图

饮料仓库设置迷你酒吧仓库专区，专门于特定时间处理迷你酒吧的领退货。房务员每天在清理房间前，要先巡视迷你酒吧是否使用过，若使用过，则先算出金额，再通报柜台入账。JJ国际大饭店的处理方式：房务员拿起电话，先按#字键，再按入消费金额，这样就已经入账了，之后房务员填写迷你酒吧房客账单，事后交给房务部办公室即可。房务部办公室等早班同仁都交接之后，再一次送给柜台对账。

房务员每人都分配了需清洁的房间数，在早上必须优先巡视退房（Check Out）的房间，检查迷你酒吧，并做账务处理，同时记录需要补充的数量，等到下午两点左右，再开领货单由主管签名后，到迷你酒吧仓库领货，若有需要退货的品项也一并处理。

二、迷你酒吧通知单

一般饭店都会设计一种小卡片即“迷你酒吧通知单”放在迷你酒吧上面，告诉客人本饭店的迷你酒吧已经补充完毕，可以放心使用。这种小卡片的运用是对客人的保证，房务人员整理好房间，并且检查迷你吧的产品有无过期，数量是否补充正确，即可将小卡片放好。迷你酒吧通知单如图10-2所示。

图 10-2　迷你酒吧通知单

三、迷你酒吧的管理表单

迷你酒吧的实际管理，实际上是由房务部与楼层领班及所有房务员在负责，他们也须扮演“成控”的重要角色，除了商品有效期的定期检查外，为了方便管理与补充，有些饭店会设置楼层迷你酒吧补充车或是迷你小仓，准备了迷你酒吧所有商品，比较畅销的商品会多备些货。楼层领班每天需汇总楼层房间的迷你酒吧消耗量，并做成记录表，即表10-3所示的迷你酒吧楼层控制表。现说明如下。

（1）编号　为各项货品的代号。

（2）品名　为各项商品的名称，有酒类、软性饮料、休闲食品类。

（3）领货　为当天所领货品的数量。

（4）客房数量　即每间客房的商品数量。

（5）售价　即该商品的销售价格。

（6）房号　即该楼层的房间号码。

（7）总消费量　即所有房间所消耗的商品总数。

附注：如果饭店设置了迷你酒吧补充车或是迷你小仓，其楼层控制表必须加入小仓的期初存货栏位、加计领货的可用数、小仓的期末存货等栏位。

房务部将各楼层领班交回的楼层控制表，每天在固定时间交给成控室，做账务处理。

成-35

表10-3　迷你酒吧楼层控制表

楼层：__________　　楼层主任：__________　　日期：__________

品项	编号	领货	客房数量	单价	房号																		总数

※客房状况符号：　X=勿扰房　O=无迷你酒吧房　C=赠送房

四、过期商品处理

迷你酒吧有一个特性，就是商品容易过期，每种商品都有其有效期限，这些商品被放在迷你酒吧的冰箱及架上，不像餐厅可以不断流通，而是等顾客有需要时，才会取用，往往放置的时间很长，很容易造成过期。另外入住率也是一个因素，并不是所有房间每天都有房客入住，在这断断续续地使用当中，商品过期就更容易理解了。此外，还有一种情况，就是顾客已经用了商品，但是又将瓶子装上水，看起来并未使用过，这会发生在透明无色的酒类与瓶装饮料上。

既然迷你酒吧的商品这么容易过期，有什么方法可以有效处理呢？以下有两个建议。

（1）设定到期预警方式，要求商品到期前1~2个月，退回迷你酒吧仓库，这些货品再尽快发给其他酒吧消耗。

（2）另一种方式是，将周转较慢的楼层的迷你酒吧换给周转较快的楼层。

万一仍然有过期商品出现，可以先联络供应商是否能够退货，尤其是某些较为滞销的商品。如果无法退给厂商，则这些商品必须做报废处理。报废处理需填写“食品与饮料报废表”（成-32），注明报废原因，交给成控室做费用处理。

第三节 迷你酒吧营收分析

迷你酒吧是为了满足房客的需求而存在的，虽然有其任务性，但也希望能创造出利润，当月底结账后，成本控制部门便需要根据整体营收状况，进行营收与成本的分析。结账的做法与餐厅酒吧一样，月底时需做盘点，如果设置了楼层迷你酒吧补充车或是迷你小仓，则除了房务部的仓库外，楼层小仓库也须做盘点。根据领退货与盘点可以计算出迷你酒吧的当月成本，营收的数字来自客房营收报表，调整差异账后，即可着手制作迷你酒吧的营收分析报表。

由于管理迷你酒吧是跨部门的工作，部门利润分析需要有许多营运数据，这些数据来自客房部、餐饮部、人事部、会计部、采购部乃至工程部，每个部门都有相关的费用摊派或收入。现以JJ国际大饭店迷你酒吧某月份情况为范例（见表10-4），说明如下。

注：这份报表将会放入成本控制的“成本分析报告书”中。

报废与相关减项：过期品、报废品等；

总潜在收入：所售出品项应该有的收入；

总实际收入：实际收入；

差额：=总潜在收入-总实际收入；

调整：跑账、招待或是呆账回冲账等；

销售净额：实际收入减调整；

成本：实际迷你酒吧的成本；

毛利：销售净额减成本；

费用：薪资相关：相关部门的薪资摊派与人事相关费用；

部门费用：餐饮部门内各项费用的摊派；

印刷&文具用品：账单、账夹与通知卡片的印刷与文具用品；

部门利润：毛利减总费用；

迷你酒吧冰箱折旧：小冰箱的折旧摊提；

广告收入：厂商广告的收入，可利用账夹或通知卡片做小广告；

部门净利：部门利润减折旧加广告的收入；

销售额/每房/每日：销售净额除以每日平均设有迷你酒吧的房间数；

销售利润/每房/每日：销售利润除以每日平均设有迷你酒吧的房间数；

迷你酒吧客房数：月/年/平均设有迷你酒吧的房间数。

范例

成-49

表10-4 迷你酒吧营收分析报表-月/年度

房间数量：______ 住房数：______ 入住率：______ 年/月份：______

品项	月累积								年累积			去年同期	
	单价	成本	销售量	销售额	%	销售成本	毛利	%	销售量	销售额	%	销售额	%
饮料类：													
人头马VSOP													
…													
食品类：													
夏威夷果													
…													
总计													
减：报废与相关减项													
总潜在收入													
总实际收入													
差额													

续表

品项	月累积								年累积			去年同期	
	单价	成本	销售量	销售额	%	销售成本	毛利	%	销售量	销售额	%	销售额	%
减：调整													
销售净额													
成本													
毛利													
费用：薪资相关													
部门费用													
印刷&文具用品													
总部门费用													
部门利润													
迷你酒吧冰箱折旧													
广告收入													
部门净利													
销售额/每房/每日													
销售利润/每房/每日													
迷你酒吧客房数													
备注：													

第四节 迷你酒吧商品的设置

如前述，因为迷你酒吧的特性，有其设置与否的考量，但是五星级大饭店却有不得不设的困扰，即使它的营收不大。用句古人的话形容倒是颇为传神“鸡肋、鸡肋”，食之无味，弃之可惜！此外，迷你酒吧的操作劳师动众，可是收益有限！许多小饭店就直接舍弃迷你酒吧，房间里依然提供小冰箱，但是只有免费的矿泉水。既然国际大饭店必须设置迷你酒吧，其商品内容就要有新鲜感，最好是独特商品，外面不易取得，甚至有些饭店在房间迷你酒吧加入自家礼品店的纪念商品，或者饭店的吉祥物/公仔等（有些饭店用小熊或动物造型布偶作纪念品）。纪念商品的种类繁多，例如钢笔、镇纸、钥匙圈、T恤、帽子乃至浴袍、浴巾、拖鞋等皆可以，打印上饭店的标志，就是饭店专属的商品。有些饭店甚至还加入自家点心房手工制作的饼干与巧克力礼盒，作为一般性销售与伴手礼的选项，这有一个好处，就是可以经常更新，如此也可增加商品的丰富性，值得一试。

名词解释

1. 房务部（Housekeeping Department）：是饭店客房部门中负责客房清洁与公共区域维护的部门。

2. 退房（Check Out）：即顾客结束住宿，要结账离开饭店。

3. 样品酒（Miniature Wine）：样品酒一般以烈酒为主，即所谓调酒用的六大基酒，容量约50ml，包括威士忌、白兰地、琴酒、伏特加、龙舌兰、朗姆酒等。此外也有一些香甜酒（Liqueur），例如：白柑橘、杏仁酒、咖啡、薄荷等。

4. 龙舌兰（Tequila）：是一种墨西哥产、以龙舌兰为原料所制造出的蒸馏酒。

5. 琴酒（Gin）：是以谷物为原料经发酵与蒸馏制造出的中性烈酒为基底，加入以杜松子为主的多种药材与香料调味后，所制造出来的一种蒸馏酒。

6. 朗姆酒（Rum）：朗姆酒是用蔗糖的剩余物，即残余的糖稀或糖蜜酿造的蒸馏酒。

7. 伏特加（Vodka）：是一种蒸馏酒，任何含有淀粉的农作物都能制造伏特加，包括马铃薯、玉米、裸麦、甜菜、树薯等。在俄国，它以马铃薯提炼而成，在美国，却以玉米或小麦等谷类蒸馏而成。

8. 折旧（Depreciation）：是针对资产设备的价值评估，每一项设备有其使用年限，可根据年限（直线法）做折旧摊提，每年（月）固定提拨费用以备未来重置之需。

小故事

外店专柜与寄卖作业流程

JJ国际大饭店自从拓展外店生意以来，点心房特别忙碌，要准备各式糕点与配料，整个部门比Alex在的时候还要忙，因为之后又增加了两个外店，每天需要出的货更多了！这时点心房主厨就提出了一个建议，是否到外面租下一个工厂，专门生产点心，甚至将点心房外移，成立中央点心工场，以供应饭店所有单位。其后经过一番讨论，总经理室专员提供了一份分析报告，指出迁出与否的利弊得失，最后由于外店有合约期限等不确定因素，决定还是在店内生产，只是空间扩大，人员与设备增加，以满足需求。这之后经过一段时间的磨合，慢慢就顺利了。

有一天，餐饮部协理Gorde找Alex与采购部经理谈一个案子，台湾相当知名的一家代理商"丞品"想与JJ做生意，他们手上刚引进法国知名茶品"HEDIARD"，想要在JJ的精品店租一个门市专柜，此外，希望JJ的百货公司咖啡专柜也能铺货，可以采用寄卖的方式进行。

所谓寄卖（Consignment），就是"丞品"给JJ的专柜进一系列"HEDIARD"茶品，保证一定的库存量，等到月底做盘点，少于库存的数量即为卖出的货品，双方再根据盘点表办理寄卖的验收，并补充卖出的货品，丞品再开发票向JJ请款。这样就完成一个月的寄卖循环。另外，平时也可以针对卖得较好的货品补货，同样等到月底再一并处理。寄卖的好处就是卖方没有成本的负担，但有保存货品的责任，等到月底，办理完验收手续，寄卖者开出发票请款，卖方才有成本的出现。但是为了不让寄卖的货品造成成本的增加，其收入的处理有别于一般的销货收入。因为，寄卖的利润在20%~30%，相对其成本则为70%~80%，所以若将寄卖的成本算入自家商品，则会造成提高成本率的不良影响。故而在做法上，寄卖的收入只计算扣除成本的净收入，公式为：寄卖商品收入—寄卖商品进价=寄卖商品净收入。

还有一个必须要克服的问题，由于百货公司的柜位租金是采取"包底抽成"方式，每家专柜的租金百分比（%）都不同，7%~25%都有，甚至更高，JJ租金是12%。专柜所开的发票都是百货公司的发票，也就是每开出100元的发票，就必须付给百货公司12元。如果寄卖的商品也比照一般自家商品，在付出租金之后，就没什么利润了，因此，餐饮部请财务长出面与百货公司协商，请求将寄卖的销货金额特别处理。百货公司也给予了JJ相当的礼遇，寄卖的销货金额得以8%为租金，相当优惠。

Alex与采购部约代理商丞品进行了一番讨论协商，敲定了相关采购与付款条件之后，由成控室制定了"寄卖作业流程"，发文给所有相关单位，如此便展开了"寄卖"。由于成效不错，其后陆续有其他酒品与礼盒等寄卖商品，进入了JJ的外店专柜。

学习测评

1．为何国际大饭店需要设置迷你酒吧？

2．迷你酒吧的商品大约可分几种？

3．请说明迷你酒吧的作业流程。

4．迷你酒吧的商品容易过期，有什么方法可以有效处理？

5．何谓样品酒（Miniature Wine）？

第十一章

餐饮预算的编制

第一节 餐饮年度营收预算

一、月预算与年度预算

本章节所探讨的年度营收预算编制，是餐饮成本控制的前置规划建设过程，若无预算的编制，则缺乏理想与目标，因此，餐饮预算是一种经营的目标。它涉及目标市场与市场定位，也提供了比较的基础，与实际经营绩效进行对比。一般饭店的年度预算多在每年10月中旬开始编制，最晚在11月底前完成。以JJ国际大饭店为例，一共有七个餐厅与三个酒吧，加上一个大型宴会厅，这么多的餐饮单位，提供大量的餐饮服务，每个月的营收各有差异，要如何制定每一个单位的预算才最恰当呢？预算不宜定得太高，否则达不到而且差距大，会难以解释，但也不宜太低，否则容易满足，缺乏挑战性。因此编制预算的原则有几项，说明如下。

（1）营收预算分别为食品收入与饮料收入。

（2）营收预算需区分餐饮时段，如早餐、午餐、晚餐、下午茶、宵夜等。

（3）营收预算需根据座位数、周转率、平均消费额与来客数等来制定。

（4）营收预算需有挑战性，其目标是努力可能达到的。

（5）营收预算要根据历史资料加以调整。

（6）营收预算不宜轻易达到。

（7）营收预算低于去年实际营收时，需提出解释。

（8）营收预算需区分月份，与年度淡旺季与活动关联。

（9）宴会厅营收预算的编制，不用餐饮时段区分，而是采用餐饮形式，如中餐收入、茶会、酒会、西式餐会、会议专案、外烩等。

现以JJ国际大饭店餐饮部2015年的年度营收预算为例（表11-1、表11-2）说明。

表11-1所示为单月的餐饮部门预算。

（1）座位数　为该餐厅的最大座位容量。

（2）周转率　即每日来客数与座位数的比值。以每餐期为计算基准，周转率高，代表餐厅生意好，反之则否。

（3）来客数　即每日到餐厅用餐的顾客数，即使只使用一杯饮料也需计算。

（4）总客数　即来客数乘以该月日数。

（5）均消/人　即每位到餐厅来消费的顾客，平均所花费的金额。即所谓“平均消费额”，均消/人需分为两类，一类为餐点类的均消，一类为饮料类的均消。

范例

成-01

表11-1 单月餐饮收入预算表

年：2015

日期：2014/11/20

月：	四月	客数			食品收入		饮料收入		总餐饮收入	
天数：	30									
		周转率	客数/天	总客数	均消/人	餐点收入	均消/人	饮料收入	均消/人	总收入
Brasseries										
80	早餐	3.17	380	11400	450	5130000	5	57000	455	5187000
	午餐	1.50	180	5400	880	4752000	25	135000	905	4887000
	下午茶	1.67	200	6000	580	3480000	0	—	580	3480000
	晚餐	1.67	200	6000	980	5880000	50	300000	1030	6180000
	宵夜	0.50	60	1800	460	828000	20	36000	480	864000
	总计	8.50	1020	30600	656	20070000	100	528000	756	20598000
牛排馆										
100	午餐	0.80	80	2400	820	1968000	120	288000	940	2256000
	晚餐	1.10	110	3300	1200	3960000	450	1485000	1650	5445000
	总计	1.90	190	5700	1040	5928000	311	1773000	1351	7701000
霞飞邸										
100	午餐	0.85	85	2550	780	1989000	50	127500	830	2116500
	晚餐	0.95	95	2850	1020	2907000	120	342000	1140	3249000
	总计	1.80	180	5400	907	4896000	87	469500	994	5365500
红楼										
110	午餐	0.86	95	2,850	685	1952250	50	142500	735	2094750

续表

月：	四月	客数			食品收入		饮料收入		总餐饮收入	
天数：	30									
	晚餐	1.09	120	3600	950	3420000	130	468000	1080	3888000
	总计	1.95	215	6450	833	5372250	95	610500	928	5982750
泰荷餐厅										
90	午餐	0.89	80	2400	680	1632000	20	48000	700	1680000
	晚餐	1.11	100	3000	720	2160000	80	240000	800	2400000
	总计	2.00	180	5400	702	3792000	53	288000	756	4080000
Genji										
80	午餐	0.75	60	1800	960	1728000	120	216000	1080	1944000
	晚餐	1.06	85	2550	1500	3825000	180	459000	1680	4284000
	总计	1.81	145	4350	1277	5553000	155	675000	1432	6228000
翡冷翠										
75	午餐	1.07	80	2400	750	1800000	20	48000	770	1848000
	晚餐	1.27	95	2850	1240	3534000	240	684000	1480	4218000
	总计	2.33	175	5250	1016	5334000	139	732000	1155	6066000
客房餐饮服务										
	收入合计		60	1800	723	1301400	120	216000	843	1517400
迷你酒吧										
	收入合计		0	—	0	365236	0	756842	0	1122078
宴会厅										
	会议餐饮			500	280	140000	50	25000	330	165000
	一般餐会			4200	880	3696000	50	210000	930	3906000
西厨	酒会			450	520	234000	120	54000	640	288000
	外烩			600	1250	750000	150	90000	1400	840000
	喜宴			1500	1950	2925000	120	180000	2070	3105000

续表

月：	四月	客数			食品收入		饮料收入		总餐饮收入	
天数：	30									
	小计			7250	1068	7745000	77	559000	1145	8304000
	一般餐会			4000	850	3400000	50	200000	900	3600000
中厨	酒会			450	200	90000	120	54000	320	144000
	外烩			400	950	380000	50	20000	1000	400000
	喜宴			12000	1800	21600000	200	2400000	2000	24000000
	小计			16850	1512	25470000	159	2674000	1670	28144000
	总计			24100	1378	33215000	134	3233000	1512	36448000
银河酒吧										
小吃和酒水饮料		2.00	150	4500	120	540000	325	1462500	445	2002500
75	总计	2.00	150	4500	120	540000	325	1462500	445	2002500
大厅酒吧										
小吃和酒水饮料		2.40	120	3600	80	288000	180	648000	260	936000
50	总计	2.40	120	3600	80	288000	180	648000	260	936000
夜总会										
小吃和酒水饮料		1.72	250	7500	100	750000	400	3000000	500	3750000
145	总计	1.72	250	7500	100	750000	400	3000000	500	3750000
945	饭店总计			104650	835	87404886	138	14392342	973	101797228

范例

成-01

表11-2 年度餐饮收入预算表

年：2015

日期：2014/11/20

1～12月		客数			食品收入		饮料收入		总餐饮收入	
		周转率	客数/天	总客数	均消/人	餐点收入	均消/人	饮料收入	均消/人	总收入
Brasseries										
180	早餐	2.11	380	138700	450	62415000	0	—	450	62415000
	午餐	1.00	180	65700	880	57816000	25	1642500	905	59458500
	下午茶	1.11	200	73000	580	42340000	0	—	580	42340000
	晚餐	1.11	200	73000	980	71540000	80	5840000	1060	77380000
	宵夜	0.33	60	21900	460	10074000	20	438000	480	10512000
	总计	5.67	1020	372300	656	244185000	125	7920500	781	252105500
牛排馆										
100	午餐	0.80	80	29200	820	23944000	120	3504000	940	27448000
	晚餐	1.10	110	40150	1200	48180000	450	18067500	1650	66247500
	总计	1.90	190	69350	1040	72124000	311	21571500	1351	93695500
霞飞邸										
100	午餐	0.85	85	31025	780	24199500	50	1551250	830	25750750
	晚餐	0.95	95	34675	1020	35368500	120	4161000	1140	39529500
	总计	1.80	180	65700	907	59568000	87	5712250	994	65280250
红楼										
110	午餐	0.86	95	34675	685	23752375	50	1733750	735	25486125

续表

1～12月		客数			食品收入		饮料收入		总餐饮收入	
		周转率	客数/天	总客数	均消/人	餐点收入	均消/人	饮料收入	均消/人	总收入
	晚餐	1.09	120	43800	950	41610000	130	5694000	1080	47304000
	总计	1.95	215	78475	833	65362375	95	7427750	928	72790125
泰荷餐厅										
90	午餐	0.89	80	29200	680	19856000	20	584000	700	20440000
	晚餐	1.11	100	36500	720	26280000	80	2920000	800	29200000
	总计	2.00		65700	702	46136000	53	3504000	756	49640000
Genji										
80	午餐	0.75	60	21900	960	21024000	120	2628000	1080	23652000
	晚餐	1.06	85	31025	1500	46537500	180	5584500	1680	52122000
	总计	1.81	145	52925	1277	67561500	155	8212500	1432	75774000
翡冷翠										
75	午餐	1.07	80	29200	750	21900000	20	584000	770	22484000
	晚餐	1.27	95	34675	1240	42997000	460	15950500	1700	58947500
	总计	2.33	175	63875	1016	64897000	259	16534500	1275	81431500
客房餐饮服务										
	收入合计		60	21900	742	16249800	120	2628000	862	18877800
迷你酒吧										
	收入合计		0	—	0	3924532	0	11023460	0	14947992
宴会厅										
	会议餐饮			9200	280	2576000	50	460000	330	3036000
	一般餐会			80000	880	70400000	50	4000000	930	74400000

续表

1 ~ 12 月		客数			食品收入		饮料收入		总餐饮收入	
		周转率	客数 / 天	总客数	均消 / 人	餐点收入	均消 / 人	饮料收入	均消 / 人	总收入
西厨	酒会			6000	520	3120000	120	720000	640	3840000
	外烩			8000	1250	10000000	150	1200000	1400	11200000
	喜宴			12000	1950	23400000	120	1440000	2070	24840000
	小计			115200	950	109496000	68	7820000	1018	117316000
	一般餐会			2000	850	1700000	50	100000	900	1800000
中厨	酒会			1200	200	240000	120	144000	320	384000
	外烩			2000	950	1900000	50	100000	1000	2000000
	喜宴			180000	1800	324000000	200	36000000	2000	360000000
	小计			185200	1770	327840000	196	36344000	1966	364184000
	总计			300400	1456	437336000	147	44164000	1603	481500000
银河酒吧										
小吃与饮品		2.00	150	54750	120	6570000	325	17793750	445	24363750
75	总计	2.00	150	54750	120	6570000	325	17793750	445	24363750
大厅酒吧										
小吃与饮品		2.40	120	43800	80	3504000	180	7884000	260	11388000
50	总计	2.40	120	43800	80	3504000	180	7884000	260	11388000
夜总会										
小吃与饮品		1.72	250	91250	100	9125000	400	36500000	500	45625000
145	总计	1.72	250	91250	100	9125000	400	36500000	500	45625000
1005	饭店总计			1280425	856	1096543207	149	190876210	1005	1287419417

（6）餐点收入　即非饮料类的消费收入，包括各式菜肴餐点。数值来源为：（食品类）均消/人乘以总客数。

（7）饮料收入　即所有饮料类的消费收入，包括各式饮品与酒类。数值来源为：（饮料类）均消/人乘以总客数。

（8）总收入　即食品收入加饮料收入的总额，是该餐厅的餐饮总收入。

表11-2所示为年度的餐饮部门预算。

基本上与每月的餐饮部门预算相同，不同的是年度的餐饮部门预算是将1~12月的总来客数、餐点收入、饮料收入做加总。其余两类“均消/人”“周转率”“每日来客数”是设公式计算出来的，现说明如下。

（1）座位数　同每月预算。

（2）周转率　同每月预算。

（3）来客数　即每日到餐厅用餐的顾客数，等于总来客数÷年度总营业日数。

（4）总客数　即1~12月每月总客数的总和。

（5）均消/人　餐点类的均消=食品收入÷总客数，饮料类的均消=饮料收入÷总客数。

（6）餐点收入　即1~12月每月餐点收入的总和。

（7）饮料收入　即1~12月每月饮料收入的总和。

（8）总收入　即食品收入加饮料收入的总额，是该餐厅的餐饮总收入。

二、预算编制的比较

餐饮营收预算的编制除了上述说明之外，还可以加上不同比较数据予以对照。例如，去年同期的营收数据，包括客数、食品收入、饮料收入及总收入等，每月的预算与年度预算都可以增加栏位予以比较，甚至加入一栏增加或减少幅度的百分比，让数字更加清楚地呈现。

在实际运营中，每月餐饮营收分析报表，通常都会增加更多的比较数据，作为运营状况的对照。实际收入对照预算收入，实际收入对照去年同期，实际收入对照预测收入，当实际营收数字接近或是超越对照时，表示营运状况良好，有差异又落后时，代表营运状况面临挑战或是有问题，这时就需要餐饮部门好好思考对策了。

第二节 | 餐饮成本与成本率

一、餐饮成本与成本率的设定者

餐饮成本应该设定在多少百分比较为合理，这个问题见仁见智，而且不同的餐饮形式，其成本率自然有所不同，我们应该回顾第六章菜单设计并一起讨论。餐饮成本与定价策略有很大的关系，单点式菜单、套餐菜单与自助餐式菜单的成本结构有很大差异。因此，必须制定一个适合其餐饮形式，并符合其竞争策略的成本率，方能有效检验其经营成效。

（1）责任者　餐饮成本与成本率的设定责任人是餐饮部协理，他需要以各餐厅的菜单与供餐形式为基础，并以竞争对手的价格作为思考方向，并结合目前市场的趋势做整体衡量，来决定其餐饮成本与成本率。当然他也可以与主厨及餐厅经理共同讨论，或一同做出决策。

（2）执行者　餐饮成本与成本率的执行者是各餐厅的主厨与经理，他们运用成本控制系统，通过所有员工去达成所制订的目标。

（3）稽核者　成本控制室为成本的主要稽核单位，收入稽核为餐饮收入的主要稽核单位。成本控制人员应该常常到餐厅厨房巡视，了解整个运作情况，是否有浪费或不当之处，此外，也应该常常到各餐厅用餐，了解各餐厅的餐点菜肴，是否符合标准配方表的设定，其品质有无问题。

二、餐饮成本与成本率的范围

上一节提过不同的餐饮形式，其成本率须有所不同，制定各餐厅的成本率，可以下列的经验值作为参考。

西餐→单点菜单：28%~32%

西餐→套餐菜单：26%~30%

西餐→茶会菜单：25%~28%

中餐→单点菜单：33%~38%

中餐→套餐菜单：30%~35%

中餐→宴会菜单：28%~32%

日式→单点菜单：28%~32%

日式→套餐菜单：26%~30%

泰式→单点菜单：28%~32%

无国界→自助百汇：35%~40%

创意料理→套餐菜单：30%~35%

第三节 | 宴会厅年度预算的编制

一、餐饮部门最大的营收与利润来源

由于宴会厅的特殊性，在年度预算编制上，有必要专门替宴会厅做专节的介绍。宴会厅的收入是餐饮部门最大的营收区块，因此，宴会厅的淡季就是餐饮部门的淡季。另外，宴会厅的人力编制虽然很大，但是临时工（即PT）的需求量更大，平常客满时会用到60位以上的PT，若有大型外烩时，更会动用到一二百位PT。大量的PT替宴会厅节省了庞大的人事开销，再加上宴会厅有各式各样的餐会形式，其成本结构也相对较低，例如会议的咖啡茶点、鸡尾酒会的餐点、中西式的婚宴、公司餐会、外烩等，整体而言，宴会部的部门利润要比其他餐厅高，说它是餐饮部门最大的营收与利润来源一点都不为过。

宴会厅没有固定座位，是以空间的利用为主，因此容纳人数会因为餐饮形式的不同而有差异。以JJ国际大饭店的宴会厅为例介绍，如表11-3所示。

表11-3 宴会厅空间规划

厅 名	空间大小 /m^2	餐饮形式	容纳人数	备 注
国宴厅 Grand Ball Room	1006	中式喜宴/餐会	100桌/1200人	A+B+C 三厅合并
		西式喜宴	800～1000人	
		茶会	1000～1200人	
		酒会	1000～1200人	
		会议	1800人	
凤凰厅 Ball Room A	594	中式喜宴/餐会	60桌/700人	
		西式喜宴	500～700人	
		茶会	600～700人	
		酒会	600～700人	
		会议	1080人	
凯旋厅 Ball Room B	215	中式喜宴/餐会	25桌/300人	
		西式喜宴	180～250人	
		茶会	200～300人	
		酒会	200～300人	
		会议	350人	
香槟厅 Ball Room C	198	中式喜宴/餐会	20桌/200人	
		西式喜宴	200～220人	
		茶会	200～250人	
		酒会	200～250人	
		会议	300人	

二、空间规划

除此之外，外事接待没有空间的问题，小到10人，大到5千人以上，都可能会发生，餐饮形式多为中西式餐会、酒会、自助餐与套餐等。因此，宴会厅没有座位数、周转率，只有平均消费额、总客数、食品与饮料收入。餐期的部分改成：一般餐饮、会议餐饮、酒会、喜宴与外烩。

此外，宴会厅的淡旺季有明显区别，生意最好的月份为1、2、3、10、11、12月等，农历7月为传统淡季，几乎只有平时月份的三成生意，因此，人力的调度弹性极大。在中餐与西餐形式的生意分配上，中餐占了七成以上，其中中式喜宴又占了六成以上，西餐的需求相对较弱，这与中国人的宴饮习惯有关，喜庆婚宴还是喜欢中式圆桌。

第四节 预算编制的限制

真正的预算，当然并不只是营收部分，它是一种损益预算，其中还包括人事费用、重制费用、其他费用、备品费用、能源费用、营销费用、管理费用，甚至到后段的折旧摊提等。损益报表可以呈现最后真正的净利（或净损）。然而完整的预算编制是饭店整体的预算，从人事费用到最后折旧摊提这些数字，都是财务部与各相关部门主管共同讨论确定的，因此它是财务部所需要完成的。成本控制室只负责协助餐饮部，确定营收预算即可。当然，在预算编制期间，各餐厅经理、餐厅长、宴会部经理、主厨与餐饮部协理会对所有数字进行讨论，包括讨价还价，单位主管希望预算低一些，餐饮部主管希望高一些。即使餐饮部内部已经达成共识，决定了下一年度的预算，可是送到总经理那里也可能被要求提高一些，送到董事会那里又会被要求再多一点，改了再改，等到定案，可能已经12月初了。

第五节 餐厅营收预测

预算等同于目标，是努力的方向，有时也是绩效奖金（红利）计算的基础。JJ国际大饭店制定有绩效奖金制度，也采取利润中心制度，当月如果该餐厅达到预算目标，就有一定百分比的绩效奖金，各餐厅标准不一。不过有句话说："计划赶不上变化"，在高度竞争的餐饮市场充满变数，市场外力干扰因素多，例如2003年的SARS事件，造成餐饮市场的急剧下滑，有三个月时间几乎没有生意，又如2008年开放陆客来台，造成许多饭店生意激增，这种影响过于巨大，非原先制定预算时能够预见到。

因此，饭店的预算设有"营收预测"的机制，作为原先预算的近期修正，以期符合现况与期待。做法为每个月底提出修正下三个月的预算，其格式可与现行的预算表相同，但需注明为未来三个月的预测，或是将未来三个月的预测的格式统一。

未来三个月营收预测如表11-4所示。

范例

成-23

表11-4　餐饮收入三个月预测表

年：2013

日期：2013/7/28									八月		九月		十月	
月：	八月				食品收入		饮料收入		总餐饮收入		总餐饮收入		总餐饮收入	
天数：	31													
		周转率	客数/天	总客数	均消/人	餐点收入	均消/人	饮料收入	均消/人	总收入	均消/人	总收入	均消/人	总收入
Brasseries														
180	早餐	0.86	155	4805	450	2162250	5	24025	455	2186275	450	2015000	450	2000000
	午餐	0.56	100	3100	880	2728000	25	77500	905	2805500	880	2600000	895	2400000
	下午茶	0.67	120	3720	580	2157600	0	—	580	2157600	580	1519000	580	1600000
	晚餐	0.72	130	4030	980	3949400	50	201500	1030	4150900	980	4420000	1010	4500000
	宵夜	0.28	50	1550	460	713000	20	31000	480	744000	460	516150	454	685320
	总计	3.08	555	17205	681	11710250	100	334025	781	12044275	656	11070150	656	11185320
牛排馆														
100	午餐	0.80	80	2480	820	2033600	120	297600	940	2331200	820	2103210	812	2312000
	晚餐	0.95	95	2945	1200	3534000	450	1325250	1650	4859250	1200	4725321	1210	5230420
	总计	1.75	175	5425	1026	5567600	299	1622850	1325	7190450	1040	6828531	1040	7542420
霞飞邸														
100	午餐	0.70	70	2170	780	1692600	50	108500	830	1801100	780	1324512	785	1236900
	晚餐	0.65	65	2015	1020	2055300	120	241800	1140	2297100	1020	2453210	1040	2297100
	总计	1.35	135	4185	896	3747900	84	350300	979	4098200	907	3777722	907	3534000
红楼														
110	午餐	0.68	75	2325	685	1592625	50	116250	735	1708875	685	1236520	700	1400000
	晚餐	1.00	110	3410	950	3239500	130	443300	1080	3682800	950	3325000	1020	3500000
	总计	1.68	185	5735	843	4832125	98	559550	940	5391675	833	4561520	833	4900000

续表

		日期：2013/7/28							八月		九月		十月	
月：	八月				食品收入		饮料收入		总餐饮收入		总餐饮收入		总餐饮收入	
天数：	31													
		周转率	客数/天	总客数	均消/人	餐点收入	均消/人	饮料收入	均消/人	总收入	均消/人	总收入	均消/人	总收入
泰荷餐厅														
90	午餐	0.89	80	2480	680	1686400	20	49600	700	1736000	680	1500000	690	1420000
	晚餐	1.33	120	3720	720	2678400	80	297600	800	2976000	720	3000000	725	3000000
	总计	2.22	200	6200	704	4364800	56	347200	760	4712000	702	4500000	702	4420000
Genji														
80	午餐	0.75	60	1860	960	1785600	120	223200	1080	2008800	960	1500000	960	1500000
	晚餐	0.81	65	2015	1500	3022500	180	362700	1680	3385200	1500	3500000	1550	3600000
	总计	1.56	125	3875	1241	4808100	151	585900	1392	5394000	1277	5000000	1277	5100000
翡冷翠														
75	午餐	0.67	50	1550	750	1162500	20	31000	770	1193500	750	720000	760	750000
	晚餐	0.80	60	1860	1240	2306400	240	446400	1480	2752800	1240	1852000	1250	1800000
	总计	1.47	110	3410	1017	3468900	140	477400	1157	3946300	1016	2572000	1016	2550000
客房餐饮服务														
	收入合计		52	1612	765	1233180	80	128960	845	1362140	850	1423526	842	1295462
迷你酒吧														
	收入合计		0	—	0	326452	0	845624	0	1172076	0	1203452	0	1302345
宴会厅														
	会议餐饮			500	280	140000	50	25000	330	165000	280	152000	300	158500
	一般餐会			4200	880	3696000	50	210000	930	3906000	880	3820000	895	3200000

续表

日期：2013/7/28									八月		九月		十月	
月：	八月				食品收入		饮料收入		总餐饮收入		总餐饮收入		总餐饮收入	
天数：	31													
		周转率	客数/天	总客数	均消/人	餐点收入	均消/人	饮料收入	均消/人	总收入	均消/人	总收入	均消/人	总收入
西厨	酒会			450	520	234000	120	54000	640	288000	520	300000	550	320000
	外烩			600	1250	750000	150	90000	1400	840000	1250	900000	1250	920000
	喜宴			1500	1720	2580000	120	180000	1840	2760000	1950	4520000	1950	6500000
	小计			7250	1021	7400000	77	559000	1098	7959000	950	9692000	950	11098500
	一般餐会			4000	850	3400000	50	200000	900	3600000	850	3600000	845	4000000
中厨	酒会			450	200	90000	120	54000	320	144000	200	150000	200	182000
	外烩			400	950	380000	50	20000	1000	400000	950	500000	925	550000
	喜宴			12000	1580	18960000	200	2400000	1780	21360000	2000	29850000	2000	35203000
	小计			16850	1355	22830000	159	2674000	1514	25504000	1770	34100000	1770	39935000
	总计			24100	1254	30230000	134	3233000	1389	33463000	1456	43792000	1456	51033500
银河酒吧														
小吃和饮品		2.00	150	4650	120	558000	325	1511250	445	2069250	448	2153624	438	2045623
75	总计	2.00	150	4650	120	558000	325	1511250	445	2069250	448	2153624	438	2045623
大厅酒吧														
小吃和饮品		2.40	120	3720	80	297600	180	669600	260	967200	268	1020530	270	1052342
50	总计	2.40	120	3720	80	297600	180	669600	260	967200	268	1020530	270	1052342
夜总会														
小吃和饮品		1.72	250	7750	100	775000	400	3100000	500	3875000	512	4231200	514	4421520
145	总计	1.72	250	7750	100	775000	400	3100000	500	3875000	512	4231200	514	4421520
1005	饭店总计			87867	819	71919907	157	13765659	975	85685566	1102	92134255	1135	100382532

第六节 餐饮部驻外单位

一、外店的设置与预算编制

传统的饭店有外烩的服务，并无所谓驻外餐饮服务单位，但是现在有一些饭店已开始拓展“外店”的生意，其中首开先河的当推希尔顿大饭店。其于1990年于新光三越南西店地下一层设咖啡蛋糕专柜，后又于天母大叶高岛屋设柜，1994年更标下台北国际会议中心的餐饮服务据点，1995年承揽台北市政府地下一层的大型餐厅等。另外福华饭店、国宾饭店、君悦大饭店与亚都丽致饭店等，也陆续进驻各大百货公司与机关设点，晶华饭店更以BOT（建设—经营—转让）模式，重建于台北故宫的上林赋，以台北故宫晶华名义经营餐饮服务。

外店的经营形式不同，需受限于场地，费用的计算也与饭店内不一样，成本的控制循环也各有不同。设于百货公司，像“专柜”形式的咖啡厅，由于体量较小，所有食品餐点，几乎都由饭店供给，因此，饭店就像是一个中央厨房，所贩售的商品都由饭店制作好，再由司机送去。这里所用的订货表单需由成控室重新设计。外店每天填写订货单，当司机送货时予以点收。其成本的计算，则根据所有餐点的“标准成本”而来。

现以表11-5外店订货单格式及表11-6外店专用餐点签收暨退回单说明。

成-61

表11-5 外店专用餐点订单

外店：□远东宝庆咖啡厅 □新光A8咖啡厅
□台铁2F咖啡厅 □台北音乐厅

订货日期： 送货日期：

店长：

品项	数量	品项	数量	品项	数量
西厨类餐点		点心房蛋糕类		点心房其他类	
西厨类餐点		点心房蛋糕类		点心房其他类	
西厨类餐点		点心房蛋糕类		点心房其他类	
西厨类餐点		点心房蛋糕类		点心房其他类	
西厨类餐点		点心房蛋糕类		点心房其他类	
西厨类餐点		点心房蛋糕类		点心房其他类	
西厨类餐点		点心房蛋糕类		点心房其他类	

成-62

表11-6　外店专用餐点签收暨退回单

外店：□远东宝庆咖啡厅　　　□新光A8咖啡厅
　　　□台铁2F咖啡厅　　　□台北音乐厅
送货日期：　　　　　　　订货日期：
厨房：□西厨　　　□点心房　　　店长：

品项	送货数量	点收数量	备注	品项	送货数量	点收数量	备注
西厨类餐点				点心房蛋糕类			
西厨类餐点				点心房蛋糕类			
西厨类餐点				点心房蛋糕类			
西厨类餐点				点心房蛋糕类			
西厨类餐点				点心房蛋糕类			
西厨类餐点				点心房蛋糕类			
西厨类餐点				点心房蛋糕类			

此外，当有特殊蛋糕的预订时，使用饭店“蛋糕订购单”表格即可。

二、寄卖品项

寄卖是寄售单位为了打开销售通路而采取的一种手法，通常多为进口商品。所谓寄卖就是供应商先提供商品摆在销售点，制定双方可以接受的利润百分比，在一个期间内若卖得好可以追加进货，等到月底结账时，供应商再来与外店主管和会计人员一同做盘点，看总共卖出多少，再办理进货验收，进入付款程序。盘点表格可以使用仓库的盘点差异计算表（成-43），打上寄卖品项，略作调整即可。请见表11-7寄卖商品盘点表（成-63）

成-63

表11-7　寄卖商品盘点表

单位：＿＿＿＿＿＿　　　　期间：＿＿年＿＿月

编号	品项	账上数量	实际盘点数量	差异数	单价	金额	备注
Xxx000							

续表

编号	品项	账上数量	实际盘点数量	差异数	单价	金额	备注
	合计						

供应商：__________ 单位管理人：__________ 成本控制主管：__________

寄卖对于销售点来说有以下好处。

（1）没有成本负担。

（2）不用担心商品过期。

（3）没有库存压力。

（4）食品安全责任在供应商。

（5）增加了产品的多样性。

但相对地，寄卖商品的利润可能较低，尤其是百货公司的租金，都是采取包底抽成的方式，即以销售额的百分比抽成，利润空间会较低。另外也要注意商品的保存，防止失窃！

三、大型驻外单位

大型驻外单位其实就像一个独立的个体，一个餐饮部，所有的做法、流程与标准，应与饭店内餐厅或宴会厅相当。只是采购的部分，统一由饭店集中采购。单位内可以设有验收人员、仓库管理人员、出纳人员甚至工程维修人员，餐饮成本控制循环也与饭店的做法一致。

因此，年度餐饮预算的编制，与饭店餐饮部的做法雷同，因为大型驻外单位有着相同的宴会与外烩特性，既有固定餐厅又有宴会厅。现以JJ国际大饭店为例，编制“驻外单位餐饮服务年度预算表”如表11-8所示。

范例

成-01-外

表11-8 驻外单位餐饮收入预算表

年：2015

日期:2014.11.20

1～12月					食品收入		饮料收入		总餐饮收入	
	座位数	周转率	客数/天	总客数	均消/人	餐点收入	均消/人	饮料收入	均消/人	总收入
远东宝庆咖啡厅										
餐点			180	65700	165	10840500	10	657000	175	11497500
总计			180	65700	165	10840500	10	657,000	175	11497500
新光 A8咖啡厅										
餐点			225	82125	180	14782500	20	1642500	200	16425000
总计			225	82125	180	14782500	20	1642500	200	16425000
台铁 2F咖啡厅										
餐点			250	91250	150	13687500	15	1368750	165	15056250
总计			250	91250	150	13687500	15	1368750	165	15056250
台北音乐厅										
午餐自助	80	0.81	65	23725	555	13167375	0	—	555	13167375
晚餐自助	80	1.31	105	38325	650	24911250	0	—	650	24911250
总计	110	1.55	170	62050	614	38078625	0	—	614	38078625
国际会议中心										
咖啡小站	110	0.55	60	21900	80	1752000	60	1314000	140	3066000
椰林西餐厅	110	0.73	80	29200	420	12264000	10	292000	430	12556000
会议餐饮			33	12000	200	2400000	0	—	200	2400000
酒会			16	6000	400	2400000	0	—	400	2400000
一般餐会			104	38000	800	30400000	30	1140000	830	31540000
喜宴			308	112300	1520	170696000	120	13476000	1640	184172000
总计			461	168300	1223	205896000	87	14616000	1310	22051200
外店总计				469425	603	283285125	39	18284250	642	301569375

名词解释

1．目标市场（Target Market）：指餐厅最重要的消费群体。

2．市场定位（Market Positioning）：针对选定的目标市场，提供最合适的价位与服务。

3．临时工（Part-timer，PT）：临时工多为学生，以工时计薪，有固定临时工，也有临时临时工。

4．外烩（Outside Catering）：即到顾客指定的场所提供餐饮服务，传统外事接待业者为“办桌”，都以中餐为主，饭店目前也多有开办外事接待业务，由宴会部负责。

5．重置费用（Provision Operating Equipment）：由于营业器皿（瓷器、金属、玻璃等餐具）容易破损，需要不定期补充，为了让费用不致因当月采购，便一次做成费用，使得当月费用偏高，因此将营业器皿费用化，即每月平均摊提，当某月份有采购营业器皿（OE-operating Equipment）时，再去冲账，如此可避免费用起伏过大。

6．其他费用（Other Expense）：包括营业器皿、音乐娱乐、菜单、装饰与花、制服、洗衣费、器具、消耗备品、印刷与文具、燃料、杂项等。

7．备品费用（Supplies Expense）：指购买各式消耗性的备品，如餐巾纸、牙签、湿纸巾、外带纸杯纸盒等。

8．能源费用（Energy Expense）：指水电费、燃气费、汽柴油费等。

9．营销费用（Marketing Expense）：指根据营销计划所花费的各种广告与活动宣传的费用。

10．管理费用（Management Expense）：指行政管理的费用，包含行政主管人员与后勤支援部门的所有人事费用。此费用需由各营业部门分摊。

11．折旧摊提（Depreciation）：指资产依使用年限逐年摊提其原购金额。

12．利润中心制度：以各营业单位（餐厅、宴会厅）为一独立单位，计算其损益，根据损益而设置奖励制度。

13．营收预测（Revenue Forecast）：为了更贴近市场现况，而提出下三个月的营收预测，与预算的编制一样，但因为不是预算，故称为营收预测。

小故事

成控主管联谊会

Alex接手成本控制室已经一年多了，这一年来他学习到很多实务，不单只是成本控制与分析，事实上餐饮管理的精髓也在其中。有一回，餐饮部协理请他帮忙做一个台北五星级饭店采购价格、餐厅营收与成本的比较表，这件事比较棘手，因为不是每家饭店都愿意分享自己的信息，有时它是一种商业机密。他向财务长报告此事，并提议他想组织饭店成控主管联谊会，以利于以后信息的交流。财务长说他们也有同业间的财务长定期聚会，有些信息可以分享，于是赞同了Alex的提议。

每一家饭店其人文特质、企业文化不尽相同，台湾大部分的饭店都是由建设公司业主投资所建，在经营管理上会因老板的个性而有所不同。例如有一家颇为赚钱的饭店，自己还有棒球队，他们的作风就很保守，相对低调。而由国际集团经营的饭店，因为是由专业经理人负责管理，其作风就比较开放，较能接受业界间的交流与分享。为了能让较多的人参与，他以联谊餐会的形式，邀请其他饭店的成控主管参加。在联系的过程中，他慢慢认识了其他饭店的成控人员。

经过一番联系之后，终于有八家饭店的成控人员有意愿参加联谊会。于是他向财务长报告，第一次的餐会就在自家饭店举办，并请财务长到场致意。这场餐会进行得相当顺利，所有人都是第一次见面，Alex在联系的过程，也未曾见过其他人。大家相互认识并介绍自己饭店的成控作业流程，有许多做法大同小异，但也有一些不同之处，有的饭店积极涉入成本控制流程，也有的饭店较为消极，只做被动的成本记录而已。大家讨论到每月成本报表时，有些饭店所需提供的种类颇多，但也有些饭店相对简略，这会因为饭店的经营理念而异。

餐会之后，通过沟通与说明，Alex终于提出了第一份饭店采购价格、餐厅营收与成本的比较表，这份比较分析表包括7家参加了联谊会的饭店，还从财务长与采购部经理那里得到了一些帮助，他也将这份报表分享给参加联谊会的饭店。当餐饮部协理Gorde拿到这份报表后，非常满意，他说：这让他更能知己知彼，掌握现况。

学习测评

1．餐饮部年度营收预算编制的目的为何？
2．餐饮部年度营收预算编制的原则为何？
3．何谓餐厅营收预测？
4．何谓利润中心制度？
5．请说明“周转率”与“平均消费额”。
6．宴会厅的人事费用为何比一般餐厅低？

第十二章

信息系统与成本分析

第一节 信息系统的演进

在电脑信息系统尚未广泛应用之前，都是用人力处理各式各样的表格与账单，尤其是财务会计系统，更是需要大量的人力。随着信息科技产业（Information Technology）的发展，根据产业需求而开发出来的各种电脑信息软体，已逐渐取代人工，让管理系统的运作与处理更有效率。

一般而言，饭店内的管理系统（Property Management Systems,PMS）有前台系统与后台系统，大致可有如下区分。

（1）前台系统　订房系统、登记系统、房客账务系统、房务系统、排房系统、顾客历史系统、商务系统、夜间稽核、餐厅POS系统、营运分析等。

（2）后台系统　财务会计管理系统、采购库存系统（进销存）、人力资源系统、固定资产系统等。其中财务会计管理系统包括：收入稽核、应收账款、应付账款、薪资、总账管理、出纳、成本控制等。

现在就让我们看看饭店信息系统的演进。

1. NCR时期：餐厅系统

餐厅系统是最早期的电脑收银系统，此系统是由John H. Patterson创立的National Cash Register公司开发，该公司在1884年制造了第一台机械式收款机。

（1）1906年　Charles F. Kettering设计了世界上第一台电动收款机。

（2）1982年　第一台超微电脑NCR Tower问世，NCR成为引进行业标准及开放系统的先驱。

2. IBM时期：系统34和系统36

1977年IBM发布系统3031大型电脑及系统34型电脑，此系统为早期的会计过账资料输入系统（Posting），由于功能有限，不久即被其他系统取代。但是IBM的电脑事务机器、终端机等稳定性高，仍然被持续使用。

3. HIS时期：HIS系统

HIS系统是由饭店资讯系统有限公司（Hotel Information Systems，简称HIS）于1977年成立，总部位于美国洛杉矶，目前是美国上市公司MAI Systems Corporation。大概在1980年希尔顿、华国率先采用此系统，一样分为前台与后台系统，曾经广为世界饭店业者采用，但目前多数已更改为其他系统。

HIS系统采用多使用者系统，名称为Paragon System，主机采用IBM AS400小型机，数据库采用DB2，多用于五星级大饭店。

4. Micros – Fidelio时期：Micros – Fidelio系统

此系统是由Fidelio Software GmbH于1987年10月在德国慕尼黑创立，其后并入美国Micros System Inc公司。现在已跃居世界饭店管理系统之首，有两万多家饭店采用。Fidelio在台湾的饭店界广泛使用的模组为前台（柜台）系统，以及业务订席（Sales & Catering）模组，虽然Fidelio还有财务会计模组，但在台湾因为会计作业的模式不同，较少饭店使用。

多数使用Fidelio的饭店，其餐厅使用POS（Micros），Micros的餐饮管理系统从餐厅点单、厨房食谱、销售分析、成本分析乃至成本控制，对经营管理者来说，确实是一套不错的系统。另外还有一套称为Infrasys的POS系统，目前也被广泛使用。

Fidelio从早期的DOS系统演进到Windows系统，也历经了多次改版。后来Micros公司在既有的基础上，推出更新的系统OPERA，它包含了：

（1）OPERA前台管理系统［OPERA Property Management System（OPERAPMS）］；

（2）销售宴会系统［OPERA Sales&Catering（OPERAS&C）］；

（3）物业业主管理系统［OPERA Vacation Ownership System（OVOS）］；

（4）工程管理系统，以及中央预订系统（OPERA Reservation System）；

（5）中央客户资讯管理系统（OPERA Customer Information System）；

（6）营收管理系统（OPERA Revenue Management）。

其中OPERA前台管理系统是其核心部分，简称OPERA PMS。

5. Sun System时期：Sun System系统

Sun Systems是英国联合系统（Systems Union）公司所开发的财务会计管理系统（后台系统）。Sun Systems是一个可延展、多语言的开放系统平台，其核心是一个整合的总分类账，将总账、应收和应付账款、存货管理、各明细分类账、现金账及用户定义的账目，有效地整合在一起。Sun Systems可分为：①Sun Account，含总账、应收应付、外币、固定资产。②Sun Business，含进货、销货及库存这两种系统。成本控制属于②Sun Business。

为适应各种类型账务处理，前后台系统众多，现列出中英文名称如下。

PMS（Property Management Systems）客房管理系统

POS［（F & B）P.O.S. Management System］餐饮点菜管理系统

BQM（Banquet Management System）订宴/会议管理系统

Club（Member Management System）会员/俱乐部系统

SPA（SPA. Management System）温泉/SPA管理系统

GLM（General Ledger System）总账管理系统

IVM（Inventory Management System）进销存管理系统

PRM（Purchasing & Request System）采购管理系统

CCM（Cost Control System）成本控制系统

HRM（Human Resource Management）人力资源管理系统

ASM（Fix Asset Management System）固定资产管理系统

S&C（Sales & Catering System）销售宴会系统

OVOS（Vacation Ownership System）物业业主管理系统

CRS（Central Reservation System）中央订房系统

CIS（Customer Information System）中央客户信息管理系统

RMS（Revenue Management System）营收管理系统

第二节 | 成本控制系统的改变

信息电脑化带来革命性的改变，许多以前依赖人力的作业，慢慢被电脑取代，以前大量使用人力做账的会计部门，也已经大幅精简了。JJ国际大饭店的财务部就从当初设立时的80多人，到目前只剩20多人。以计算方式的演进而言，从算盘的操作到计算机的使用，演进到现在利用试算表软件做运算与账务处理，更加地精确有效率。

此外，各式会计表单，也已经渐渐改用电脑格式了，从个人电脑到新的前后台电脑系统的广泛使用，许多表单已不再使用了。而且由于采用电子化办公，账务处理直接在电脑系统上完成，纸张也省略了。

就成本控制而言，财务会计信息系统并不足以完全取代人工作业，因为在成本分析报告书部分，需要根据每家饭店的状况与需求，予以调整设计，提出具有比较、参考价值的分析报表。由于个人电脑的普遍应用，大部分的表单也已经采用电脑格式了，运算与文书处理，都在电脑上完成，大幅减少了人工作业。此外，在新的电脑信息时代，由于观念的改变，原来从人工作业方式延续下来的做法，正在被不断地修正与调整。再者，饭店的规模也会影响成本控制的做法，大型饭店需要较为周密的成控制度，来协助单位与部门主管进行经营管理，组织编制较为庞大。小型饭店则相对简略，成控工作可能由会计人员兼管，在成控表单的使用上也精简许多。

第三节 未来趋势

信息系统日新月异，软硬件的发展更是依照“摩尔定律”不断演进。以前一套昂贵的软件系统，在充满竞争的时代，已经越来越便宜了。例如前台POS系统，现在是百家争鸣，一套系统几万元就可以买到。财务进销存系统也是如此，再大一些的ERP系统（Enterprise Resource Planning，ERP），未来将会更好用也更便宜。而且可以替各个企业量身订制，打造更适合每家企业的专用系统。

饭店有饭店本身的特性，其财务会计制度自然也有些不同，因此，信息系统也有饭店业专用的系统。上述的演变证明，未来将有更多更大的改变，各式各样的电脑信息管理系统也会推陈出新，功能更强大，作业更简化，而价格也将更有竞争力！

另外，还是有本地化的发展趋势，未来管理软件系统的发展将进入战国时代，在本地系统业者的耕耘下，其功能性与操作便利性，已足以取代国外系统，费用与后续升级维修服务等更占有强大优势，并且还能根据每家饭店的特性，量身打造合适的系统。因此，原来使用国外系统的饭店，相信未来将会逐渐转而使用本地的信息管理软件系统。

名词解释

1. 信息科技产业（Information Technology）：它也被称为信息和通讯技术（Information and Communications Technology，ICT），是主要用于管理和处理信息的各种技术的总称。它应用电脑科学和通讯技术来设计、开发、安装和实施信息系统及应用软件。美国信息科技协会将信息科技定义为“对于一个以电脑为基础的信息系统的研究、设计、开发、应用、实现、维护或是应用”。

2. 摩尔定律（Moore's Rule）：摩尔定律由英特尔（Intel）创办人之一，戈登·摩尔（Gordon Moore）提出，指集成电路上可容纳的晶体管数目，在价格不变的情况下，每隔约18个月（另有一说每一年或两年）便会增加一倍，性能也将提升一倍。

3. 前台POS系统：即销售点管理系统，是以收银出纳为主的软硬件系统，收银人员打入交易，顾客面前也有交易或服务操作的界面。POS机目前多以触控银幕为主，可连接印表机到各出餐点，还可连接到后台管理系统。

4. ERP系统（Enterprise Resource Planning，ERP）：即企业资源规划系统，它是应用电子化作业的企业的后台心脏与骨干，任何前台的应用系统包括EC、CRM、SCM等都以它为基础。它是一个大型模组化、整合性的流程导向系统，整合企业内部财务会计、制造、进销存等信息流，提升企业的营运绩效与快速反应能力。

小故事

员工晚会

Alex转到成本控制室已经一年了，工作渐趋顺利，对成本控制这个单位及其功能日趋熟悉，与初接任时一知半解的情况，不可同日而语。这段时间他感到忙碌而充实，尤其又经历了中餐厅更名、换新菜单，咖啡厅更换新菜单等重大工程，对“成本控制”有了深入一层的认识。

为何更换菜单是重大工程呢？因为新的菜单确定之后，主厨必须制作出所有菜单的标准配方表，以及标准菜肴成本表，再送到成控室做成本的计算，以了解每一道菜肴餐点的标准成本。这一项作业往往要耗费颇长时间，因为这是纯人工作业，配方表上材料的价格，需从采购部所发的最新一期的采购价格确认单中找出来，再经过份量的计价，以算出单一产品的真正成本。

那时并无电脑系统来做这个工作。有一天行政主厨Martin（前一任主厨Peter已经离开）对他说，他在英国看到过一个新的电脑软件，可以将配方表键入电脑，输入编号，连接到采购部门餐饮货品的资料库，即可以自动计算出每一配方的成本。但前提是“重量单位”必须一致，才能自动运算，而且这个软件有一个好处，每一期采购更新进货价格，所有成本会自动更新！然而这个软件只有大型餐饮企业会用，市场不大，所以价格不菲。

圣诞节过后紧接着春节的到来，饭店于年前的某天举办了“员工晚会”，JJ的员工晚会有一个传统，先用餐再举行晚会，比较特别的是所有的部门主管与一级主管，当天晚上必须充当服务生。员工可以尽情地享用饭店自己烹制的美味佳肴，把自己当成顾客，总经理带头的服务团队，则认真上菜来服务自己的员工。Alex还记得进饭店第一年的尾牙（在农历十二月十六日，闽南地区的民间传统节日），刚好是坐在由总经理服务的桌子，老外总经理还亲切地替每位员工分菜、倒酒，这个情景令他印象深刻。吃完晚餐之后紧接着是晚会，晚会节目都是由员工自己安排的，有表演有竞赛，热闹精彩，但员工最期待的就是“摸彩”，每个人都希望能摸到董事长的大奖。

说到摸彩，以往每到年底前，每个供应商都会送“摸彩品”，来共襄盛举，这也是业界常态，或者也是中国人做生意的情面吧。但是今年开始出现了不同的情况，先是总公司集团内部某一单位的采购人员，因被疑向厂商索贿而遭更换，后来饭店采用了Alex的建议，改变了供应商送货流程。到了年底董事会决定，不可以向供应商要摸彩奖品，所有摸彩品由饭店自行购买，改变了实施多年的不成文规定。

当天的餐会Alex与成本控制部门同仁坐的那桌，刚好是财务长当服务人员，财务长问他工作顺利吗？有没有什么问题？Alex回答很好，越来越有心得。刚好外号叫“吴哥”的总经理办公室企划专员来敬酒，财务长特别介绍说他也曾经做过成本控制室主任，是你的前辈！吴哥突然问他：“萝卜酥饼一个成本多少？”Alex回答说：“萝卜酥饼一个2.8元。”

“哇！比十年前贵了3毛！”

吴哥对财务长说：“他还真不含糊呢！”

学习测评

1. 饭店内的管理系统（PMS-Property Management Systems）可分为几种？
2. 前台系统包含哪些功能？
3. 后台系统包含哪些功能？
4. 饭店信息系统的演进大致分哪些时期？
5. 何谓HIS系统？
6. 请叙述Fidelio信息系统的演进。
7. 对国际大饭店而言，信息系统带来哪些改变？
8. 就你的观点未来信息系统的趋势为何？

第十三章

盘点作业

第一节 | 盘点的意义

一、盘点的意义和存货管理的指标

盘点是结账作业的第一个环节，盘点的对象可分为食品仓库与饮料仓库，以及各营业据点的小仓库，内场的厨房为厨房的仓库，外场的餐厅与酒吧则为小酒库。盘点最主要的目的是计算出真正的“实际成本”。计算实际成本的公式为：

存货实际成本=期初存货+本期进货-期末存货

因此，存货是根据盘点而来的，也就是说，没有盘点就没有存货。而盘点的正确性，也会影响存货的真实性，准确做好盘点工作，计算出真正存货的价值，更是盘点工作最重要的意义。除此之外，借由盘点作业，再次检视所有货品，可以发现不良的品项，或是过期等问题，甚至数量上的异常短差，这有利于餐饮卫生安全的管理以及问题的预防。

二、盘点工作的设计

盘点工作需要考虑营业时间与人员的安排，谁该参与谁该负责，需要有确定的人员，甚至要安排职务代理人，否则当有问题时，会无法解决。

国际大饭店盘点作业人员安排大致分类如下。

食品仓库：食品仓库管理员（Food Store Keeper）
食品成本会计员（Food Cost Accountant）
成本控制室主管（Food & Beverage Cost Controller）

饮料仓库：饮料仓库管理员（Beverage Store Keeper）
饮料成本会计员（Beverage Cost Accountant）
成本控制室主管（Food & Beverage Cost Controller）

各个酒吧：酒吧小仓库调酒师（Bartender）
饮料成本会计员（Beverage Cost Accountant）
成本控制室主管（Food & Beverage Cost Controller）

各个餐厅：餐厅经理或副理（Restaurant Manager/Asst. Manager）
饮料成本会计员（Beverage Cost Accountant）
成本控制室主管（Food & Beverage Cost Controller）

以上区分了四类相关参与人员，盘点工作的时间安排则需避开营业时间，可利用每月最后一天营业结束时，也可以在每月第一天早上尚未营业时。

第二节 仓库盘点

一、食品仓库与饮料仓库

食品仓库与饮料仓库，都是在每月最后一天领发货结束时，开始进行盘点，一般都是先盘点食品仓库，再来盘点饮料仓库。在盘点前要先打印出空白仓库盘点表［请参考第五章，表5-6（成-30）］，由食品仓库管理员、食品成控员与成控室主管，一起进行仓库的盘点工作。可以先从冷藏库开始盘点，再到冷冻库、干货仓库，盘点出的每一个品项数量，如实地填写到盘点表上。饮料仓库的盘点大致相同。

盘点结束后，食品与饮料成本控制员，分别根据仓库盘点数表（成-30）的实际数量，使用饭店的电脑库存系统，输入到盘点差异计算表（见表13-1），再将此表打印出来，并检查其差异情形。细微差异不予理会，但是有较大差异时，必须询问其原因，若有合理解释则予以备注，若无合理解释则需要重新盘点一次，以确认是否误点误写。当重新盘点差异都在合理范围内时，即表示盘点作业已经完成，可以在确认后，再次打印出盘点差异计算表。盘点差异计算表中的实际盘点数量与金额，即是月底结账食品与饮料成本调节表中（成-47、成-48）实际成本的数字。

成-43

表13-1 仓库盘点差异计算表

仓库/单位：食品仓库　　　　期间：2015/5/1—5/31

编号	品名	账目数	实际盘点数量	差异数	单价	金额	备注

续表

编号	品名	账目数	实际盘点数量	差异数	单价	金额	备注
	合 计						

仓库/单位管理人：______　　　　成本控制主管：______

食品仓库的盘点差异表说明如下：

（1）编号　即货品代号。

（2）品名　即货品名称。

（3）账目数　即账上该货品的数量。

（4）实际盘点数量　即实际盘点时所计算出来该货品的数量。

（5）差异数　即账目数－实际盘点数量。

（6）单价　即该货品的平均采购价格（采用加权平均法或移动加权平均法）。

（7）金额　即单价×差异数。

二、仓库盘点差异报表

做完上述的盘点差异计算表，还须汇总差异金额，制作一份与上月及去年同期的差异数比较表，名为“仓库盘点差异报表”（成-44），仓库分为“食品仓库”与“饮料仓库”。

现以JJ国际大饭店10月份盘点为例说明如下。

（1）账上库存金额　在饭店的电脑库存系统中，两大仓库的账上库存金额。

（2）实际盘点金额　将实际盘点数量输入饭店的电脑库存系统中，所计算出来的两大仓库的库存金额。

（3）仓库盘点差异（多/少）

①本月份：即账上库存金额 - 实际盘点金额。

②上月份：即上个月的仓库盘点差异。

③去年同期：即去年同月份的仓库盘点差异。表13-2将编入餐饮成本分析报告书中。

范例

成-44

表13-2　仓库盘点差异报表

月份：2015.10.1—10.31

食品仓库盘点分析			
	账上库存金额		3922264
	实际盘点金额		3923452
	仓库盘点差异（多/少）		
		本月份	-1188
		上月份	4231
		去年同期	3120

饮料仓库盘点分析			
	账上库存金额		3549642
	实际盘点金额		3552675
	仓库盘点差异（多/少）		
		本月份	3033
		上月份	2316
		去年同期	-1207

三、容器押金报表

在一个会计账务处理较为完整的饭店，其成本控制制度，会对容器押金有专门的账务处理。容器押金可能会出现在食品类及饮料类货品上，例如酒瓶、啤酒桶、牛奶箱、特殊食材保鲜盒等。因此，这些货品进货时，其押金是另外计算的，可以把它当成预借品项，等到下一次进货时，再将空的容器还给供应商，一借一贷不断延续。所以，每到月底盘点时，也必须盘点有押金的容器，并做成“容器押金报表”（成-45）。现以JJ国际大饭店10月份容器押金报表举例说明如下。

（1）期初盘存　上个月底的期末盘存。

（2）本期增加　本期净增加的容器。

（3）本期总额　即期初盘存 + 本期增加。

（4）期末盘存　即本月底的盘存数额。

（5）容器未退回

①本月份：即本期总额－期末盘存金额。

②上月份：即上个月的容器盘存差异。

③去年同期：即去年同月份的容器盘存差异。将表13-3编入餐饮成本分析报告书中。

范例　　成-44

表13-3　餐饮容器押金报表

月份：2015年10/1—10/31

食品容器		
	期初盘存	229635
	加：本期增加	0
	本期总额	229635
	减：期末盘存	229635
	食品容器未退回	
	本月份	—
	上月份	—
	去年同期	—

饮料容器		
	期初盘存	59654
	加：本期增加	10365
	本期总额	70019
	减：期末盘存	68024
	饮料容器未退回	
	本月份	（1995）
	上月份	（2685）
	去年同期	（2845）

四、存货周转率报表

存货是资产的一种，仓库的存货越多，应解读为资金的羁押越多，所以库存越少，代表资金的运用越活跃。但是餐饮的营运，需有适当的库存，才不致造成供应上的短缺，因此，建立安全库存量，根据经验设置最低库存量，都是一种仓库管理上的成就。而检视仓库管理的优劣的方法，就是使用“存货周转率”。

周转率表示一个仓库的营运效能，周转率越高代表效能越高，反之则低，就像餐厅的“翻桌率”一般。其计算基础在于每月进货发货的金额，除以期初与期末存货的平均值。现以JJ国际大饭店10月周转率为例说明如下。

（1）期初存货　上个月的期末存货。

（2）期末存货　本月底实际盘点后的存货。

（3）期初与期末存货总和　期初存货+期末存货。

（4）平均期初与期末存货　总合期初与期末存货 ÷ 2。

（5）总发货数量　本月仓库所发出的货品总额。

（6）周转率

①本月份：即总发货数量除以平均期初与期末存货。

②上月份：即上个月的仓库周转率。

③去年同期：即去年同月份的仓库周转率。将表13-4编入餐饮成本分析报告书中。

范例　　成-46

表13-4　存货周转率报表

月份：2015年10/1—10/31

食品仓库盘点		
	期初存货	3865423
	期末存货	3923452
	总合期初与期末存货	7788875
	平均期初与期末存货	3894438
	总发货数量	12524032
	周转率：本月份	3.22
	上月份	3.12
	去年同期	3.05

饮料仓库盘点		
	期初存货	3564752
	期末存货	3552675
	总合期初与期末存货	7117427
	平均期初与期末存货	3558714
	总发货数量	2452362
	周转率：本月份	0.69
	上月份	0.65
	去年同期	0.62

第三节 各餐饮点的盘点

一、盘点的安排

大饭店内设有许多餐厅及酒吧，为满足餐饮服务的需求，每一个据点都需要有饮料库存，才能充足供应。据点内的小仓库也要在每月底进行盘点，才能计算出实际成本。目前多数饭店都只做饮料类盘点，各餐饮据点（酒吧与餐厅）的小酒库，根据排定的盘点时间（通常是每月第一天一大早），抢在中午营业之前做完各据点小酒库的盘点，由各点负责人、饮料成控员、成控室主管共同做实际盘点。

以上所描述的盘点并没有厨房的食品盘点，表示这家饭店不做厨房盘点，每个月厨房的直接进货与从仓库领取的货品，都是当月的食品成本。不过厨房盘点在实际操作中有很多问题，例如，盘点是所有货品都要做，还是只有尚未使用的货品做盘点，这之间有许多模糊空间。在备料过程中，有些餐点需要预先处理，或是做成酱汁备用，或是汤品备用。这些半成品是否需要盘点？数量大时觉得需要盘点，数量少时又觉得不需要，即使制定了盘点标准，仍会因为成本高低的问题与人为因素而受到干扰。

二、厨房盘点的优缺点

如上节所叙述的情况，厨房要不要做盘点，需视饭店的理念与会计制度的设计而定。然而目前多数饭店，并不做厨房的食品盘点。不做盘点的处理方式有其利弊，现分述如下。

利：简化作业流程，减少人力负担，账务处理简单快速。

弊：缺乏弹性空间，对实际成本有影响，例如，月初有大型餐会预订，在上月底即开始备料，这会造成当月成本偏高，不符合会计原理。此外，因为盘点本身就是一种查核，不盘点等于减少一次对食品的检查，对货品的管理较不理想。

不过上述情况并不会经常发生，时间久了自然会形成经验值，只是厨房若做了盘点作业，在成本的处理上，比较容易形成人为处理的弹性空间。

名词解释

1．加权平均法（Weighted Average）：就是对领用原物料的一种计价方式，在月末一次计算其平均价值，也称全月一次加权平均法。

2．移动加权平均法（Weighted Moving Average）：此种方法，在每次购入原物料时，都需要重新计算一次平均单价。

3．存货周转率（Turnover Ratio）：周转率体现了一个仓库的营运效能，周转率越高代表效能越高，反之则低。

4．容器押金（Container Deposit）：是指某些货品在购入时会有容器装载，这些容器因为要回收再次使用，所以含有押金。

5．啤酒桶（Beer Barrel）：啤酒桶本身即是含有押金的一种容器。

6．半成品（Semi-finished Product）：是指厨房在前处理阶段，有些材料已经做成再加一个步骤即可供应的产品，例如尚未装饰的蛋糕、酱汁。

小故事

盘点的故事

盘点是结账的第一件事情，仓库盘点完毕，才能进入结账的作业，后续才能制作成本分析的报告书。食品与饮料仓库在每月最后一天当天就已经盘点完毕，第二天早上，才开始盘点各个分吧，所谓分吧就是各个酒吧与有卖葡萄酒的餐厅，这些分吧都设有小仓库，而且只做饮料酒类的盘点。Alex第一次与Judy（饮料成本控制员）到各分吧去做实际盘点时，面对着许多第一次看到的酒名，真是眼花缭乱，尤其是法国葡萄酒，连名字都不知怎么念。后来经过几次盘点，他对葡萄酒产生了浓厚的兴趣，也不断向牛排馆经理请教葡萄酒的知识，慢慢他已经能够正确地念出酒名了，Judy反倒要向他请教呢。

有些饭店做了厨房盘点，但是考虑到时间与效益性，往往只选一些使用量比较大以及单价比较高的货品作为盘点的项目，并非做全面性的盘点。而盘点的方式，是由厨房自行盘点，主管在盘点表上填上数字即可，成本控制室并未参与。这种做法就有一些弹性空间，实际处理上厨房主管若觉得当月成本太高，盘点表的盘存数量与金额便会做多，以便让成本降低一些。反之，若当月成本较低，则盘点表的盘存数量与金额便可以做少，让成本提升一些以维持在目标范围。

假设该饭店不做厨房的盘点，则所有直接进货与领货都是当期的成本，只会在第一个月成本较高，其后每个月就差不多了。这种做法，简单省事，有其方便性。但是，厨房在进货时，需要考虑到生意量，如果下个月1号有一笔较大的订单，厨房势必要在月底进货备料，这便会造成当月成本提高。此时，若做了厨房盘点，便可避免上述的问题。

JJ国际大饭店并没有做厨房盘点，因此缺少上述的调节机制，成本多少便会在当月呈现。有一次，餐饮部协理Gorde找Alex说这个月成本太高了，届时报表将会不好看，问他有没有办法。Alex告诉他如果厨房有做盘点，则可以通过盘点做微调，可是饭店并未做。这时，Gorde突然说：“我有一个办法，将厨房所领的货部分退回给仓库，下个月再领出来！这样就可以减少当月的成本。”Alex明白，这纯粹只是账务处理，厨房并未真的将货品退回仓库。

然而这件事中间还颇有曲折，这样做虽然已经将账务项目减到最低，但是存货的处理出现异常现象，有不合理之处，财务长与会计主任都表示不该如此处理。其后Gorde与财务长沟通后，提出下不为例，这件事情后来便成为成本控制的一个案例！

之后Gorde还用了一个名词，“创造性的会计（Creative Accounting）”替这件事情做了注解。

学习测评

1．请说明盘点的意义。

2．仓库盘点会有差异，请问盘点有较大差异时如何处理？

3．饭店不做厨房的盘点，原因为何？有何利弊？

4．请说明存货周转率的计算公式。

5．各餐饮点的盘点应注意哪些事项？

第十四章

市场营销活动计划预算

第一节 餐饮活动设计

餐饮部门在国际大饭店营运中，扮演举足轻重的角色，其人员编制、营收、采购金额等，大多超越客房部门，是一个活跃精彩的部门，因此，在营销活动的设计上，也需保持其丰富性。餐饮营销活动，多与传统节日和特殊庆典或季节有关，中国人的节日有春节、元宵节、端午节、七夕、中秋节等，还有重阳、大闸蟹祭等节令活动，若再加上清明、春假春游、毕业季节谢师活动，整年就有许多活动的名目；西洋节日则有情人节、复活节、母亲节、父亲节、万圣节、感恩节、圣诞节、新年等，若再加上目前流行的异国美食节促销活动，则几乎每个月都可以有不同主题的餐饮活动了。

市场营销的预算，与餐饮营收的预算同时编制，如何将营销经费花在刀刃上，这时就必须有完整的年度餐饮活动策划。也就是说，餐饮部门在编制下一年度的预算时，便开始着手餐饮活动的设计了。

根据历来的餐饮部门各据点的营收数据，可以知道有营销活动的特殊节日，其营收比一般的日子多，因此，需要好好把握各个节日。餐饮活动除了在传统节日举办之外，现在多着重在异国美食节的设计上，在某一段适合的季节，推出某一个国家或地区的风味美食，甚至搭配上该国传统的音乐、舞蹈与服饰，将原汁原味的异国美食搬来。然而举办异国美食节，却未必一定有较高的利润，因为整个活动需要许多开销，包括食材、道具、布置服装甚至主厨与艺术表演人员等，几周的活动下来，若没有增加更多的来客数，有时可能是亏本的。但是举办国际餐饮活动，代表着大饭店的形象，有时未必全然以赚钱为考虑因素。

近年来，越来越多的消费者喜欢追求所谓“米其林”美食，不少人到欧美地区旅游，顺便也安排前往米其林星级餐厅“朝圣”，虽然所费不赀，但是为了梦想仍然在所不惜。因此，也有一些国际大饭店的餐厅，邀请国际知名米其林星级主厨前来客座，举办米其林大师美食节，引起轰动，吸引许多消费者慕名前来品尝。

举办任何活动都需要经费支出，尤其在营销上的费用可多可少，餐饮部门主管可要求各个据点的单位主管，设计出下一年度的餐饮促销活动，分别根据需求，提列活动的营销费用预算。由于每个餐厅所提的餐饮活动，很多都是相同主题，在经费有限的情况下，便需要召开营销预算会议，整合餐饮部门的活动，确定营销经费如何使用。大部分的饭店在年底前，便已经将下一年度的餐厅餐饮活动计划确定好，营销预算也同时定案。

第二节 各餐厅主管的创意

一、餐饮营销活动计划表

餐饮活动计划是一种模仿跟随，也是一种创新，当别人不断推陈出新时，也同时刺激着同行创新。若是不能有新的构思，依照前人的样子画葫芦也未尝不可。餐饮部协理应该激发各餐厅经理与主厨的想法，发挥他们的创造能力，设计出与众不同的餐饮活动。 每个人都是不一样的个体，每家饭店也应该有自己的特色，如何发展出自己独有的绝活，这是需要经过讨论设计的。

餐饮主管可以召开有关餐饮活动计划的讨论，如“SWOT分析”，或是“脑力激荡”方法，或是“心智地图法”，大家集思广益，相互碰撞，或许能激发出令人赞赏的火花。每举办一次活动就多一次学习的机会，随着经验的累积，丰富性与视野深度也增加了，事后的检讨与改进，更能够避开无谓的错误，让活动更加成功。

现以JJ国际大饭店某年度的餐饮营销活动计划为例说明，其是按月份，将各个餐饮点的活动设计汇总整合起来，其重点有下列几项。

（1）活动主题　可以节日、庆典、美食节等为主题设计。

（2）策略与行动方案　举办活动的方式及行动的实施细节。

（3）活动期间　整个活动从开始到结束的时间。

（4）广告费　刊登广告的费用。

（5）材料费　布置与印刷文宣品、促销赠品的费用。

表14-1所示为餐饮营销活动计划表。

成-04

表14-1　餐饮营销活动计划

年度：＿＿＿＿＿　　　　月份：＿＿＿＿＿

厅别	活动主题	策略与行动方案	活动期间	广告费	材料费

续表

厅别	活动主题	策略与行动方案	活动期间	广告费	材料费

二、市场营销活动计划预算表

市场营销活动计划预算表，是将各厅点的餐饮活动计划的费用汇总，其中包括广告费与材料费，依照月份逐月编列，并列出去年度的费用进行比较，如此一来就能清楚地看出各厅点之间的差异性。市场营销活动计划预算与营收损益预算及FF&E预算等一样，都是一种计划性的收入与支出，编制预算编列时，必须事先做好计划，方便事后检核，编制好的预算金额，需经过董事会同意，来年才有经费可以动支。

表14-2所示为市场营销活动计划预算表。

成-05

表 14-2　市场营销活动计划预算表

年度：__________

厅别	项目	1月	2月	3月	4月	5月	6月	7月	8月	9月	10月	11月	12月	总计	去年总计
Brasseries	广告费														
	材料费														
	其他														
牛排馆	广告费														
	材料费														

续表

厅别	项目	1月	2月	3月	4月	5月	6月	7月	8月	9月	10月	11月	12月	总计	去年总计
	其他														
霞飞邸	广告费														
	材料费														
	其他														
翡冷翠	广告费														
	材料费														
	其他														
红楼	广告费														
	材料费														
	其他														
泰荷餐厅	广告费														
	材料费														
	其他														
Genji	广告费														
	材料费														
	其他														
大厅酒吧	广告费														
	材料费														
	其他														
银河酒吧	广告费														
	材料费														
	其他														
夜总会	广告费														
	材料费														
	其他														
宴会厅	广告费														
	材料费														
	其他														
总计															

第三节 营销预算编制的原则

营销费用的多寡并无一定标准，有些产业的营销费用，可能占总营收的10%以上，有些则只有1%～2%，这必须依据产业的特性而定。饭店业的营销费用可以占总营收的2%左右，各部门依需求编制营销活动计划与预算。预算的编制需有根据，不能凭空想像，餐饮部协理必须收集去年，甚至以前年度的预算资料，再加上饭店业同行今年的活动信息，若能知道他们明年度的餐饮活动更好，如此才能知己知彼，制订一个杰出的营销活动计划与预算。当然，餐饮活动的计划除了涉及市场因素外，也要考虑到市场潮流与接受度，尤其要邀请国外主厨前来，各项的食材成本与费用必然增加，所以更要加强营销，让整个活动可以客满，业绩长红，否则很可能会亏本。以下为编制此预算的一些原则，说明如下。

（1）收集至少过去3年的餐饮部营收资料。

（2）取得去年各餐厅实际发生的餐饮活动营销费用。

（3）各餐厅主管先行编制下一年度餐饮营销活动计划，需有明确策略与行动方法。

（4）广告与材料费预算总金额应符合下年度营收预算的百分比。

（5）去年成果不佳的餐饮活动预算，应检讨修改，或降低或取消。

（6）尽量提出创新的活动设计。

（7）可以结合其他行业（如信用卡公司、酒类代理商、媒体）设计餐饮活动，减少广告费用，增加曝光度。

第四节 饮务部营销计划

饮务部经理负责酒吧的经营管理，同时也要计划促销活动，对于不同特性的酒吧，必须要有不同的做法。酒吧的促销活动与餐厅的主题不同，是以酒类饮料为主角，属于一种休闲娱乐，追求空间氛围的体验。因此，在营销活动设计上，要有别于餐厅的方式，以特殊优惠来刺激消费，以下介绍几种常见的酒吧营销做法。

1. 淑女之夜

淑女之夜一般是在夜总会及酒吧PUB、夜店有跳舞的地方举办，一周之中设定星期几为淑女之夜，当晚女士免费或免最低消费。其主要目的是吸引男士前来消费，尤其以夜店的消费型态，多是呼朋引伴一起参与，只要一有好事，顾客很快就会蜂拥而至，甚至需要派人在门口维持入场秩序。这一天的生意相对会很好，男士会利用这天带女伴来店消费，如此可以增加来客数，虽然平均消费额会稍低些，但整体来说营业额反倒会提升。

2. 快乐时光

快乐时光多半设定在酒吧生意最冷清的时间，可能在下午4 ~ 6点，采取的做法可能是买一送一，或是点一定金额的饮料附免费的点心。另外，在饭店中可以针对房客有特别的优惠，例如“房客欢乐日”，凡房客当天来消费有特别折扣或赠品。

3. 每月之酒

餐厅经常会与葡萄酒代理商合作推广葡萄酒，由酒商提供促销海报与桌卡，上面有几款促销葡萄酒，价格通常较为优惠，而且为了促销，酒商还会提供奖金给餐厅服务人员，每推销出1瓶酒即可得到一定金额的奖金。由于葡萄酒适合用餐搭配，所以这种促销活动多半选择在餐厅来做，效果也较好，至于酒吧也可以推广，只是效果差些。

因此，在酒吧通常是推广烈酒，如威士忌、白兰地、伏特加、龙舌兰等。活动优惠的方式有很多种，有搭赠促销如买一送一、有折扣如满千送百、有特价如促销期间内以特价供应等，酒商为了打出该品牌酒款的知名度，这些推销酒的优惠都是由酒商承担，算是酒商营销推广费用的一部分。尤其能在知名饭店做促销，也能提升其形象。

4. 主题调酒祭

鸡尾酒中有许多大家耳熟能详的名字，例如曼哈顿、新加坡司令、金汤尼、奇奇、迈泰、玛格丽特等。在热带地区的酒吧由于天气较热，他们所提供的各式调酒，会以冰沙的方式呈现。有一家饭店的酒吧曾经以莓子玛格丽特（Berries Margarita）的主题调酒方式做促销活动，做法是某月份制作一系列的各种莓子口味的玛格丽特，例如覆盆子、小蓝莓、蔓越莓、草莓、鹅莓、木莓、杨梅、大黑莓等。这种促销活动并无任何折扣优惠，但是它带来一种刺激与新鲜感，对饭店形象有正面意义。

上述几种促销活动的做法，有折扣或优惠的地方，其应收而未收的金额，通常都以标准成本计算后转入费用，其使用的会计科目可以是营销费用。

名词解释

1. SWOT分析：SWOT分别是优势（Strength）、劣势（Weakness）、机会（Opportunity）、威胁（Threat）四个英文字的简称，优势（Strength）和劣势（Weakness）属于内部环境，即企业与其竞争者或是潜在竞争者（技术、产品、服务）的比较结果，而机会（Opportunity）和威胁（Threat）则是分析外力的影响。

2. 脑力激荡（Brainstorming）：此法由奥斯本（AlexF.Osborn）于1938年提出，利用集体思考的做法，激发彼此的创意构想，使发生连锁效应，得以在短时间内，获得大量的构想。运用此法时，主持人要先营造和谐的团体气氛，不存任何偏见，鼓励大家发言，并适时导正偏题或独占发言的人，不批评、不指摘，激发小组的创意。

3. 心智地图法（Mind Mapping）：是一种刺激思维及帮助整合思想与信息的思考方法，也可说是一种观念图像化的思考策略，所以它是一种图像式思维的工具。在结构上，具备开放性及系统性的特点，能让使用者自由地发挥联想力，又能有层次地将各类想法组织起来，以刺激大脑做出各方面的反应，从而发挥全脑思考的多元化功能。

4. FF&E：Furnishings，Furnitures & Equipments的缩写，是指室内陈设、家具、营业器皿等。

5. 文宣品（Flyer）：即促销活动的小传单。

6. 促销赠品（Gift）：为了某一个促销活动而设计订制的小礼物，它也可以是饭店的纪念品，视活动的意义而定。

7. PUB：英文为Public House，通常是指英式酒吧，与美式酒吧BAR有所区别。

小故事

弗拉明戈的热情

舞台上一名身着红色紧身长裙的女郎，正随着旋律曼妙起舞，一位肥胖的吉他手炫技般演奏着音乐，并用他沙哑的歌喉唱起一首西班牙民歌，性感而沧桑，不久另一名男性舞者双手强烈地打拍，并双脚踏着地板随着女舞者翩翩起舞。吉他旋律、歌声、手拍脚踏的舞者、快速的节奏，这充满热情的舞蹈正是著名的西班牙“弗拉明戈”。观众的目光显然被吸引，现场的气氛弥漫着浓烈的异国风情，而表演的场所是在JJ国际大饭店的咖啡厅。Alex站在餐厅的角落一边欣赏着表演，一边感受“西班牙美食节”的魅力。

去年餐饮部在做今年度的餐饮活动计划时，Gorde便曾提到今年五月将要在咖啡厅举行为期两周的西班牙美食节，而且将请到知名主厨前来客座主持，另外还有弗拉明戈的舞者与乐师。除了咖啡厅的大型活动外，八月翡冷翠餐厅将请米其林三星名厨前来献艺，这将是另一场重量级的美食活动。

今年四月底，咖啡厅的厨房就开始忙碌起来，西班牙客座主厨Galeno带来了一些特殊食材，其中有西班牙著名的番红花（Saffron）、松露（Truffle）与雪莉酒（Sherry Wine）。这些食材需要经过验收并确认金额后才能使用，由于数量少，并是自行携带进来，并没有关税问题，所以Alex协助验收核对过货品与清单后，便将单据收了起来，要等到下月初再入账。这是因为美食节下个月才开始，如果月底就入账，会影响到本月成本。另外有些食材需要慢慢使用，所以这部分东西先入仓库储存，届时再开单领出来使用，下个月初要实际入账时，便须分为一部分直接入账，一部分仓库入账。

Alex被要求计算西班牙美食节成本，以便于事后分析其活动的损益。于是他与咖啡厅经理珍妮、副主厨大卫讨论此事，请他们配合在这段时间内，所有与美食节活动有关系的进货与领货，都要注明“西班牙美食节”字样。但是这其实相当困难，因为咖啡厅不像其他正式西餐厅，咖啡厅一天有五个餐期，有早餐、午餐、下午茶、晚餐、宵夜，其中午晚餐与下午茶采用自助餐方式。为了成本分析上的方便性，餐饮部协理决定美食节期间除了午晚餐之外，下午茶也列入美食节的活动中，但是菜单由大卫安排，可以加入西班牙美食节的一些菜肴。另外，早餐自助餐的餐点由另一组厨师负责，在大厨房内准备，叫领货都分开处理，并不与咖啡厅厨房混淆，这样成本能够单独分开处理。只是宵夜是单点菜单，必须由咖啡厅厨房处理，然而考虑到宵夜的客数与收入并不高，所以决定以标准成本衡量美食节之外的进货成本。

西班牙美食节的活动相当热烈，活动前2天在宴会厅举行的介绍晚宴，许多平面与电子媒体出席采访，替西班牙美食节做了不错的宣传。两周活动期间天天客满，午餐与晚餐翻桌率分别为1.3与1.6，餐价也比平常提高了100元。因此咖啡厅这回美食节营收共多出约NT$3500000元，比去年“新加坡美食节”更为成功。

美食节结束后，Alex将咖啡厅所有与美食节相关的直接进货与仓库领货的成本进行计算与分析，并单独将2周美食节的收入结算，得到如下数字：

餐期	客数/天	总客数	平均消费额	餐饮收入
午餐	260	3640	880	3203200
下午茶	315	4900	550	2425500
晚餐	320	4480	980	4390400

续表

总计	720	10080	815	10019100
直接进货成本	1855472			
仓库领货成本	1350640			
预估成本	3206112			
预估成本率	32%			

美食节期间的预估成本率为32%，与五月份结账后的实际成本率31.5%相差不多，与咖啡厅平时月份的实际成本率31%相比则稍高，是因为进口货品使用得较多的缘故。增加营收的同时也增加了费用，这次美食节有2位大厨、3位舞者，一共5位前来，安排住在饭店内，为期3周，使用三个房间，免费使用饭店的餐饮，再加上薪酬、机票、保险等所费不赀。再加上介绍晚宴、公关招待等，也有一笔开销，等会计部将所有费用算出来时，已经是月底了。据悉上述所有费用大约160000元。整体而言，这次西班牙美食节的活动是成功的。

学习测评

1．请问餐饮营销活动有何特性？

2．国际大饭店的餐饮营销活动计划，应包含哪些事项？

3．营销预算编制的原则为何？

4．试为咖啡厅编制一个年度餐饮营销活动计划。

5．近年来，国内消费者喜欢追求所谓“米其林”美食，也有一些国际大饭店的餐厅，邀请国际知名米其林星级主厨前来座客，举办米其林大师美食节。请问举办这种美食节活动可以赚钱吗？为什么？

第十五章

餐饮成本分析报告

第一节 周报表的编制

一、厨房成本记录表

大部分企业的会计制度，都是采取月结账与年度结账，月结账以月初到月底为一个循环，会计年度以1～12月为一个循环作为区分。饭店餐饮部门活动量庞大，若是等到月底才知道结果，即使想做什么措施也为时已晚。所以，在月的循环期间，可以做出“周”（Weekly）的营收与成本报表，甚至一周2次（Biweekly）的成本报表，如此，餐饮部各责任单位，可以了解目前的营运状况，及时做出应对措施。

由于成本的计算采用各厅独立呈现的方式，周报表的编制需要将厨房成本，真正入账与分账，方能提出正确的预估值。为何是预估值呢？因为，真正确实的数值需等到月底结完账才能呈现，所以周报表只能是接近事实的预估值。任何报表都要呈现“实际”的状况，因此，周报表也是一样，我们必须以实际成本的公式来计算这周间的成本。其公式如下：

实际成本=期初存货+本期进货-期末存货

“期初存货”为上月底的“期末存货”，期末存货为本月底盘点之后的盘存，周报表由于尚未到月底，并未做盘点，因此计算上并无“期末存货”。以经验值估算，期初存货与期末存货两者颇为接近，所以周间的成本分析只需计算“本期进货”，毕竟，周报表只能是接近事实的预估值。

现以表15-1红楼台式创意料理餐厅厨房成本记录表做范例予以说明。

范例

成-31

表15-1 红楼餐厅 厨房成本记录表

年：2015　　月份：5

日期	直接进货	食品仓库领货	饮料仓库领货	内部转账	成本小计	相关减项	主管员工用餐	公关招待	净成本		销售额		成本率/%	
									本日	月累积	本日	月累积	本日	月累积
1(五)	35000	32000	2500	—	69500	2000	1000	4000	62500	62500	145000	145000	0.43	0.43
2(六)	35800	—	1200	5600	42600				42600	105100	152000	297000	0.28	0.35
3(日)	48000	—	—	—	48000	1500	1500	—	45000	150100	124000	421000	0.36	0.36
4(一)	—	28500	1500	-4000	26000	1200	1200	3000	20600	170700	138000	559000	0.15	0.31
5(二)	26000	56000	1050	2000	85050	—	—	—	85050	255750	160000	719000	0.53	0.36
6(三)	23400	31000	2000	—	56400	—	—	—	56400	312150	172000	891000	0.33	0.35
7(四)	24800	25000	3200	2500	55500	1250	—	2100	52150	364300	142000	1033000	0.37	0.35
8(五)	23000	45000	4800	6200	79000	3200	2430	3620	69750	434050	135000	1168960	0.52	0.37
↓														
25														
26														
27														
28														
29														
30														
31														
总计														

成本控制员：　　　　成本控制室主管：

（1）直接进货　为餐厅厨房例行性叫货，以生鲜货品为主，直接进入厨房，由于市场每周一公休，故周日需进两天货。食品控制会计员每天将直接进货的验收单予以计算后，输入正确金额。

（2）食品仓库领货　为餐厅厨房针对生鲜以外的货品，开单从仓库所领取的货品。这部分为食品类。食品控制会计员每天将领货单予以计算后，输入正确金额。

（3）饮料仓库领货　为餐厅厨房针对烹调过程中所需的饮料品项，开单从饮料仓库所领取的货品。食品控制会计员每天将领货单予以计算后，输入正确金额。

（4）内部转账　向其他厨房转入的餐点或材料，金额以正数计，若为本厨房转出给其他厨房的餐点或材料，金额以负数计。

（5）成本小计　以公式处理，前面四栏加总即可。

（6）相关减项　为厨房有出货但无收入的情况，所做的一种调账，例如顾客抱怨服务不好或冰箱故障所造成食材的损坏等。

（7）主管员工用餐　主管有权利在餐厅用餐，除了有时工作时间较晚，错过员工餐用餐时间外，也是一种对餐厅的了解与试菜的机会。员工招待亲朋好友在餐厅用餐享有折扣，这部分折扣需予以扣除（各饭店规定不同）。

（8）公关招待　饭店在许多时候因为公关的需要，会招待一些贵宾与媒体，或是前来订席的顾客或是大客户的联络人。用餐的成本需扣除。

（9）净成本　分为本日与月累积，本日是第5栏减6、7、8三栏，5月8日其金额为$69750，月累积则是1～8号的累加，其金额为$434050。

（10）销售额　从餐厅每日出纳报表而来，5月8日其金额为$135000，月累积则是1～8号的累加，其金额为$1168000。

（11）成本率　本日成本率计算式为本日净成本÷本日销售额，5月8日其成本率为52%，月累积成本率则为月累积净成本÷月累积销售额，到5月8日月累积成本率为37%。

从此范例说明，可以知道2015年5月份，1～8号，该餐厅的食物成本为37%，比标准成本率（目标成本率35%）高出2个百分点，这个数值可以提供给餐饮部协理与该餐厅经理与主厨，作为未来努力方向的参考。

二、员工餐成本记录表

员工餐是餐饮业基本的福利，通常是免费的，由公司人力资源部门负责，成立员工厨房，聘请厨师负责员工伙食。员工伙食的供应除了是福利政策外，还考虑到饭店的员工工作时都是穿着制服，不方便外出用餐。还有就是时间问题，即使是开放外出用餐，也有可能时间来不及，会影响到工作。而且餐饮服务是连续性的工作，同一个单位需要分批用餐，才不致影响服务顾客。

员工餐的费用是整体食品成本的减项，它需要有完整的记录，方便结账时做费用的分摊与增减，如此才能得到正确的成本数字。大饭店对于员工餐的提供有一定的管理办法，员工在上班期间可以免费使用，一般而言一班设定为一餐，两班设定为两餐。员工用餐时必须使用“员工餐券”，员工餐厅主管负责回收餐券，现在很多地方都使用电子卡片（或储值卡）作为记录。

国际大饭店设有精品店，一般都在一楼大厅的地方，这些外租单位的员工，也有用餐的需求，因此可以设定一餐多少钱，并卖餐券给这些单位，凭券用餐。但是为了区别，餐券的颜色或内容必须不同。如此一来员工餐厅仍然会有一些收入，必须分别入账处理。

厨房转账栏除了记录员工厨房向其他厨房转借食品材料费用外，还记录了由餐饮部各个厨房及点心房，餐期结束剩下的不适合再利用而转送来的餐点费用，这部分由各厨房开立部门转账单，交给成控室做内部转账。此外，这个报表还能反映每天的用餐人数，以及平均一份员工餐约多少钱。

依表15-2员工餐成本记录表，月底结账后，总成本栏的数字，就是员工餐的费用。

注：现在有一些饭店将员工餐厅外包给团体膳食企业，并不自己经营供餐，其做法则以实际付给承包商的费用入账处理。

采-03

表15-2　员工餐成本记录表

月份：________

日期	仓库领货	直接进货	厨房转账	小计	减现金销售	总成本	总用餐人数	每餐成本
1								
2								
3								
4								
5								
6								
7								
8								
9								
10								
26								
27								
28								
29								
30								
31								
总计								
日平均								

三、周报表

当厨房成本记录表的成本计算清楚之后，即可着手制作周报表，其格式可用较为简单的方式呈现，现以JJ国际大饭店餐饮部为例，利用“每日销售报表”格式，增加成本金额与成本率栏位，修改设计成“周报表”。

由表15-3，可以清楚看出5月1～8日，各餐饮据点的营收状况与成本分析，收入部分是根据会计部门收入稽核（Income Audit）/夜间稽核（Night Audit）所汇总的每日营收报表而来，成本部分则是根据各餐饮据点的“厨房成本记录表”所填入，如此就可以不定时做出周报表或半周报表了。

前面提过，周报表只是预估值，并非真正的会计报表，它只是迅速为经营者提供一个接近于真实的参考值。而且，周报表只提供“食品类”的食品成本（Food Cost），而“饮料成本”（Beverage Cost）仅在月底结账后呈现。并非饮料成本无法制作周报表，只是饮料收入在许多餐厅比重很低，不需要或者不值得做。至于酒吧也因为盘点作业的时间太晚与人力负荷颇重，且在此期间，因为酒类特性若是不做准确盘点，难以得到正确消耗量以计算成本，因此，多数饭店的成控室只提供“食品成本”的周报表（成-41）。

范例

成-41

表15-3　周报表

成本时间：2015/5/1～5/8

日期：2015/5/9

餐饮据点			食品收入		饮料收入		总餐饮收入		食品成本	成本率
		总客数	人均消费	餐点收入	人均消费	饮料收入	人均消费	总收入		
Brasseries										
	早餐	1600	435	696000	5	8000	440	704000		
	午餐	800	820	656000	25	20000	845	676000		
	下午茶	980	520	509600	0	—	520	509600		
	晚餐	850	950	807500	50	42500	1000	850000		
	宵夜	340	480	163200	20	6800	500	170000		
	总计	4570	620	2832300	100	77300	720	2909600	998653	34%
牛排馆										
	午餐	600	850	510000	120	72000	970	582000		
	晚餐	520	1420	738400	450	234000	1870	972400		
	总计	1120	1115	1248400	273	306000	1388	1554400	442315	28%
霞飞邸										
	午餐	580	690	400200	50	29000	740	429200		
	晚餐	500	1150	575000	120	60000	1270	635000		
	总计	1080	903	975200	82	89000	985	1064200	334652	31%

续表

餐饮据点			食品收入		饮料收入		总餐饮收入		食品成本	成本率
		总客数	人均消费	餐点收入	人均消费	饮料收入	人均消费	总收入		
红楼										
	午餐	662	580	383960	50	33100	630	417060		
	晚餐	730	950	693500	130	94900	1080	788400		
	总计	1392	774	1077460	92	128000	866	1205460	434050	36%
泰荷										
	午餐	640	680	435200	20	12800	700	448000		
	晚餐	825	750	618750	806	6000	830	684750		
	总计	1465	719	1053950	54	78800	773	1132750	321021	28%
Genji										
	午餐	475	780	370500	120	57000	900	427500		
	晚餐	415	1500	622500	180	74700	1680	697200		
	总计	890	1116	993000	148	131700	1264	1124700	368250	33%
翡冷翠										
	午餐	435	580	252300	20	8700	600	261000		
	晚餐	368	1240	456320	60	22080	1300	478400		
	总计	803	882	708620	38	30780	921	739400	225364	30%
宴会厅										
	会议餐饮	120	200	24000	0	—	200	24000		
	一般餐会	500	880	440000	50	25000	930	465000		
西厨	酒会	113	450	50625	120	13500	570	64125		
	外烩	150	950	142500	50	7500	1000	150000		
	喜宴	205	1850	379250	120	24600	1970	403850		
	小计	1088	953	1036375	65	70600	1018	1106975	312324	28%
	一般餐会	515	850	437750	50	25750	900	463500		
中厨	酒会	115	200	23000	120	13800	320	36800		
	外烩	100	950	95000	50	5000	1000	100000		
	喜宴	3100	1880	5828000	120	372000	2000	6200000		
	小计	3830	1667	6383750	109	416550	1776	6800300	2123245	31%
	总计	4918	1509	7420125	99	487150	1608	7907275		
	饭店总计	16238	1004	16309055	82	1328730	1086	17637785	5559874	32%

第二节 结账作业流程

一、盘点作业

随着餐饮活动的进行，从月初到月底，许多数值不断在更新，每日、每周会计部门记录与处理着各式各样的账务。成本控制部门身为会计部大家族的一员，同样处理着餐饮控制循环所有与成本有关的细节。

到了月底仓库发完最后一笔领货单之后，便可进入盘点作业。盘点是结账的第一个步骤，依照安排好的顺序，先做食品仓库与饮料仓库的盘点，之后便要到各餐饮据点去做盘点。目前多数饭店已不做“厨房”的盘点，只盘点酒吧与餐厅的小酒库。等做完所有盘点作业，就要展开后续结账作业。食品与饮料成本会计员平常会将所有“验收单”与“领货单”入账，盘点之后，再分别将盘点记录输入到各单位的盘点表里。接着就要打印出“盘点差异表”，盘点的差异有多有少，检查报表内各品项的差异是否在容许范围内，如果某品项差异太大，则必须找出原因，或是重新盘点，若是误点则必须更正。

※注：盘点差异计算表见表13-1（成-43）

二、仓库盘点差异报表

做完实际盘点并且入账后，需要检查仓库盘点差异，当这些差异都找到原因并可以合理解释，或是在可接受范围内，就需要制作一份与上月及去年同期的仓库盘点差异比较表。现以JJ国际大饭店2015年5月为范例，说明如下。

（1）账上库存金额　即期初存货+本期进货-本期发货。

（2）实际盘点金额　即仓库内实际库存总额。

（3）仓库盘点差异（多/少）　即账上库存金额-实际盘点金额。

* 除了本月份的数字外，再加入上月份与去年同期的数字，以利比较。

盘点完毕之后的表单有下列几种。

（1）仓库盘点差异计算表；

（2）仓库盘点差异报表；

（3）存货周转率报表；

（4）容器押金报表。

盘点作业完成之后，会生成上述4份表格，这4份表格在第十三章（盘点作业）里已做了详细说明，这里不再赘述。但在报告书中只要放入后3份报表即可，即仓库盘点差异报表、存货周转率报表、容器押金报表。

第三节 餐饮成本分析报告书的编制

一、众多结果的呈现

餐饮成本分析报告书，是成控室主任每月初工作的重头戏，这份报告书提供许多分析比较的资料，做成各式各样的功能性表单，呈现餐饮成本控制的结果。报告书的内容，有各餐饮据点的营收细项与比较分析、盘点资料、仓库存货周转率、食品成本与饮料成本分析、餐饮成本调节表等。这份报告书具有其财务会计专业性，因为会计部的应付账款与损益报表，都是根据成控室的报表而来的，它提供给所有的权责单位，作为成果验收与未来经营的参考。

报告书依照目的不同而大致涵盖表15-4所示的报表（表15-4）。

表15-4　餐饮成本分析报告书内容

编号	报表名称	功能简介
成-42	餐饮收入分析报表	详细记录各餐饮据点的营收状况
成-43	仓库盘点差异计算表	检查仓库盘点差异原因及其金额
成-44	仓库盘点差异报表	仓库盘点差异数据比较
成-45	容器押金报表	食品与饮料容器押金账目增减比较
成-46	存货周转率报表	仓库存货周转率增减比较
成-47	食品成本调节表	解释标准成本与实际成本的差异处，以及实际成本必须调整的各种加减项费用
成-48	饮料成本调节表	同上
成-49	迷你酒吧营收分析报表	记录与分析迷你酒吧的营收与损益情况
成-50	实际与标准饮料销售/成本摘要	检视各餐饮据点饮料销售情形，及餐饮趋势
成-51	餐饮部餐厅损益报表	反映餐饮部各餐饮据点损益情况
成-52	餐饮营运趋势数据分析	汇总餐饮营运过去、现在的数据

每一种表单有其不同功能，呈现出不一样的意义，现说明如下。

二、餐饮收入分析报表

餐饮收入分析报表详细记录了餐饮部门各餐饮据点的营收状况，包括当月份来客数、食品销售额、食品平均消费额、饮料销售额、饮料平均消费额、餐期以及年度累积营业额等，并且比较了去年同期的营收状况。此外，还记载了饭店的入住率，各餐厅厨房的食品与饮料成本率，这些信息一般是放在报告书的第一页，开门见山地展现餐饮部门的营运状况。

（1）客数/天　是指每天各餐厅各餐期来店消费的顾客人数。

（2）总客数　是指当月份各餐厅各餐期来店消费的顾客人数。

（3）人均食品消费额　是指各餐厅各餐期来店消费的顾客，单次食品平均消费额。计算方式为食品餐点收入金额除以总客数。

（4）餐点收入　是指当月份各餐厅各餐期的食品收入，计算方式为本月总客数×人均食品消费额。

（5）人均饮料消费额　是指各餐厅各餐期来店消费的顾客，单次饮料平均消费额。计算方式为饮料收入金额÷总客数。

（6）饮料收入　是指当月份各餐厅各餐期的饮料收入，计算方式为本月总客数×人均饮料消费额。

（7）餐饮总收入　即餐点收入+饮料收入。

（8）去年同期　指去年同月份的营收状况。

注：餐饮收入分析报表除了与去年同期比较之外，还可以与预算做比较，此外，还可以做年度累积的餐饮收入分析报表，如一月份到五月份的年度累积收入分析表，可分别与去年同期及预算做比较。

表15-5所示为“餐饮收入分析报表”的范例。

三、食品成本调节表

调节表可分为“食品”与“饮料”两种，此表格最重要的功能为解释标准成本与实际成本的差额，以及实际成本所必须调整的各种加减项费用。需等盘点作业结束，入完所有当月份应入之账，包括验收单、领货单、转账单、津贴折扣等，并将当月份的电脑系统关闭，一般称为“关账”，之后才能开始准备制作调节表。

试以JJ国际大饭店为范例，以表15-6说明如下。

（1）粗估食品收入　即每日营收报表的当月累积“食品收入”（成-42）。

（2）调节金额　为饭店所提供的津贴或折扣优惠，例如饭店与某信用卡公司合作，推出的优惠折扣。

范例

成-41

表15-5 餐饮收入分析表

期间：2015年5月1～31日

日期：2015/06/06

月：	五月	来客数				食品收入				饮料收入				总餐饮收入		
天数：	31															
		本月		去年同期		本月		去年同期		本月		去年同期		本月	去年同期	差额率
		客数/天	总客数	客数/天	总客数	人均消费	餐点收入	人均消费	餐点收入	人均消费	饮料收入	人均消费	饮料收入	总收入	总收入	
Brasseries																
	早餐	450	13950	467	14477	450	6277500	445	6442265	0	—	—	—	6277500	6442265	-3%
	午餐	200	6200	210	6510	820	5084000	820	5338200	30	186000	25	162750	5270000	5500950	-4%
	下午茶	280	8680	265	8215	550	4774000	545	4477175	0	—	—	—	4774000	4477175	6%
	晚餐	265	8215	250	7750	960	7886400	960	7440000	60	492900	50	387500	8379300	7827500	7%
	宵夜	50	1550	62	1922	450	697500	435	836070	20	31000	20	38440	728500	874510	-20%
	总计	1245	38595	1254	38874	640	24719400	631	24533710	110	709900	95	588690	25429300	25122400	1%
牛排馆																
	午餐	80	2480	77	2387	845	2095600	840	2005080	120	297600	120	286440	2393200	2291520	4%
	晚餐	95	2945	92	2852	1200	3534000	1150	3279800	450	1325250	450	1283400	4859250	4563200	6%
	总计	175	5425	169	5239	1038	5629600	1009	5284880	299	1622850	300	1569840	7252450	6854720	5%
霞飞邸																
	午餐	70	2170	72	2232	680	1475600	675	1506600	50	108500	50	111600	1584100	1618200	-2%
	晚餐	65	2015	67	2077	1020	2055300	980	2035460	150	302250	120	249240	2357550	2284700	3%
	总计	135	4185	139	4309	844	3530900	822	3542060	98	410750	84	360840	3941650	3902900	1%
红楼餐厅																
	午餐	50	1550	52	1612	680	1054000	668	1076816	120	186000	102	164424	1240000	1241240	0%
	晚餐	70	2170	68	2108	955	2072350	946	1994168	180	390600	165	347820	2462950	2341988	5%
	总计	120	3720	120	3720	840	3126350	826	3070984	155	576600	138	512244	3702950	3583228	3%
泰荷餐厅																

续表

月：	五月	来客数				食品收入				饮料收入				总餐饮收入		
天数：	31															
		本月		去年同期		本月		去年同期		本月		去年同期		本月	去年同期	差额率
		客数/天	总客数	客数/天	总客数	人均消费	餐点收入	人均消费	餐点收入	人均消费	饮料收入	人均消费	饮料收入	总收入	总收入	
	午餐	80	2480	82	2542	675	1674000	662	1682804	20	49600	20	50840	1723600	1733644	-1%
	晚餐	100	3100	97	3007	720	2232000	712	2140984	80	248000	80	240560	2480000	2381544	4%
	总计	180	5580	179	5549	700	3906000	689	3823788	53	297600	53	291400	4203600	4115188	2%
Genji																
	午餐	60	1860	65	2015	780	1450800	770	1551550	60	111600	120	241800	1562400	1793350	-15%
	晚餐	65	2015	72	2232	1500	3022500	1420	3169440	80	161200	180	401760	3183700	3571200	-12%
	总计	125	3875	137	4247	1154	4473300	1112	4720990	70	272800	152	643560	4746100	5364550	-13%
翡冷翠																
	午餐	95	2945	92	2852	520	1531400	516	1471632	80	235600	120	342240	1767000	1813872	-3%
	晚餐	120	3720	112	3472	1200	4464000	1,105	3836560	150	558000	180	624960	5022000	4461520	11%
	总计	215	6665	204	6324	900	5995400	839	5308192	119	793600	153	967200	6789000	6275392	8%
客房餐饮服务																
	收入合计	145	495	136	4216	625	2809375	602	2538032	230	1033850	220	927520	3843225	3465552	10%
迷你酒吧																
	收入合计	0	—	—	—	0	423651	—	523647	0	1023645	—	1234120	1447296	1757767	-21%
大厅酒吧																
	其他	145	4495	140	4340	120	539400	121	525140	180	809100	175	759500	1348500	1284640	5%
	总计	145	4495	140	4340	120	539400	121	525140	180	809100	175	759500	1348500	1284640	5%
银河酒吧																
	其他	110	3410	112	3472	120	409200	123	427056	350	1193500	340	1180480	1602700	1607536	0%
	总计	110	3410	112	3472	120	409200	123	427056	350	1193500	340	1180480	1602700	1607536	0%

续表

月：	五月	来客数				食品收入				饮料收入				总餐饮收入		
天数：	31															
		本月		去年同期		本月		去年同期		本月		去年同期		本月	去年同期	差额率
		客数/天	总客数	客数/天	总客数	人均消费	餐点收入	人均消费	餐点收入	人均消费	饮料收入	人均消费	饮料收入	总收入	总收入	
夜总会																
	其他	150	4650	145	4495	120	558000	118	530410	400	1860000	368	1654160	2418000	2184570	10%
	总计	150	4650	145	4495	120	558000	118	530410	400	1860000	368	1654160	2418000	2184570	10%
宴会厅																
	会议餐饮		645		680	200	129000	220	149600	0	—	—	—	129000	149600	-16%
	一般餐会		1885		2205	760	1432600	750	1653750	50	94250	50	110250	1526850	1764000	-16%
西厨	酒会		920		687	450	414000	445	305715	120	110400	120	82440	524400	388155	26%
	外烩		1200		920	950	1140000	932	857440	50	60000	50	46000	1200000	903440	25%
	喜宴		1300		1200	1820	2366000	1805	2166000	160	208000	120	144000	2574000	2310000	10%
	小计		5950		4350	921	5481600	1180	5132505	79	472650	88	382690	5954250	5515195	7%
	一般餐会		2000		1820	850	1700000	825	1501500	50	100000	50	91000	1800000	1592500	12%
中厨	酒会		450		420	200	90000	400	168000	120	54000	120	50400	144000	218400	-52%
	外烩		400		425	950	380000	925	393125	50	20000	50	21250	400000	414375	-4%
	喜宴		13240		12580	1882	24917680	1800	22644000	120	1588800	120	1509600	26506480	24153600	9%
	小计		16090		15245	1684	27087680	1621	24706625	110	1762800	110	1672250	28850480	26378875	9%
	总计		22040		19200	1478	32569280	1554	29839130	101	2235450	107	2054940	34804730	31894070	8%
	饭店总计		107135		103985	828	88689856	814	84668019	120	12839645	123	12744494	101529501	97412513	4%

饭店入住率： 本月 85.4%

去年 84.6%

各据点成本率： 咖啡厅 36.0% 中厨 34.5% 西厨 31.2% 牛排馆 29.3% 泰荷 30.8% 霞飞邸 33.8% Genji 31.8% 红楼 35.2% 翡冷翠 28.3% 总计 31.8%

范例

成-47

表15-6 食品成本调节表

月份：2015/5/1—5/31

食品收入：		
	粗估食品收入	85456830
	减：调节金额（津贴折扣）	1823456
	净食品收入	83633374
食品成本：		
	期初存货	3865423
	加：本期进货	29236423
	加：厨房用饮料	20300
	减：未退回押金	3546
	小计	33118600
	减：期末存货	3923452
	粗估食品成本	29195148
食品成本减项：		
	员工福利项	564253
	员购	0
	招待顾客	16524
	杂项	52302
	吧台使用食品	28600
	吧台招待食品	15230
	客房用水果篮	164200
	报废食品	3520
	主管用餐与员工餐	1002345
	食品成本减项小计	1846974
	最终食品成本	27348174
	标准食品成本	27458365
	差额	110191
	最终食品成本率	32.70%
	标准食品成本率	32.83%
	差额率	0.13%
	备注：成本率差额超过0.5%，需提出说明	

（3）净食品收入　即第1项减第2项。

（4）期初盘存　即上月底的期末盘存。

（5）本期进货　为本月份各单位所有直接进货的食品金额，加上从仓库领取的货品金额。

（6）厨房用饮料　此为厨房在烹调过程所需要使用的饮料，大部分为烹调用酒。

（7）未退回押金　此为食品容器的押金，在进货时已经计入货款，如同“预付款”一般，因此在计算成本账时需予以扣除。容器押金备有专门账，当押金退回时需做冲销账，请见容器押金报表（成-45）。

（8）期末盘存　即月底的盘存，将转为下个月的期初盘存。

（9）粗估食品成本　即期初盘存+本期进货+厨房用饮料-未退回押金-期末盘存。

（10）员工福利项　为饭店提供给员工使用的免费餐点，例如员工培训时使用的茶点和员工生日蛋糕。

（11）员工折扣　即饭店提供给员工购买饭店的产品的折扣，例如，烘焙坊晚上9点以后，员工可以用5折购买面包产品。

（12）招待顾客　餐厅当有顾客抱怨时，外场主管所给予顾客的安抚性优惠甚至免费招待。

（13）吧台使用食品　此部分为吧台使用某些食品类调制饮料。

（14）吧台招待食品　此部分为吧台免费提供给顾客的零食，如花生、坚果、土豆片等，目的为促进顾客多消费饮料。

（15）客房用水果篮　即饭店免费送给房客的水果篮，由餐饮部提供。

（16）报废食品　因某些因素造成食品无法使用，此部分需予以扣除，如冰箱故障造成食品损坏不能使用，或服务人员意外打翻餐点。

（17）粗估食品成本净额　即粗估食品成本-成本减项小计。

（18）主管用餐与员工餐　此部分为饭店给予主管在餐厅免费用餐的优待额度，及员工餐厅当月份所发生的食品成本（成-31及成-33）。

（19）最终食品成本　即粗估食品成本净额-主管用餐与员工餐，此为最后计算出的真正实际成本。

（20）标准食品成本　即标准成本总额，所有菜单键入POS系统时，即设定每道餐点的标准成本，每日营收报表从电脑POS系统计算出标准成本总额；此为“目标成本”。

（21）差额　最终食品成本-标准食品成本。

（22）最终食品成本率　即最终食品成本÷净食品收入。

（23）标准食品成本率　即标准食品成本÷净食品收入。

（24）差额率　最终食品成本率-标准食品成本率。

（25）备注　当成本率差额过大时，需提出说明，因为最终食品成本（实际成本）是最后真正的经营结果，标准成本是一个“目标”，也是餐饮部门努力追求的终极目标。

四、饮料成本调节表

饮料成本调节表，最重要的功能与食品成本调节表相同，为解释标准成本与实际成本的差异性，以及实际成本所必须调整的各种加减项费用。此表的制作，与食品成本调节表一样，需等盘点作业结束，完成所有账务处理，并将当月份的电脑系统关闭，“关账”之后才能开始。

试以JJ国际大饭店为范例，以表15-7说明如下。

（1）粗估饮料收入　即每日营收报表的当月累积“饮料收入”（成-42）。

范例　　成-48

表15-7　饮料成本调节表

月份：2015/5/1—5/31

饮料收入：		
	粗估饮料收入	10782150
	减：调节金额（津贴折扣）	38564
	净饮料收入	10743586
饮料成本：		
	期初存货（饮料仓库与酒吧库存）	3564752
	加：本期进货	2984563
	加：酒吧用食品	34520
	减：未退回押金	4562
	小计	6579273
	减：期末盘存	3552675
	粗估饮料成本	3026598
饮料成本减项：		
	招待顾客	52342
	员购	0
	员工福利项	3245
	厨房烹调使用饮料	15230
	报废饮料	1640
	杂项	42345
	成本减项小计	114802
最终饮料成本分析：		
	最终饮料成本	2911796
	标准饮料成本	2924234
	差额	12438
	最终饮料成本率	27.10%
	标准饮料成本率	27.22%
	差额率	0.12%
	备注：成本率差额过大时，需提出说明	

（2）调节金额　为饭店所提供的津贴或折扣优惠，例如饭店与某信用卡公司合作，推出的优惠折扣。

（3）净饮料收入　即第1项减第2项。

（4）期初盘存　即上月底的期末盘存。

（5）本期进货　饮务部门基本上较少有直接进货，大部分或者几乎全部是从酒库领取货品，因此以领货单的金额为主。

（6）酒吧用食品　此部分为吧台使用某些食品类调制饮料，是为成本加项。

（7）未退回押金　此为饮料容器的押金，在进货时已经计入货款，如同“预付款”一般，因此在计算成本账时需予以扣除。容器押金备有专门账，当押金退回时需做冲销账，请见“容器押金报表”（成-45）。

（8）期末盘存　即月底的盘存，将转为下个月的期初盘存。

（9）粗估饮料成本　即期初盘存+本期进货+酒吧用食品-未退回押金-期末盘存。

（10）员工福利项　为饭店提供给员工使用的免费饮料，例如员工培训时使用的茶点。

（11）员购　即饭店提供给员工购买饭店的产品的折扣，例如淘汰的饮料商品，员工可以用五折购买。

（12）招待顾客　餐厅当有顾客抱怨时，外场主管所给予顾客的安抚性优惠甚至免费招待。

（13）厨房用饮料　此为厨房在烹调过程所需要使用的饮料，大部分为烹调用酒。

（14）报废饮料　因某些因素造成饮料无法使用，此部分需予以扣除，如冰箱故障造成饮料损坏不堪使用，或服务人员意外打翻饮料。

（15）杂项　凡是饮料成本的减项，无法列入其他科目者皆属之。

（16）成本减项小计　即10~15项的加总。

（17）最终饮料成本　即粗估饮料成本净额-成本减项小计，为最后计算出的“真正实际成本”。

（18）标准饮料成本　即标准成本总额，所有酒单键入POS系统时，即设定每道饮品的标准成本，每日营收报表从电脑POS系统计算出标准成本总额。此为“目标成本”。

（19）差额　最终饮料成本-标准饮料成本。

（20）最终饮料成本率　即最终饮料成本÷净饮料收入。

（21）标准饮料成本率　即标准饮料成本÷净饮料收入。

（22）差额率　最终饮料成本率-标准饮料成本率。

（23）备注　当成本率差额过大时，需提出说明，因为最终饮料成本“实际成本”是最后真正的经营结果，标准成本是一个“目标”，也是餐饮部门努力追求的终极目标。

五、实际与标准饮料销售/成本摘要

酒吧与餐厅都有饮料的销售，饮料种类繁多，在做销售记录时可以分类项予以区分，目的在检视销售情形及餐饮趋势。在分类上可以有单杯饮料、单瓶葡萄酒、单瓶烈酒等项，查看哪一区块比重较高，如此饮务部可以知道，应将重心放在哪一个地方。

以JJ国际大饭店2012年12月饮料销售与成本摘要为例，以表15-8说明如下。

（1）调酒&饮料（营收） 单杯饮料泛指各式含酒精与无酒精的饮料，以现在POS系统的功能性，还可细分为更多类别。

（2）烈酒类（营收） 烈酒如威士忌、白兰地、伏特加等，以单瓶销售者。

（3）葡萄酒（营收） 除饭店指定酒可以单杯销售外，葡萄酒大多以单瓶销售，葡萄酒指香槟、红酒、白酒及粉红酒。

范例

成-50

表15-8 实际与标准饮料销售/成本摘要

月份：2012/12

销售分析 \ 酒吧/厅别	Brasseries	泰荷	Genji	霞飞邸	牛排馆	大厅酒吧	银河酒吧	夜总会	总计
营收分类									
调酒&饮料	105200	85200	82300	82000	279850	781200	1222000	2230500	4868250
烈酒类	45000	18000	25000	56200	78500	65420	42000	52330	382450
葡萄酒	425000	194520	165200	212300	1264500	24500	30600	42400	2359020
实际销售额	575200	297720	272500	350500	1622850	871120	1294600	2325230	7609720
标准销售额	591230	301200	278950	342500	1675830	882400	1285600	2284520	7642230
实际与标准差额	-16030	-3480	-6450	8000	-52980	-11,280	9,000	40710	-32510
差额率/%	-2.7%	-1.2%	-2.3%	2.3%	-3.2%	-1.3%	0.7%	1.8%	-0.43%
去年同期差额	-2.3%	-1.3%	-2.5%	1.7%	-3.0%	1.2%	-1.4%	1.5%	-0.34%
实际成本									
调酒&饮料	23144	19596	19752	20090	65765	174208	273728	457253	1053535
烈酒类	13050	4860	6625	16298	24492	19233	11760	14966	111285
葡萄酒	116875	54466	46256	59444	404640	6860	8568	11872	708981
总成本	153069	78922	72633	95832	494897	200301	294056	484091	1873800
成本百分比/%									
调酒&饮料	22.0%	23.0%	24.0%	24.5%	23.5%	22.3%	22.4%	20.5%	21.6%
烈酒类	29.0%	27.0%	26.5%	29.0%	31.2%	29.4%	28.0%	28.6%	29.1%
葡萄酒	27.5%	28.0%	28.0%	28.0%	32.0%	28.0%	28.0%	28.0%	30.1%
总成本	26.6%	26.5%	26.7%	27.3%	30.5%	23.0%	22.7%	20.8%	24.6%
标准成本	25.9%	26.2%	27.2%	27.6%	29.8%	22.8%	22.4%	21.5%	24.2%
差额率	0.7%	0.3%	-0.5%	-0.3%	0.7%	0.2%	0.3%	-0.7%	0.4%
销售比例									
调酒&饮料	18.3%	28.6%	30.2%	23.4%	17.2%	89.7%	94.4%	95.9%	64.0%
烈酒类	7.8%	6.0%	9.2%	16.0%	4.8%	7.5%	3.2%	2.3%	5.0%

续表

酒吧/厅别 销售分析	Brasseries	泰荷	Genji	霞飞邸	牛排馆	大厅酒吧	银河酒吧	夜总会	总计
销售比例									
葡萄酒	73.9%	65.3%	60.6%	60.6%	77.9%	2.8%	2.4%	1.8%	31.0%
总销售额	100.0%	100.0%	100.0%	100.0%	100.0%	100.0%	100.0%	100.0%	100.0%
备注:									

（4）实际销售额　以每日营收报表饮料类实际收入为准。

（5）标准销售额　以酒单与饮料单规划时的所有饮料商品售价为计算基础，乘以所有卖出的数量。

（6）实际与标准差异　第4项与第5项的差额。

（7）差额率=（实际销售额-标准销售额）÷实际销售额。

（8）去年同期差额　实际销售额-去年同期销售额。

（9）实际成本　分为单瓶烈酒、单瓶葡萄酒、单杯饮料等。

（10）成本百分比　分为单瓶烈酒、单瓶葡萄酒、单杯饮料等。

（11）总成本=实际成本÷实际销售额。为实际成本率。

（12）标准成本率=标准成本÷标准销售额。

（13）差额率=实际成本率-标准成本率。

（14）销售比例　分为单瓶烈酒、单瓶葡萄酒、单杯饮料及总销售额等，以百分比表示。

六、餐饮部餐厅损益分析试算表

餐饮部餐厅损益分析计算报表最重要的功能在于反映了每一个餐饮据点（餐厅、酒吧、宴会厅、外店等）的部门利润，越来越多的饭店采用“利润中心制”，以各个单位为利润中心。饭店要以餐饮据点为单位中心，是因为除了营收较为容易切割外（可以根据每日营收报表），其余餐饮成本、薪资、费用等，在切割上都有其难度。其原因有下列几项。

1. 共用一个或多个厨房

例如西厨的大厨房里面有不同单位，提供多个餐厅的餐点或备料，大厨房有专门做汤品的单位、切肉房、点心房、主厨房、冰雕室、冷厨等，所提供的餐点或备料，是给所有的西式餐厅及酒吧使用，另外，宴会厅的西式餐饮服务与外烩也是由大厨房供应。所以在餐饮成本的计算上，大厨房的成本需运用比例原则或其他方法，切割分摊到每个单位。

2. 人员薪资要重新定义

餐厅或酒吧有内外场人员，但是大厨房供应所有厅点的材料与餐点，大厨房的薪资部分需分配到各厅点去。此外，行政管理与后勤支援单位的人事费用，也必须合理分配到各单位去。员工餐费用也是如此。

3. 租金费用的分摊

饭店本身的租金，需由客房与餐饮部门来承担，可以面积比例或者单位营收比例作为分摊标准，餐饮部各营业单位也需依照比例原则做分配。

4. 能源费用的分摊

与前述相同。或者饭店在设计时，即已将各个营业单位的能源管线做独立或者分表计费。

5. 其他费用的分摊

其他费用是除了营业器皿、菜单、消耗备品外，大多无法单独区分到各厅点的费用，因此，仍需要重做分配。

由上述观点可知，除非是单独运作的餐厅，否则要做到各个厅点的损益分析，必须建立起可以接受的费用分摊方式。或者，整个饭店只分为中西餐饮两大部门，计算上则方便许多。

利润中心制度有其积极面，配合奖励措施，可以提高员工的向心力，鼓励员工全力以赴，争取提升业绩，领到较高的奖金。 但是，也因为自我中心的关系，单位间对于成本费用的分摊会斤斤计较，造成彼此间的摩擦与隔阂，甚至为了降低成本，不知不觉间降低了品质，这是在实施利润中心制过程中，需要小心预防的地方。

此分析试算表中的“薪资”（除了员工餐）与“其他费用”，需由会计部门提供，成本控制室再根据所提供的数字，做合理的分配。

不过该如何分配上述费用，应该由权责单位餐饮部协理决定，再呈给总经理与财务长认可。成控室依据所得到的数字，完成此试算。

表15-9所示为餐饮部餐厅损益分析试算表的范例。

七、其他费用

营业器皿称为OE（Operation Equipment）。

此费用为餐饮部门购买餐饮服务所提供的各式餐具器皿的费用。由于这些器皿容易破损，需要不定期补充，当月采购便一次做成费用时，会使当月费用偏高。因此以“重置概念”将营业器皿费用化，即每月平均提存，当某月份采购营业器皿（OE）时，再去冲这个账，如此可避免费用起伏过大。

第四节 有价值的会计报表

餐饮成本分析报告书是期间营运资料的呈现与分析比较，通过这些由不同目的而设计的各式表单，填入各种营运结果的数据，让经营者能一目了然，马上掌握各种状况，进而能做出正确的决策。本期的资料会成为下一期资料的比较对象，上一年度的营运资料，也是本期比较的依据，而其中具有指标性的资料，就是预算。 预算是营运的目标，指引着经营者朝目标前进，此外，它也是实际经营结果的比较标的，餐饮主管们想尽办法努力达成甚至超越预算。

一年12个月，每个月都有不同的情况，季节的差异，节日的不同，政府机关、学校、企业等的运转，人民日常生活的习惯，宗教文化和民情风俗，所有活动都会对餐饮的需求产生变化。历史营运资料记录着过去年度的情况，也是未来营运上重要的参考值，因此，今天所完成的报表，将是下一年度的历史资料。所以，在资料的汇总整理与报表的制作上，必须维持一致性，如此才能方便与未来的资料比较。

范例　　成-51

表15-9　餐饮部餐厅损益分析试算表

月份：

餐厅名称	Brasseries		泰荷		Genji		霞飞邸		牛排馆		翡冷翠		红楼		宴会厅		银河酒吧		夜总会		大厅酒吧	
	金额	%	金额	%	金额	%	金额	%	金额	%	金额	%	金额	%	金额	%	金额	%	金额	%	金额	%
营收																						
食品收入																						
饮料收入																						
餐饮收入																						
其他收入																						
租金收入																						
杂项收入																						
其他收入总计																						
成本																						
食品成本																						
饮料成本																						
总餐饮成本																						

续表

餐厅名称	Brasseries		泰荷		Genji		霞飞邸		牛排馆		翡冷翠		红楼		宴会厅		银河酒吧		夜总会		大厅酒吧	
	金额	%	金额	%	金额	%	金额	%	金额	%	金额	%	金额	%	金额	%	金额	%	金额	%	金额	%
薪资																						
直接薪资																						
临时薪资																						
员工福利																						
员工餐																						
薪资减项																						
总薪资																						
其他费用																						
营业器皿																						
音乐娱乐																						
菜单																						
装饰与花																						
制服																						
洗衣费																						
器具																						
消耗备品																						
印刷与文具																						
燃料																						
杂项																						
其他费用总计																						
部门利润																						
总客数																						
平均消费额																						

一份有价值的会计报表，除了呈现本期的结果之外，还能让经营者掌握过去与未来的趋势，在竞争激烈的产业中，看到变化的契机。这样的一份报表，将会是企业重要的资产。

名词解释

1．会计年度（Accounting Year）：一般企业都是以1月到12月为一个循环作为区分。依台湾本地相关规定："商业以每年一月一日起至十二月三十一日止为会计年度。但法律另有规定，或因营业上有特殊需要者，不在此限。”

2．入住率（Occupancy）：即饭店每天有顾客入住的房间数，除以总房间数乘以100之值，通常以百分比表示。入住率越高表示生意越好。

3．薪资费用（Salary）：员工的薪资不只是每月公司付给的薪水，还包括许多费用，例如劳保业主分摊费用、缴纳的养老金、员工福利、奖金、红利、教育培训等。

4．自助式（Buffet）：标榜：“吃到饱”的自助式餐饮形式，目前已发展为开放式厨房，现点现做，所提供的餐点饮料内容丰富，无限供应！

5．标准成本（Standard Cost）：即饭店餐饮部主管所决定的每个餐厅的“目标成本”，通常以“标准成本率（%）”表示，可分为食品成本率（%）和饮料成本率（%）。

6．进货发票（Purchase Invoice）：会计部门可依照实际作业的方便性与完整性，要求供应商送货时随货附发票，或者随货提供送货单，于月底对账后再开发票。

7．内部营销（Internal Sale）：所谓内部营销乃是针对经营团队自身的营销，服务业特别重视人的因素，主管只有抓住员工的心，才能提升服务品质，进而创造部门的佳绩。Gronroos（1981）提出将员工视为内部顾客，通过内部员工的满意，达到外部顾客的满足，此内部营销的观点，逐渐成为企业运作成功的要素。

8．顾客跑单（Walkouts）：顾客未付账即离开。

小故事

海外实习

这次的海外实习并不是第一次，之前在点心房时，Alex便曾经被派往香港的JJ大饭店实习，但这回是意料之外的，与两个月前亚太区总监约翰的访视有关，因为他改变验收流程的建议被采纳，也曾表示若能到连锁的饭店实习，应该有学习进步的空间，所以，这次Alex将被派往日本东京JJ大饭店的成本控制部门进行为期两周的海外实习。

东京JJ大饭店是新盖的饭店，将原本位于赤坂的JJ停用，所有人员全部移到东京，目前才重新开幕不到三年。东京JJ大饭店时尚新颖，有42层楼，位于公园旁边，视野极佳，附近商业大楼林立，到了晚上灯海闪烁，漂亮极了。Alex被安排住在18楼，窗外就是公园，真是礼遇呢！

接待他的是东京JJ的成本控制室主任——高岛建明（Tateaki Takashima），他除了是东京JJ的成控主任，也是亚太区的成控督导。他们的办公室位于饭店四楼，办公室里有4位员工，一位食品成本会计员、一位饮料成本会计员及一位成控专员，此外他们也兼管仓库，仓库位于地下一楼，计有食品仓库、饮料仓库及一般仓库，共由5位员工负责。这表示东京的餐饮部体量颇大，东京JJ有咖啡厅、牛排馆、源氏日式料理、朝代中华料理、佛罗伦萨意式餐厅、路易十三法式餐厅，以及三个酒吧与一个大型宴会厅。

高岛在东京JJ已经10年，负责成本控制室已经6年，去年被提升为亚太区成控督导，算来也是Alex的上司。第一天，他带Alex熟悉这里的组织编制与各部门的运作流程，介绍他认识一些单位主管，采购部主管食品的小谷、验收单位的直木、食品仓库的野田、饮料仓库的八宫、一般仓库的英殿等。当然还有后来与他相处最久的食品成本会计员吉村、饮料成本会计员森口及一位成控专员官本。第二天开始，Alex就到各相关部门去实习，在采购部门他仔细地询问有关供应商管理的一些做法，他发现日本的供应商与买家之间有很深厚的伙伴关系，很少会怀疑供应商的诚信，一旦被确认为供应商，除非有重大违失，否则不会轻易变更。日本的税制与中国台湾地区相似，货品收据随货附送，采购流程大同小异，订购时根据货品规格，请厂商报价，议价决定供应商，生鲜类一个月订一次，杂货类则四个月订一次，叫货已开始使用电脑作业了。

验收单位位于地下一楼，与仓库比邻，空间宽敞还有空调，环境优良，验收单也是用电脑打印好，等供应商送货来，随即点收。单据的设计也一样，供应商将不进仓库的货品送到暂存室内，暂存室有标示着各个使用单位的货架，货品就放置于货架上，各使用单位会派员前来签收取货，仓库的货品就直接送到仓库点收。这样做在比例上直接进货较仓库货品少了许多。

而仓库的设计真是令人耳目一新，三个仓库连在一起，空间挑高宽敞，食品仓库内依次设置走入式冷冻库、冷藏库及货架，货架是轨道式活动架，整体看起来干净利落、相当舒服。饮料仓库则设有冷藏库、轨道式活动货架及一个专门放葡萄酒的大型低温酒库，带有一种专业感。一般仓库更是超乎寻常的巨大，除了轨道式活动货架外，另有许多大型货架，里面存放了各种大小备品，此外尚有一区放满了各式各样的造型物品与装饰品，这一区是美工部专用区，饭店的各式活动节庆所用到的道具都放在这里。仓库的作业目前仍然采用纸本，与台北JJ的做法一样，不过他们预计后年开始将要导入电脑作业系统。

另外，饮料的成本控制流程与台北JJ相比，似乎相对简单，与食品的控制流程差不多，迷你酒吧的做法却有些不同。台北JJ的迷你酒吧是由各楼层负责的房务员在下午到饮料仓库领货，饮料类与食品类的货品一起领，领货单也是一样的。而日本JJ的做法是在同一窗口一起领货，但是食品与饮料使用不同的领货单。

他们目前的结账作业与台北JJ差不多，月底那天仓库做实际盘点，月初那天开始营业前各个酒吧做盘点，厨房并不做盘点。在关账期间电脑系统暂停下一个月的账务输入处理，等完全结完账与调完账之后才再开放。成本控制分析报告书厚厚一本，涵盖各种分析报告，比台北的还多。不过高岛说这个并没有硬性规定，各地情况不尽相同，完全看各据点部门主管的需求。他提到，台北JJ有驻外单位（两个日系百货公司的蛋糕咖啡专柜，及一个大型会议中心的餐饮服务部），这就需要有专用的分析报表，日本反倒没有。

在成本控制室的时间较长，高岛带他在饭店内外到处逛，让他有机会见识到各部门的作业方式，有两件让他印象较深刻的事情。有一天晚上高岛带他去看一个在宴会厅举行的西式披露宴（喜宴），布置得气派豪华，每一张桌子上有桌卡，每一个位置都放上名牌，印好客人的名字，整个会场让人感觉到严谨、细心、用心。而且每位客人位置上都放有一本小册子，里面有英日文菜单、新人简介、照片等，这种态度令人折服。高岛拿出宴会部的宴会订单，指出一场婚宴花费颇巨，餐费是以人头计费，酒水另计，场地布置、乐团、活动企划、主持、新娘秘书等皆由婚礼顾问公司负责，费用另计，此外，婚宴结束时送客的小礼物也非常精美。

另外一件事，是有一次高岛带他到员工餐厅用餐，等他们到时，成本控制室的另外三人马上站起来，等高岛招呼Alex入座后，他们才坐下来，而餐点已经帮他们准备好了。这种上下属的分级相当清楚，后辈对前辈的态度也是毕恭毕敬，这真是令他记忆深刻呢！

学习测评

1．成本控制单位为何需要出周报表？

2．承上题，饮料成本为何不适合出周报表？

3．盘点完毕之后的表单有哪些？

4．餐饮成本分析报告书有哪些内容？

5．试说明成本调节表的功能。

6．为何餐饮成本、薪资、费用等，在切割上都有其难度？

7．何谓重置费用？

8．餐饮成本分析报告书为何是一份有价值的会计报表？

第十六章

成本异常的检讨与趋势分析

第一节 成本异常的原因

餐饮管理的目标之一，就是将成本控制在合理的范围，这是最好的结果，成本太高当然不好，但是太低时，却也未必好，因为餐饮的品质可能偏低。成本高低要看餐饮的属性，以及其产品特性与销售比重，例如自助式餐厅，其食品成本必然较高，单点与套餐式菜单成本可以较低，另外，中餐与西餐的食品成本，通常中餐较西餐为高。但这并非一定如此，餐饮的经营有许多方面，也有不同的考虑因素，经营者本身的认知与价值观，也会左右食品的成本。然而一般而言，餐饮成本有其经验值，餐饮部门主管需根据各餐厅的产品组合与特性，来决定每个餐厅（或者厨房）的标准成本，即目标成本。当目标成本与实际成本有较大落差时，就必须深入检讨，找出原因，采取改进措施，以求两者之间能够更加接近。

餐饮成本是一个复杂过程的结果呈现，包括从规划阶段的菜单设计、成本分析、价格制定、餐饮营收预算的编制，执行过程的采购、验收、直接进货、仓库领发货、生产、服务销售、盘点、抽点，到报表分析的餐饮成本报告书的制作等。每一个环节都有可能因为某些因素，而对餐饮成本造成不好的影响，这些原因多数是人为造成的，我们有必要予以探讨，找出原因以便改进。以下为各个环节可能出现成本异常的原因。

1. 菜单设计

（1）菜单的品项过多或过少。
（2）菜单过于单调。
（3）未考虑食材的季节性与气温。
（4）菜单格式设计不佳。
（5）成本的计算不正确，影响定价。
（6）菜名不易懂或太戏剧性。
（7）高成本菜色与低成本菜色项目不平均。
（8）低成本项目促销不力。
（9）未考虑到市场接受度。
（10）菜单上的项目制备与服务太复杂。

2. 采购

（1）进货数量偏高。
（2）采购价格偏高。

（3）未做经常性市场调查。

（4）采购没有成本预算。

（5）未查核进货发票及应付账款。

（6）采购原料未有详细规格说明，如品质、重量、式样等。

（7）采购政策缺乏竞价性。

（8）采购人员与供应商勾结收回扣。

（9）与供应商关系不佳。

（10）采购过程不透明。

（11）采购集中于少数供应商。

（12）采购人员未尽责，采购作业松散，比价议价未落实。

3. 验收

（1）验收方法及程序未查核。

（2）磅秤未经常校对。

（3）验收人员偷窃。

（4）未准确检查货品的价格、品质及数量是否合格。

（5）缺乏适当的退货系统及程序。

（6）易腐坏的食品暴露在外太久，未及时送到使用单位。

（7）验收记录不完整，每日查核未落实。

4. 仓储

（1）货品储存未适当分类。

（2）货品存放位置不适当，味道互相干扰。

（3）储藏的时间太久，未采用“先进先出法”。

（4）仓储人员偷窃。

（5）无适当的仓储及领货程序。

（6）仓库温度及湿度不恰当。

（7）未设定安全库存量。

（8）每日库存检查未落实。

（9）仓库脏乱，卫生状况不良。

（10）盘点不准确。

（11）存货报告不正确。

5. 领、发货

（1）领货单没有权限者签名。

（2）领货及发货权责不清。

（3）发货记录不准确。

（4）发货数量不正确。

（5）不注意发货的价格计算。

（6）无限制地发货。

6. 生产过程

（1）食材处理浪费，丢弃太多。

（2）机器设备不良。

（3）食品制备前处理的过程不正确。

（4）生鲜货品未做产出率测试。

（5）进货领货数量过多或过少。

（6）未建立标准配方表（食谱）。

（7）无订单即出餐。

（8）烹调温度与过程错误。

（9）食物处理的时间不当（过早或过晚）。

（10）未注意到剩余食物的再利用。

（11）生产数量超过需求。

（12）厨房人员培训不足。

（13）厨房人员偷吃及偷窃。

7. 服务

（1）无标准服务流程。

（2）服务人员培训不足。

（3）无标准的餐点分量。

（4）无标准的分量测量用具供服务者使用。

（5）餐点离开厨房或端上桌缺乏记录。

（6）延迟递送餐点给客人。

（7）服务过程失误过多。

（8）服务不佳及环境不卫生。

8. 销售

（1）服务人员偷窃。

（2）出纳人员偷窃。

（3）没有销售记录与存查。

（4）外场人员与厨房勾结。

（5）餐点不具吸引力。

（6）内部营销不佳。

（7）无适当促销及广告。

（8）顾客跑单未付账。

9. 成本控制

（1）未建立正确成本控制流程。

（2）未设计及使用适当表格控制。

（3）未检核每日验收单。

（4）未查核每日的销售报表。

（5）未做不定期抽点饮料吧。

（6）未做不定期抽查餐厅订单与销售记录。

（7）未落实盘点制度。

（8）未建立销售预估及成本预算制度。

（9）无菜单销售分析或比较销售与存货消耗的关系。

（10）没有确实记录价格变化（最佳买货时机）。

（11）未查核人事授权及责任分配。

（12）未将员工餐费用化（列入会计项目）作为成本减项。

第二节 检讨与改进

针对上节影响成本的原因，我们必须深切检讨，并寻求解决之道，方能有所改进。现提出下列应对策略，作为改进的依据。

1. 菜单设计

（1）菜单的设计需考虑厨师的拿手餐点。
（2）菜单不宜单调，需有丰富性。
（3）应考虑食材的季节性。
（4）菜单格式设计需与餐厅的特性搭配。
（5）所有菜单餐点需建立标准配方表，并做成本分析。
（6）依据餐点成本制定售价，决定标准成本率。
（7）加强低成本项目的促销。
（8）考虑目标市场的顾客需求来设计菜单。
（9）定期做菜单分析工程，作为更换新菜单的依据。

2. 采购

（1）建立采购程序，并严格执行。
（2）供应商管理需落实，保持良好关系。
（3）制定采购规格标准。
（4）确定采购价格时需经常比较市场行情。
（5）经常做市场调查，询价访价，建立档案。
（6）需根据需求量订货。
（7）采购人员与供应商需遵守利益回避原则。
（8）采购人员比价议价需准确。
（9）加强采购人员的品德教育及考评。

3. 验收

（1）建立完善的验收制度、验收标准与作业规范。
（2）验收设备与工具需充足，磅秤需定期校对，空间干净明亮。
（3）对货品有疑虑时应请主厨及采购人员共同检验。

（4）确实查验货品的价格、品质及数量是否合格。
（5）需有适当的退货系统及程序。
（6）生鲜货品必须优先入库或送达使用单位。
（7）加强验收人员的品德教育及考评。
（8）验收单据准确收集建档。

4. 仓储

（1）货品储存需适当分类，遵守先进先出原则。
（2）货品味道强烈者应分别包装，以免味道互相干扰。
（3）建立正确的入库及领发货程序，并严格执行。
（4）设定仓库适当温度及湿度，冷冻库、冷藏库及干货仓库需不同。
（5）设定安全库存量。
（6）保持仓库干净，加强病媒防治，注意清洁卫生与通风。
（7）每日每月的盘点应落实。
（8）加强仓库人员的品德教育及考评。

5. 领、发货

（1）领货单需有权限者签名（单位主管）。
（2）无有效领货单不得出货。
（3）发货记录需准确，数量需正确。
（4）注意货品的保存期限及价格。
（5）移动缓慢的货品应提醒使用单位尽速提领利用。

6. 生产过程

（1）请主厨建立标准配方表（食谱）与分量标准。
（2）食材应充分利用，不浪费。
（3）生鲜物料应确实制定产出率，以利成本控制。
（4）无点菜订单厨房不可出餐。
（5）加强厨房人员专业训练，减少烹调过程中的失误。
（6）生产与服务需配合一致，出餐速度需恰当。
（7）厨房人员的管理应有一致的标准。

7. 服务与销售

（1）建立标准服务作业流程。
（2）加强服务人员的知识、能力训练，熟悉产品特性。

（3）制定适当的激励措施，提升服务效率即翻桌率。
（4）加强餐厅内外场服务作业流程的管控。
（5）加强服务人员点菜技巧，不误点，提高消费额。
（6）服务工作责任区需划分清楚。
（7）加强服务人员的品德教育及考评。
（8）加强内部营销与对外促销及广告。

8. 成本控制

（1）建立正确的成本控制流程。
（2）设计及使用适当的成控表格。
（3）检核计算每日验收单。
（4）查核每日的销售报表。
（5）不定期抽点饮料吧。
（6）不定期抽查餐厅点菜单与销售记录。
（7）提供餐饮部每周1～2次成本报表，以利各单位的成本控制。
（8）落实仓库与外点的盘点作业。
（9）建立销售预估及成本预算制度。
（10）定期做菜单销售分析或比较销售与存货消耗的关系。
（11）制作完整的成本分析报告书，以利管理单位参考。
（12）费用与成本调节需准确，以免影响实际成本。

第三节 趋势分析报表

餐饮市场充满了变数，餐饮服务业无时无刻都是一种挑战，美味可口的餐点菜肴，优质的用餐环境，细致恰当的服务，以及正确的成本控制，都是不能缺少的要素。一家餐厅经营得越久，代表市场的接受度越高，反之，则将如泡沫般消逝在沙滩上了。过去的历史记录着餐厅的经营轨迹，不同的时空背景又有其时代意义，因此，如何在众多的资料中，提出具有比较意义的报表，这时就需要“趋势分析报表”了。

趋势分析报表为经营者提供想知道的信息，内容可以自行设计，一家饭店有许多餐厅与宴会厅，每个餐厅的营运状况不同，不同年份更有不一样的表现。在年份的选择上，可以列出过去5年的资料，甚至更多，比较的项目大致可以有：餐饮收入、来客数、平均消费额、总收入、人事薪资费用、其他费用类科目、管理费用、营销费用、能源费用、折旧摊提等不一而足。这要依据经营的需求确定。

不过趋势分析报表有其制定的原则，就是其比较的基础必须一致，若是只有某些年份才有的资料，或短期的活动便不适合放进来。现以JJ国际大饭店的趋势报表为例说明，见表16-1餐饮营运趋势数据分析的范例。

范例 成-52

表16-1 餐饮营运趋势数据分析

年度：________ 月份：________

	月度			年度							
	预算	实际	去年同期	预算	实际	差额 /%	实际	实际	实际	实际	实际
	××年	××年	××年	××年	××年	××年	××年	××年	××年	××年	××年
净食品收入											
净饮料收入											
餐饮总收入											
入住率											
来客数											
平均每日客数											
周转率											

续表

	月度			年度							
	预算	实际	去年同期	预算	实际	差额/%	实际	实际	实际	实际	实际
	××年	××年	××年	××年	××年	××年	××年	××年	××年	××年	××年
平均食品消费额											
平均饮料消费额											
潜在食品成本差额											
潜在饮料成本差额											
食品成本百分比/%											
饮料成本百分比/%											
食品库存周转率											
饮料库存周转率											
各据点损益率/%											
Brasseries											
霞飞邸											
Genji GJ											
泰荷											
牛排馆											
翡冷翠											
红楼											
宴会厅											
银河酒吧											
夜总会											
大厅酒吧											

名词解释

利益回避原则（Conflict of Interest）：利害关系人不得参加由当事人主持的业务或买卖，以回避当事人借由职务之便，将生意给自己人。利害关系人为当事人的本人、配偶或三代以内亲属。

小故事

外包经营招标案

春雨霏霏，万物滋长，一棵小树苗，不经意间已经高拔挺立，Alex在成本控制室也已经3年了。进入一个陌生的地方，由不熟悉到驾轻就熟，他稳固了自己在餐饮部与会计部的地位。因为他的努力，并且以服务的理念来服务同仁，以积极主动的态度来面对问题，成控部门逐渐受到了餐饮部的高度肯定，餐饮部协理Gorde更把他视为餐饮部的一员，喜欢找他讨论事情。

有一天，Gorde找他谈一件大型餐饮服务的外包招标案，由于公司向外拓展，这回饭店将参加一个政府机构的外包招标案。这个案子其实也接到了政府高层的邀请，希望能有五星级大饭店参与竞标。该机构位于台北市中心，是新建的办公大楼，有7千多名员工在这栋大楼上班，共计有6个餐饮据点，希望餐饮服务能够多姿多彩，并有饭店级的服务。此标案采用“最有利标”方式，企划书、服务团队、投资金额、餐饮种类及服务设计、每月租金等项，各有不同的评分标准，并采用现场说明，由专家与官员组成的评审小组评分，分数最高者得标。

Gorde对他说：“我已经向财务长争取让你加入这个企划团队，希望借助你的企划能力与执行力，一起完成企划书，参与公开招标评选”。Alex颇感心动，这是一个新的尝试，规划与设计是餐饮管理的起点，若能顺利得标，则他更有机会去筹备新据点的开幕，甚至未来能独力负责一个新的据点的营运。于是他向Gorde表示他将全力以赴，感谢他给予这个机会。

这是一个超级大的企划案，6个服务据点，最重要的是必须提供一般员工餐，此外，最高层的观景餐厅，次高层的观景台、西餐厅、员工餐厅（宴会厅）、咖啡厅、烘焙坊等，外包经营者必须根据这些主轴，重新做细部规划设计及施工，包括软硬件设施。

事实上，Alex从这个招标案学到了许多东西，包括餐饮项目种类的选择，服务的方式，各厅点菜单的规划设计，价格的制定，人力、制服、餐券的安排，预算的编制、甚至餐厅的规划等，这是一个从无到有，有待完成的构思。招标书所列出的条件与说明，无论如何都必须遵循，经营的理念与创意，则让Alex度过了无数的失眠夜。……经过一番努力，他终于完成了“竞标企划书”，初次提到饭店部门主管会议上讨论时，大家又给予了很多的建议，修改了无数次才定案。

观景餐厅取名“银河Lounge”，供应英式下午茶及西式套餐，属中高价位，营业时间为下午14：00～23：00。

西餐厅名称“阳光加州”，为半自助式，意式料理主餐由客人自行选择。价位中等，每日供应午晚餐。

一楼“JJ咖啡厅”，全天供应咖啡饮料及轻食，属平价。

地下一楼“JJ小栈”，是现场烘焙坊，供应新鲜的面包糕点，营业时间配合该机构上班时间。

而未来营收主力的宴会厅，则利用员工餐厅场所，规划为2个大厅及5个包厢，全厅打通可以容纳60桌以上，以亲民的价格进入未来的婚宴市场。

在经营理念的介绍中他写到：我们以五星级的规格，款待您与您的客人，专业细致的餐饮服务，让您享受尊荣。另外，银河大堂高挑的落地窗，拉长了你我的视野，拉近了与天空的距离。……错落有致的桌椅摆设，是为了让您能捕捉最美的日景与夜景，一份飘逸、一点陶醉、无限松弛，全然是另类SPA，银河邀您升阶莅临……

皇天不负苦心人，JJ大饭店的团队在公开竞标中，评选为第一，顺利地取得了5年的经营权，及一次优先续约权，开幕时间订于半年之后。总经理、餐饮部协理与财务长开会后决定，让Alex协助餐饮部副协理Moore王，负责新据点的筹备，并调了餐务部小周与咖啡厅储备实习干部Jenifer加入筹备团队。而在未来的半年里，他们也不负众望，从人员的招募、培训，装修工程的监督，菜单的设计、定价、前台POS系统与仓库的建置，到制服、餐券、促销、服务的安排，终于使这个超级的新外点如期开幕。在营运初期有许多问题，但都一一克服了，他领悟到，如果没有在成本控制室的历练，他是不可能顺利完成这样的任务的。2个月后，Moore王被调回餐饮部，Alex被任命为新据点的营运经理，是JJ国际大饭店派在此处的现场负责人。

这是一个难得的际遇与经历，从内场走到外场，从后勤到前线，由基层到主管，这一路走来他遇到许多良师益友，每位前辈与主管都愿意给Alex机会，而他也不曾让他们失望。尤其成本控制室的历练，让他具备了餐饮经营管理的相关知识，丰富了餐饮服务的技能，提升了餐饮资历并得到了很大的历练。他要感谢JJ国际大饭店的栽培，以及所有的领导与同仁，尤其是协助过他的同事们。

学习测评

1．成本异常的原因相当复杂，原因为何？
2．请说明菜单设计上造成成本偏高的原因。
3．请说明采购方面造成成本偏高的原因。
4．请说明验收方面造成成本偏高的原因。
5．请提出生产环节上成本偏高的改进措施。
6．请说明库存管理上造成成本偏高的原因。
7．请说明销售服务上造成成本偏高的原因。
8．请提出成本控制流程上改进成本偏高问题的措施。

名词解释汇编（按章节顺序汇编）

1．1夸脱（qt）=0.946升（L）

2．1品脱（pt）=0.473升（L）

3．ERP系统（Enterprise Resource Planning, ERP）：即企业资源规划系统，它是采用电子化的企业的后台心脏与骨干，任何前台的应用系统包括EC、CRM、SCM 等都以它为基础。它是一个大型模组化、整合性的流程导向系统，整合企业内部财务会计、制造、进销存等资讯流，提升企业的营运绩效与快速反应能力。

4．FF&E：Furnishings，Furnitures & Equipments的缩写，是指室内陈设、家具、营业器皿等。

5．GM公寓使用（Apartment）：国际大饭店的总经理通常都是住在饭店内，其使用的公寓可能是GM全家一起住，是指公寓所发生的费用。

6．POS系统：即销售点管理系统，POS即Point of Sales，它是收银系统，但其功能愈趋丰富，现在都以触控荧幕为主，菜单、成本、售价、促销优惠折扣、连线刷卡等皆可设定。

7．极佳、特选等级（Prime and Choice Level）：美国农业部对牛肉商品所做的分级规定，主要是由成熟度（maturity）以及肋眼肌的大理石纹脂肪含量（marbling）两个因素来决定。由上述两个决定因素评鉴所得的等级，共分成八级，即极佳级（U.S. Prime）、特选级（U.S. Choice）、可选级（U.S. Select）、合格级（U.S. Standard）、商用级（U.S. Commercial）、可用级（U.S. Utility）、切块级（U.S. Cutter）及制罐级（U.S. Canner）。

8．PUB：英文为Public House，通常是指英式酒吧，与美式酒吧（BAR）有所区别。

9．SWOT分析：SWOT分别是优势（Strength）、劣势（Weakness）、机会（Opportunity）、威胁（Threat）四个英文单词的简称，优势（Strength）和劣势（Weakness）属于内部环境，即企业与其竞争者或是潜在竞争者（技术、产品、服务）的比较结果，而机会（Opportunity）和威胁（Threat）则是分析外力的影响。

10．人事费用（Personnel Expense）：人力资源相关的费用，皆称为人事费用而不称人事成本，以避免与成本混淆。包含薪资、劳保、红利、年终奖金、员工福利、教育培训、加班费、旅游等各种员工福利。

11．不预警抽点（Spot Check）：不预警抽点为酒吧防弊而设，成控人员不事先通知，而是突袭检查，对酒类库存实施盘点，检视其是否正常。

12．中央仓储（Central Store）：包括“前处理区”、切肉房等。所有餐饮进货品项全部都需进入中央仓库，有些品项材料需要事先经过加工处理，有些则不需要。使用单位再根据需求，开立领货单向中央仓库领货。

13．内部转账（Internal Transfer）：指各部门从其他部门转借的食材或餐点饮料，开立转账单作为成本的内部调转。

14．内场（Infield）：指未直接与顾客接触的餐饮部员工，包括厨师、餐务人员。

15．公制（Metric System）：度量衡单位，以公斤、克、升、厘米为计算标准。

16．公关（Public Relation）：是指因为业务需要而招待媒体或重要贵宾。

17．心智地图法（Mind Mapping）：是一种刺激思维及帮助整合思想与信息的思考方法，也可以说是一种观念图像化的思考策略，所以它是一种图像式思维的工具。在结构上，具备开放性及系统性的特点，能让使用者自由地发挥联想力，又能有层次地将各类想法组织起来，以刺激大脑做出各方面的反应，从而发挥全脑思考的多元化功能。

18．手续费（commission）：这是指进口货品在报关处理时所发生的手续费用。

19．文宣品（Flyer）：即促销活动的小传单。

20．水果篮（Fruit Basket）：是指饭店免费提供给特定住房宾客的水果篮，做费用处理。

21．代支代付（Pay Out）：假设某公司的主管参加餐会，其司机须于外面等待，公司主管便交代餐厅先代支一笔误餐费给司机，请司机在外面自行用餐，这笔费用并入他的账单中，即为代支代付。

22．增值型营业税（Value-added Tax）：又称为营业增值税或简称增值税，是就销售货物或劳务行为的卖价超过买价的增值的部分所征收的课税。目前台湾的增值型营业税为营业额的5%。增值型营业税采用税额相减法计算应纳税额，营业人员可统计每期开立统一发票的销项税额，减去该期取得进项凭证上所载进项税额后，即可计算应纳税额。计算式：销项税额－可扣抵的进项税额＝应纳税额。

23．加权平均法（Weighted Average）：对领用原物料的计价在月末一次平均计算其价值，也称全月一次加权平均法。

24．半成品（Semi-finished Product）：是指厨房在前处理阶段，有些材料已经做成再加一个步骤即可供应的产品，例如尚未装饰的蛋糕、酱汁。

25．半套式菜单（Semi-Set Menu）：是简单自助式餐台（沙拉吧）加上选择性的主餐或饮料的菜单。

26．可退费的容器清单（Refund Container List）：指所有含有押金的货品容器清单，食品仓库与饮料仓库皆有，例如牛奶瓶（箱）、啤酒瓶（箱）、可乐瓶（箱）、绍兴酒瓶、米酒瓶等。

27．外场（Out-field）：指直接服务顾客的餐饮部员工，包括餐厅干部与服务人员。

28．外烩（Outside Catering）：即到顾客指定的场所提供餐饮服务，传统外烩业者为“办桌”，都以中餐为主，饭店目前也多有开办外烩业务，由宴会部负责。

29．市场定位（Market Positioning）：是指一家企业的产品希望能在顾客的心目中塑造出什么样的感觉，以餐厅而言，是指其格调与消费的高低。

30．市场调查（Market Survey）：市场调查可以配合采购部门一起进行，也可以独自进行，主要目的是调查目前进货品项的市场价格，比较饭店购买价格与市场价格的差异。

31．本期进货（Total Purchased）：是本月份所有的“直接进货”加上“间接进货”（仓库领货）。

32．永续性的饮料存货账（Beverage Perpetual Inventory）：即饮料仓库的永续盘存表，记录着每种饮料品项，每次进出账及现有盘存数量。

33．永续盘存账卡（Perpetual Inventory）：每一项货品制作一张账卡，悬挂在货架上，每次进货与出货，都需要在账卡上详细记载，此为永续盘存账卡。

34．生产（Production）：指厨房或吧台人员接获订单（点菜单）后，以供餐的程序将预备好的食材经过加工切割、制备烹调。

35．目标市场（Target Market）：指餐厅最重要的消费客群。

36．目标成本（Target Cost）：即标准成本，通常以总体成本为目标，一般以成本率（%）表示。每个餐厅的目标成本不一，应以其餐厅特性作为制定的标准。

37．伏特加（Vodka）：是一种蒸馏酒，任何含有淀粉的农作物都能制造伏特加，包括马铃薯、玉米、裸麦、甜菜、木薯等。在俄国，它以马铃薯提炼而成，在美国，却以玉米或小麦等谷类蒸馏而成。

38．先进先出（FIFO）：指仓库的货品在发货时，先进的货品必须先发出。此为仓库管理的原则。

39．存货周转率（Turnover Ratio）：周转率能反映一个仓库的营运效能，周转率越高代表效能越高，反之则低。

40．安全库存量（Safety Stock）：是仓库在下一次进货到达之前，能够充分地满足营业单位的需求的货品数量。

41．成本（Cost）：本书所称的成本，单指餐饮成本，“餐”指食品、食材的成本，“饮”指饮料的成本，包括含酒精类与非酒精类的饮料。

42．成本率（Cost Ratio）：指成本除以收入，用百分比表示，例如，成本为新台币3350000，收入为新台币10000000，成本率=33.5%。

43．收入稽核（Income Audit）：其功能类似夜间稽核，但是更为细致，主要工作是针对饭店的营收做账务上的处理与稽核，从传票分类账到总账都要稽核。

44．肉品使用率测试（Butcher Utilization Rate Test）：是指针对切肉房所购进的大块肉品，如猪肉、牛肉、羊肉，进行部位切割分解的测试与记录，以便了解每一份肉品各部位的实际单价成本。例如买进一大块牛肉肋排，经过分割可以得到大肋排（Prime Rib）、肋眼牛排（Ribeye Roll）（带骨或不带骨）、牛小排（Short Ribs）（带骨或不带骨）、边肉排（Blade Meat）与一些碎肉和油脂。然而除非饭店内设有牛排馆（Steak House）与切肉房（Butcher Room），专门处理牛肉，否则大部分餐厅厨房并不需要做肉品使用率测试，仅需做产出率测试即可。

45．肉品产出率测试（Butcher Yield Test）：这个测试最主要的目的是想知道一块肉品，分割后的真正分量及成本，例如肋排里脊、牛菲力或羊背排等。饭店的肉房将生牛排、羊排等，处理成可用的分量。由此可以建立起每磅最后可使用的肉品分量的比率，它也是一种“成本因素”，方便去套用目前市场价格，以决定最新的分量成本，当然，必须维持一致的采购标准，就如同所提供的每块肉品的分量保持一致是一样的。

46．肉品标签（Meat Tag）：肉品标签大部分是针对进口肉品而设的，每一块肉品在进食品仓库时，都需绑上肉品标签，并在标签上注明名称、重量、等级日期、价格等资料，并另做清单控管。当发货时便将肉品标签拿下，据以入账并填入控管清单，但现在多已不再使用。

47．自助餐菜单（Buffet Menu）：此种自助餐本身并无菜单给客人，但是餐台上必须在每一道餐点前放置菜卡，标明中英文菜名。

48．苦艾酒（Absinthe）：是一款很强烈的草本液体蒸馏酒，它用多种草药如茴香、欧亚甘草、海索草、香脂草、当归等蒸馏而成。它的酒精含量在50%～70%不等，传统饮法通常会将小方糖放在一把开槽的匙上，再将冰水慢慢滴入匙子将糖溶化滴入酒杯中饮用。

49．营销费用（Marketing Expense）：指配合营销计划所花费的各种广告与活动宣传的费用。

50．利润中心制度（Profit Center）：以各营业单位（餐厅、宴会厅）为独立单位，计算其损益，根据损益而设置奖励的制度。

51．吧台赠品（Bar Gratis）：是指吧台免费提供给顾客的零食，如花生、豆子、洋芋片等，主要目的是希望顾客多消费酒类饮料。

52．折旧（Depreciation）：是针对资产设备的价值评估，每一项设备都有其使用年限，可根据年限（直线法）做折旧摊提，每年（月）固定提拨费用以为未来重置之需。

53．折让单（Allowances Form）：因为货品的规格或品质与采购要求不符，但又在可以接受的范围或是时限上不得不收，要求供应商做价格上的折扣优惠所使用的单据。

54．其他费用（Other Expense）：包括营业器皿、音乐娱乐、菜单、装饰与花、制服、洗衣、器具、消耗备品、印刷与文具、燃料、杂项等的各项费用。

55．夜间稽核（Night Audit）：属于大饭店会计部门收入稽核单位，主要工作是针对饭店各部门整天的营收做账务上的稽核，由于工作时间是在夜里，故称为夜间稽核。每天必须编制夜间稽核报告（Night Audit Report），包括餐饮报告、总出纳与客房情况。※由于电脑信息系统的功能日益进步，目前国内大部分饭店已取消夜间稽核，将工作并入柜台出纳完成。

56．孟子（Menci）：他主张人性是善的，只说一切都从内心而来，人只要能端正内心，那么一切事情都没问题了。

57．彼诺甜酒（Pineau Des Charentes）：此为法国一款使用白兰地加入葡萄汁并放入橡木桶陈年酿制的天然甜葡萄酒。

58．房务部（Housekeeping Department）：是饭店客房部门中负责客房清洁，与公共区域维护的部门。

59．押标金（Bid Bond）：为保障公开招标的品质，防止劣质厂商竞标，设有押标金规定，投标厂商需存入银行规定的金额，并由银行开出银行本票，作为押标金。

60．波特酒（Port）：此为葡萄牙的一款酒精强化的天然甜葡萄酒。

61．直接成本（Direct Cost）：指餐饮食材经过验收后，不进仓库，直接进到使用单位（厨房或餐厅），该部分食材的成本为直接成本。

62. 直接进货（Direct Purchase）：属于直接食物成本，此部分大多是生鲜货品，应该尽快用完。

63. 促销赠品（Gift）：为了某一个促销活动而设计订制的小礼物，它也可以是饭店的纪念品，视活动的意义而定。

64. 保证人数（Guaranty）：宴会厅接受团体订餐时，有保证人数的规定，这与场地大小有关，也与备餐有关，一般主办单位需于一周前做最低人数的确认，若不达保证人数，有相关规定。

65. 前台POS系统（Receptionist Pos System）：即销售点管理系统，是以收银出纳为主的软硬件系统，收银人员打入交易，顾客面前也有交易或服务操作的界面，POS机目前多以触屏为主，可连接印表机到各出餐点，还可连接到后台管理系统。

66. 南北杂货类（Grocery Items）：指各式各样的米粮、罐头、干货、调味品香料等杂货。

67. 恒温酒柜（Wine Cellar）：这是近年来专为保存葡萄酒类而设计的酒柜，不同葡萄酒适合保存的温度不一样，香槟温度最低，白葡萄酒10～14℃、红葡萄酒12～18℃。恒温酒柜可以视需求而有不同尺寸的设计，类似冰箱，唯内装需考虑葡萄酒需平躺放置的特性。

68. 重置费用（Provision Operating Equipment）：由于营业器皿（瓷器、金属、玻璃等餐具）容易破损，需要不定期补充，为了让费用不至于因当月采购，便一次做成费用，使得当月费用偏高，因此将营业器皿费用化，即每月平均摊提，当某月份有采购营业器皿（Operating Equipment，OE）时，再去冲账，如此可避免费用起伏过大。

69. 仓库（Store）：指食品仓库与饮料仓库，各有专职仓库管理员。

70. 员工关系（Employee Relationship）：是指员工所享受的优惠折扣，每家饭店所给予员工在餐厅用餐的优惠不同，这部分优惠需转成费用，从成本中剔除。

71. 套餐菜单（Set Menu）：菜色已经组合成套，可能有不同价位的套餐，客人只需挑选哪一套即可。

72. 容器押金（Container Deposit）：是指某些货品在购入时由容器装载，这些容器因为要回收再次使用，所以含有押金。

73. 特殊请购单（Special Order）：即临时有特殊需求，不适合跑正常采购流程而采购时所使用的表格。

74. 能源费用（Energy Expense）：指水电、燃气、汽柴油等费用。

75. 退房（Check Out）：即顾客结束住宿，要结账离开饭店。

76. 退货单（Return Form）：已经收下的货品因为使用时才发现品质有问题，而将货品退回给供应商所使用的单据，里面记载退回的品名、数量及退回原因。

77. 马沙拉酒（Marsala）：此为意大利西西里岛的一款酒精强化的天然甜葡萄酒，即加了烈酒（白兰地）的强化葡萄酒（Liqueur）。

78. 啤酒桶（Beer Barrel）：啤酒桶本身即是含有押金的一种容器。

79．专业侍酒师（Sommelier）：源自法文的侍酒师一词，是指受过葡萄酒服务专业训练的服务人员，他具有丰富的葡萄酒专业知识，懂得以何种酒来搭配何种食物，在餐厅里为客人介绍与建议挑选葡萄酒，来搭配所点的菜肴。专业侍酒师养成不易，优秀的侍酒师可以替餐厅创造高额营收。

80．挂单（Out of Stock）：即菜单上的餐点，因食材的欠缺或已经售完，而无法提供点餐。

81．采购（Purchasing）：指饭店采购部门专门负责餐饮食材与饮料的采购人员。

82．采购规格（Product Specifications）：即各单位对所需使用的各种食材与饮料品项的要求，如大小、颜色、重量、数量、包装、品种、品牌、容量、保存条件等。

83．移动加权平均法（Weighted Moving Average）：此种方法，在每次购入原物料时，都需要重新计算一次平均单价。

84．连锁加盟（Franchisees）：即相同的餐厅开在不同的地区，除了自身经营的餐厅之外，还可让其他人加盟经营同样的餐厅，其要点就是要有相同的产品与服务品质。

85．雪莉酒（Sherry）：此为西班牙的一款酒精强化的天然甜葡萄酒。可分为不甜（Fino）与甜酒（Cream）两种。

86．备品费用（Supplies Expense）：指各式消耗性备品的费用，如餐巾纸、牙签、湿纸巾、外带纸杯纸盒等。

87．备货时间（Lead Time）：或前置时间，是指从下订单到货品进到仓库的时间。

88．单点套餐混合式（Combination Menu）：套餐的内容可以自由搭配，也可以选择单点菜单内的菜品配成套餐。

89．单点菜单（Non-Set Menu）：指客人可以随意挑选菜单上自己所喜欢的菜肴餐点。

90．期末存货（Closing Inventory）：是本月底仓库所做的存货盘点的总额，本期的期末存货将成为下月的期初存货。

91．期初存货（Beginning Inventory）：本期的期初存货为上个月底的期末存货。

92．琴酒（Gin）：是一种以谷物为原料经发酵与蒸馏制造出的中性烈酒为基底，加入以杜松子为主的多种药材与香料调味后，所制造出来的一种蒸馏酒。

93．发货（Issuing）：指仓库管理员接获领货单之后，检视领货单是否有权限主管签名，如果有将单上的食材依需求数量预备好，等使用单位人员来领货时，再一一与之核对，并请其签领。

94．菜单分析工程（Menu Engineering）：餐厅经营一段时间后，可以为该餐厅的产品销售做一番总结，包括每项产品的销售记录，成本、售价与销售数量，如此可知每项产品的受欢迎程度与其毛利率，此分析工程可作为更换菜单的依据。其分析大致可将产品归为四类，即“明星型产品”“跑马型产品”“困惑型产品”与“苟延残喘型产品”。

95．开放式酒吧（Open Bar）：是酒会中依照顾客的需求与预算而设计的一种饮料提供方式，一般可分为两种方式：一种是免费提供给来宾，一种是由来宾自行付费购买。

96．开放式采购单（Open P.O.）：即国际大饭店为有专用标志的备品的采购而设置的采购单，因为采购量大，完成一次采购流程，决标后一年内多次分批送货。

97. 开瓶费（Corkage）：此项收入为其他收入，指客人自带酒类，餐厅为其提供酒器与冰块，并为其开瓶，所收取费用，可以桌计费，也可以瓶计费，依饭店规定而定。

98. 间接成本（Indirect Cost）：指餐饮食材经过验收后，进入仓库，使用单位（厨房或餐厅）再根据需求开立领货单，经主管签核后再到仓库领取货品，这类食材成本为间接成本。

99. 损耗报废表（Spoilage Report）：是指餐饮食材因为某些因素而不堪使用，必须做报废处理。

100. 会计科目（Accounting Title）：会计科目是进行会计记录和提供各项会计信息的基础。它是对会计要素的内容，按照会计原则进行分类核算和监督的项目，也是编制会计凭证、设置账簿、汇编财务报表的依据。会计要素有五大类，分别是：资产、负债、权益、收益及费损（成本与费用）。

101. 脑力激荡（Brainstorming）：此法由奥斯本（Alex F. Osborn）于1938年提出，利用集体思考的做法，激发彼此的创意构想，使发生连锁效应，得以在短时间内，获得大量的构思想法。运用此法时，主持人要先营造和谐的团体气氛，不存任何偏见，鼓励大家发言，并适时导正偏题或独占发言的人，不批评、不指摘，激发小组的创意。

102. 资格标（Qualification）：即投标厂商所需具备的资格的审查，其中可能包括该公司的资本额、经历、领导团队，专利技术、业界实绩等。

103. 信息科技产业（Information Technology）：也被称为信息和通讯技术（Information and Communications Technology, ICT），是主要用于管理和处理信息所采用的各种技术总称。它应用电脑科学和通讯技术来设计、开发、安装和实施信息系统及应用软件。美国信息科技协会将信息科技定义为“对于一个以电脑为基础的信息系统的研究、设计、开发、应用、实现、维护或是应用”。

104. 运费（Freight Fee）：这是指进口货品运送过程中所需支付的运费。

105. 实际成本（Actual Cost）：是餐饮营运的最终真实成本，计算方式为：期初存货＋本期进货—期末存货。

106. 滞留存货清单（Slow Moving Items）：是指仓库内的某些货品，有很长一段时间都无使用单位提领，除了造成资金积压之外，也让该货品不新鲜，须设法用掉，因此列出一份清单谓之。

107. 管理费用（Management Expense）：指行政管理的费用，包含行政主管人员与后勤支援部门的所有人事费用。此费用需由各营业部门分摊。

108. 价格标（Tender）：即开标的标的，以投标金额最低者得标。

109. 履约保证金（Performance Bond）：得标厂商须比照押标金的做法，于签约时开立银行本票给甲方，作为履约保证之用，在期间内若厂商无法履行合约内容，该笔保证金将被没收。

110. 摩尔定律（Moore’s Rule）：摩尔定律是由英特尔（Intel）创办人之一戈登·摩尔（Gordon Moore）提出，指集成电路上可容纳的晶体管数目，在价格不变的情况下，每隔约18个月（另有一说每一年或两年）便会增加一倍，性能也将提升一倍。

111. 标准服务流程（SOP）：将服务的每个环节如领台、点餐等，其过程中所做的一连串动作，甚至说什么话都予以规范，做成标准化的操作流程。SOP即Standard Operation Procedure。

112. 标准配方表（Standard Recipe）：即一道餐点或饮料的食谱配方，加上其所使用材料的成本计算表，每一位厨师或吧台员根据标准配方表，都可以做出一样的餐点与调制出一样的饮品。

113. 标准菜肴成本单（Standard Food Items Cost）：即一道组合成的主餐菜肴的成本计算，例如蘑菇肋眼牛排其中有蘑菇酱汁、肋眼牛排、蔬菜、焗烤马铃薯等。而蘑菇酱汁、焗烤马铃薯与肋眼牛排都需事先调理，依据标准配方表制作并计算出其成本，当主餐组合完成时，方有其总成本。

114. 样品酒（Miniature Wine）：样品酒一般以烈酒为主，即所谓调酒用的六大基酒，容量约50ml，包括威士忌、白兰地、琴酒、伏特加、龙舌兰、朗姆酒。此外也有一些香甜酒（Liqueur），例如白柑橘、杏仁酒、薄荷酒等。

115. 潜在成本（Potential Cost）：指所售出的餐饮产品其所应有的成本。

116. 熟成（Aging）：可分为干式与湿式两种方法，干式熟成法（Dry Aging）是指将牛胴体或大分切牛肉放置于恒温、恒湿控制的冷藏熟成室中，利用牛肉本身的天然酶及外在的微生物作用，来增加牛肉的嫩度、风味和多汁性，让牛肉呈现出最完美的味道。一般而言冷藏熟成室的温度在0℃左右，湿度控制在50%～85%，熟成所需的时间则介于20～45天不等。湿式熟成（Wet Aging）则是指牛肉借由冷藏运销，在真空袋内利用牛肉本身的天然酶进行熟成作用，以增添牛肉风味的过程。

117. 销售（Sales）：指餐厅服务人员将商品（餐点饮料）主动推荐给顾客，或接受顾客的点餐，并做后续服务。

118. 龙舌兰（Tequila）：是一种墨西哥产、使用龙舌兰草为原料所制造出的蒸馏酒。

119. 营收预测（Revenue Forecast）：为了更贴近市场现况，而提出下三个月的营收预测，与预算的编制一样，但因为不是预算，故称为营收预测。

120. 营业器具（Operating Equipment）：是指餐饮服务所需的各项器具，例如银器、瓷器、玻璃器皿等。

121. 临时工（part-timer PT）：临时工多为学生，以工时计薪，有固定的临时工，也有临时的临时工。

122. 韩非子（Han Feizi）：他是中国古代法家思想的代表人物，他认为人的本性是好逸恶劳，需要以法来约束，所以，管理上应当实行峻法，不讲人情。

123. 点单（Captain Order）：即点菜单，当客人看过菜单，服务人员利用点菜单将客人所点的餐点记录在上面，再将副联送到厨房与吧台作为出餐用单，目前可以用电子订单代替，即在行动手持式装置，如PDA上下单，配合POS点餐系统使用。若为宴会厅使用的订单，则称为Function Order Sheet。

124. 关税（Customs）：这是指进口货品时，该项货品需依照本国的进口货品关税额支付，关税额每种品项不一。

125. 竞争策略（Competition Strategy）：即餐饮部门针对竞争对手所采取的方法，如定价策略、促销策略同，例如“4人同行1人免费”、刷卡打折、贩售餐券等。

126. 趸售物价（Wholesale Price）：或称批发物价指数，是通货膨胀测定指标的一种。趸售物价指数用来反映大宗物资，包括原料、中间产品及进出口产品的批发价格，和厂商的关系较密切。它是根据大宗物资批发价格的加权平均价格，编制而得的物价指数。

127. 朗姆酒（Rum）：朗姆酒是用蔗糖的剩余物，如残余的糖稀或糖蜜酿造的蒸馏酒。

128. 验收（Receiving）：指负责餐饮食材与饮料品项的验收人员，是品质与数量的把关者。

参考文献

1. Jack D. Ninemeier, Ph.D., CHA(1990) Planning and control for food and beverage operations, educational institute of the AM&MA, Michigan USA.
2. 许顺旺. 宴会管理实务［M］. 台北：扬智文化，2005.
3. 苏芳基. 餐旅采购与成本控制［M］. 台北：扬智文化，2014.
4. 康耀鉎. 餐饮采购管理系统［M］. 台北：品度图书，1997.
5. 万光玲. 餐饮成本控制［M］. 台北：百通图书，2003.
6. Andrew Hale Feinstein; John M. Stefanelli（著）. 林芳仪（译）. 餐旅采购学［M］. 台北：华泰文化，2013.
7. 刘念慈.，董希文. 菜单设计与成本分析［M］. 台北：前程文化，2010.
8. 蔡晓娟. 菜单设计［M］. 台北：扬智文化，1999.
9. 陈哲次. 餐饮财务分析［M］. 台北：扬智文化，2004.